Le Siècle.

LOUIS NOIR.

LE
BROUILLARD SANGLANT

PARIS
BUREAUX DU SIÈCLE
RUE CHAUCHAT, 14.

A. VIALON DEL. J. GUILLAUME SC.

On trouve encore dans les bureaux du Siècle:
HISTOIRE DES DEUX RESTAURATIONS (DE 1813 A 1830), par M. ACHILLE DE VAULABELLE.
Huit volumes in-8°. — Prix : 40 fr., et 20 fr. seulement pour les abonnés du journal *le Siècle*.
HISTOIRE DE LA RÉVOLUTION DE 1848, PAR M. GARNIER-PAGÈS.
Huit volumes in 8°.—Prix 40 fr., et 20 fr. seulement pour les abonnés du journal *le Siècle*.
Ajouter 50 c. par volume pour recevoir *franco* par la poste.
N. B. — Afin de faciliter aux abonnés l'acquisition de l'un ou l'autre de ces ouvrages importants, il leur sera loisible de se les procurer par parties de deux volumes chaque, au prix de 5 fr. pris au bureau, et de 6 fr. par la poste.

Louis Noir

LE
BROUILLARD SANGLANT

COMMENT LES PROPRIÉTAIRES D'ESCLAVES EN AFRIQUE USAIENT ET ABUSAIENT DU DROIT DE POSSESSION.

A l'ouest de nos possessions algériennes, sur les confins du Maroc, au pied des montagnes Traras, s'élève une petite ville charmante, dont le poétique aspect ravit l'œil du voyageur qui la contemple du haut de la crête d'Aïn-Kébira ; elle se nomme Nédromah.

C'est aujourd'hui encore la ville arabe qui a su le mieux conserver son cachet oriental.

Pareilles aux femmes mauresques, qui ont adopté une partie des modes françaises, Alger, Oran, Tlemcen même, offrent une apparence mixte. Plus jolies, plus coquettes, plus souriantes peut-être sont les cités et les femmes algériennes qui ont accepté ou subi ce compromis ; mais Nédromah, qui a su échapper aux transformations de la conquête, est demeurée bien plus originale, bien plus délicatement belle, et plus fière surtout.

Quoique peu considérable, cette cité emprunte une splendeur qui éblouit aux reflets étincelants du soleil des tropiques.

En Algérie, les jeux de lumière sont si puissants qu'ils mettent en relief les moindres détails et leur prêtent une couleur pittoresque. Le plus petit village y frappe plus l'imagination qu'une de nos froides cités du Nord.

Ensevelie sous son manteau de verdure, Nédromah semble une fiancée arabe voilée du haïque virginal que n'a pas encore entr'ouvert la main d'un amant. Les orangers et les grenadiers marient leurs fruits d'or et de pourpre au-dessus de ses petites maisons blanches ; aussi haut que le minaret de la mosquée s'élancent des bouquets de palmier, dont les tiges flexibles se courbent gracieusement sous la brise ; les jardins dont elle est entourée sont couverts de figuiers et d'oliviers aux proportions gigantesques ; son antique muraille elle-même est tapissée de lierres et de mousse. Partout des arbres l'ombragent ; partout des fleurs l'embaument de leurs parfums.

Par une magnifique journée de la saison d'été, l'uléma, du haut du minaret, jetait aux quatre coins du globe son appel à la prière du salut (aïa el sala), annonçant aux croyants que la troisième heure après midi venait de sonner. Sa voix sonore troublait seule le silence profond où était plongée la nature endormie.

Le soleil de ses baisers de feu brûlait la terre, qui haletait sous cette caresse dévorante.

A cette heure, tous les êtres vivants cherchaient un abri contre la chaleur. Les hommes dans la ville, les animaux dans la campagne, étaient assoupis ; les feuilles des arbres se tordaient fanées, et les fleurs inclinaient sur leurs tiges leurs têtes flétries.

Et pourtant un vieillard et une jeune femme, bravant cette température de fournaise incandescente, sortaient de Nédromah par l'unique porte qu'elle possède.

L'homme marchait d'un pas rapide et ferme ; l'allure de sa compagne annonçait la crainte et l'hésitation.

C'était une jolie mulâtresse de quinze ans à peine, ravissante enfant à l'aspect coquet et mutin, aux gestes vifs et gracieux. Elle représentait l'heureux mélange des qualités des deux peuples, et l'on retrouvait en elle l'ardeur, la gaieté et les formes voluptueuses particulières au sang nègre, unies à la finesse de traits, à la rectitude de lignes, qui caractérisent le type arabe. Sa bouche avait une grâce toute particulière ; trop petite pour que ses lèvres roses, un peu épaisses, pussent s'y étendre à l'aise, elle ressemblait à une cerise bien mûre : ferme et rebondie comme ce fruit quand sa couleur éclatante convie les petits oiseaux aux festins du printemps, elle appelait par sa forme sensuelle les baisers de l'amour. L'éclat de ses yeux noirs et l'émail de ses dents d'une blancheur éblouissante faisaient ressortir admirablement la teinte bistrée de sa peau douce et fine. Son charmant visage était encadré par des cheveux ondulés, dont les boucles mutines s'échappaient d'une petite calotte rouge qui lui servait de coiffure.

Comme toutes les femmes arabes, elle portait une tunique assez courte, recouverte d'un long haïque. Cette jeune fille semblait faite pour le sourire et les chansons ; pourtant une expression de crainte indéfinissable attristait sa physionomie, et jetait sur sa grâce provoquante un voile de mélancolie.

Quand elle s'aperçut que son compagnon s'engageait

dans un chemin qui conduisait dans une forêt voisine, elle lui demanda avec inquiétude :

— Maître, où allons-nous ?

Celui-ci, vieillard farouche dont la figure féline annonçait les plus mauvaises passions, se retourna sans répondre. D'un signe impératif il lui commanda de marcher en avant, et elle obéit.

Alors ils se remirent en marche.

Au bout d'un quart d'heure le vieillard s'arrêta ; il examina avec soin le lieu où il se trouvait, et sans doute le jugea convenable pour le projet qu'il méditait, car il poussa une espèce de grognement joyeux. La jeune fille, qui avait fait halte aussi, était loin de partager la satisfaction de son maître ; ils venaient d'arriver à la côte des Caroubiers.

Cette colline, aujourd'hui presque entièrement dépouillée des bosquets qui l'ombrageaient, était encore à cette époque tellement couverte de lianes, de broussailles, de plantes arborescentes et de hautes futaies, que le fer n'aurait pu y ouvrir un passage.

Un marabout célèbre avait voulu qu'on y déposât son tombeau, et depuis lors c'était un lieu sacré.

Sauf un chemin qui le coupait par le milieu, ce bois était impénétrable ; les caroubiers, qui y croissaient en grand nombre, étaient unis par des lianes si étroitement entrelacées aux buissons d'épines et aux cactus gigantesques, que les plus hardis chasseurs ne pouvaient y suivre les pistes de sanglier. Et puis très-peu de personnes se seraient aventurées sans une absolue nécessité dans ce lieu ténébreux, plein de mystérieuses retraites, de sombres grottes, de ravins sauvages.

Non-seulement les maraudeurs du Maroc, si nombreux dans ces parages, s'y abritaient pendant le jour ; mais, au dire des musulmans dévots, l'esprit du vieux marabout y revenait tous les soirs et il s'y livrait à mille évocations terribles. Il n'y a pas une race au monde plus superstitieuse que les Arabes, et tel cavalier qui eût bravé dix voleurs marocains tremblait à l'idée de se trouver en face d'un spectre décharné.

Chez tous les peuples où la civilisation n'a pas encore sapé les préjugés ridicules, où le flambeau de la raison n'a pas illuminé les ténèbres de l'ignorance, on retrouve fortement enracinées ces croyances folles aux gnomes, aux esprits, aux farfadets.

Le tombeau du marabout était donc réputé pour servir de point de repaire à tous les fantômes fantastiques dont l'imagination des indigènes peuplait les arbres qui l'entouraient.

C'est au milieu de cette forêt sauvage que le vieillard conduisait sa compagne. Celle-ci frissonnait d'épouvante. Elle semblait craindre autant son maître que les *saraçs* (voleurs). Elle le regardait comme un agneau regarde le boucher qui le mène à l'abattoir ; comme la gazelle qui sent levée au-dessus d'elle la griffe d'une panthère.

Le vieillard trouva entre deux caroubiers une petite voie fréquentée par les sangliers, et qu'à la rigueur un homme pouvait suivre ; il s'y engagea et pénétra jusqu'au pied d'un arbre, où deux personnes seraient parvenues à s'asseoir sans être par trop gênées.

La découverte de cette éclaircie le mit tout à fait en bonne humeur, c'est-à-dire que ses lèvres grimacèrent un mauvais sourire démenti par son front de reptile.

Il revint vers sa compagne, qu'il avait laissée sur le chemin.

— Fatma, — lui dit-il, — glisse-toi derrière moi et prends garde aux épines.

— Mais pourquoi quitter la route ? — demanda la mulâtresse avec un effroi visible.

— Pour nous asseoir au pied d'un arbre et y causer.

Un regard sardonique accompagnait ces mots.

Ce lieu semblait si commode pour commettre un crime que les plus braves redoubleraient de prudence en y passant. Fatma, qui avait des raisons trop réelles de redouter son maître, lui répondit :

— Il est inutile de nous enfoncer dans le taillis pour causer ; du reste, nous aurions pu nous entretenir aussi bien à la maison qu'ici.

— Il est impossible de tenir une conversation avec toi ; tu cries trop haut à la ville, — répondit-il avec un sourire méchant ; — ici, nous sommes seuls, on ne peut t'entendre. Là-bas, quand je veux te parler... d'amour, tu étouffes les phrases dans mon gosier en ébranlant les murailles de tes vociférations.

— Et tu crois venir à bout de ma résistance parce que nous sommes dans une forêt, sans qu'une oreille humaine ne puisse entendre mes plaintes ?

— Eh ! mais, j'essayerai au moins ; vois-tu, dans Nédromah, quand tu appelles à l'aide, personne ne vient, c'est vrai, parce que je suis dans mon droit ; tu m'appartiens, je puis de toi faire ce que je veux ; cependant je finis par te laisser en paix, parce que mes voisins se moquent de moi ou me font des reproches, poussés qu'ils sont par leurs femmes, qui prennent ton parti. Ici, peu soucieux de tes récriminations, je te dompterai par la force. Ne crois pas que je triompheras, car je ne reculerai devant aucune extrémité.

— Je le sais bien ; mais je suis résignée à tout. Tu es cruel et lâche ; aussi, va, en quittant la ville, me doutais-je de ton dessein ! Tu veux ma mort, tu l'auras, Aïdin !

Le ton de désespoir avec lequel Fatma prononça ces mots opéra un subit changement dans le cœur du vieillard.

Il aimait passionnément son esclave, et ses désirs insensés l'exaltaient parfois jusqu'au délire : mais, d'autres fois aussi, il espérait attendrir la jeune fille, et alors la passion lui inspirait les plus tendres supplications.

La pensée que la petite mulâtresse souffrait à cause de lui l'attendrit tout à coup ; il s'écria avec un accent passionné :

— Écoute, ma fille, je t'en conjure ; je t'aime, tu le sais. Ne me force pas à te brutaliser. Ne t'ai-je pas promis fortune et repos si tu voulais me sourire comme parfois tu souris aux cavaliers de l'agha. Veux-tu que je t'achète une négresse pour te servir, des bijoux, des ceintures d'or, des baïques de soie ; Fatma, veux-tu m'aimer ?

— Emporté par ces désirs si puissants, si étranges, il essaya encore de s'emparer d'elle ; mais, la voyant fuir, ivre de passion, il tomba à genoux, et, les mains suppliantes, s'écria : — Fatma, le vieil Ibrahim a la réputation d'un guerrier redoutable ; Fatma, mon yatagan a coupé bien des têtes, et cependant je pleure à tes genoux ! N'es-tu pas touchée de voir un vieux lion comme moi léchant la terre aux pieds d'une gazelle ? Fatma, tu m'accuses d'être méchant : qui est donc le plus cruel de nous deux ?

— Aïdin, — répondit-elle, — tu oublies que ma mère fut tuée par toi, il y a un mois à peine ; tu oublies que ta main est rouge encore de son sang ; tu oublies que j'ai à la venger. Avant que la jalousie t'ait poussé à ce meurtre infâme, je t'exécrais déjà ; aujourd'hui, je suis prête à mourir plutôt que d'être à toi. Jamais un de tes baisers ne souillera mes joues.

Aïdin bondit furieux, et il s'élança à la poursuite de Fatma, qui avait pris la fuite vers la ville. Alerte et vigoureuse, peut-être serait-elle parvenue à s'échapper si malheureusement elle n'eût pris un sentier qui se perdait dans les broussailles. Elle se trouva enfermée comme dans un piège.

— Oh ! misérable, — lui cria Aïdin, — malheur sur toi ! tu vas payer cher tes insultes !

Il marcha droit à elle ; elle était brisée par la course, et il put facilement la saisir dans ses bras.

Fatma s'attendait à être frappée ; mais le vieillard sentit sa colère s'éteindre quand il tint contre sa poitrine la jolie taille de la négresse. Son œil brillait encore, non de colère, mais d'amour ; d'un amour de tigre, d'un amour sauvage, plus redoutable en ce moment pour Fatma que sa haine !

Elle courbait la tête pour éviter un coup, elle reçut un baiser.

Cette caresse odieuse l'exaspéra. Quoiqu'elle fût née d'une négresse, un sang généreux coulait dans ses veines.

Son père était un *djouad* (noble). Comme la plupart des Arabes de *grande tente* (race aristocratique), il avait donné à chacune de ses femmes légitimes une servante noire. Un jour, par caprice, il jeta les yeux sur la mère de Fatma; celle-ci fut pendant quelques semaines la favorite du maître.

Malheureusement, celle qu'elle avait supplantée était une de ces âmes jalouses et implacables auxquelles l'amour-propre froissé inspire les plus terribles vengeances. Elle empoisonna son mari.

La négresse s'enfuit, et elle fut recueillie par un cheik d'un douar voisin. Puis, vendue de main en main, elle et l'enfant dont elle accoucha neuf mois après, elle tomba enfin sous la domination d'Aïdin.

Celui-ci la traita cruellement.

Il avait des accès de jalousie insensée. C'est dans un de ces moments que, usant du droit odieux que le Coran accorde au propriétaire d'un esclave, il avait tué la mère de Fatma.

La France n'aurait-elle fait qu'abolir la servitude des noirs en Algérie, sa conquête aurait une excuse suffisante.

Si le cercle de son influence se fût étendu alors jusqu'à Nédromah, Aïdin n'aurait osé concevoir cette odieuse pensée d'imposer son amour à Fatma, lui l'assassin de sa mère!

La jeune fille eût peut-être accepté les coups; le baiser du vieillard la révolta. Le noble sang de son père se réveilla en elle; elle poussa un cri désespéré, et ses deux mains crispées par l'indignation saisirent Aïdin à la gorge.

Parfois les femmes puisent dans le désespoir une force surhumaine que l'on est tout étonné de rencontrer dans des êtres si frêles. C'est qu'il est un levier énergique, irrésistible, la colère. Elle concentre sur un seul point toute la puissance de l'âme et du corps; elle raidit les muscles, elle bande les nerfs, elle gonfle les veines, elle rend invincible. Et la colère est d'autant plus terrible que, le sang aveuglant les yeux, on frappe à l'aventure, on saisit au hasard.

C'est pour cela qu'il ne faut jamais irriter injustement les enfants, les femmes et les peuples.

Si faibles qu'ils paraissent, quand leurs cœurs sommeillent, ne les éveillez pas en leur faisant trop cruellement sentir l'aiguillon de la douleur, car ils vous épouvanteraient.

Les plus grands crimes ont été commis par les femmes jalouses, les enfants exaspérés, les peuples en révolte.

Ils deviennent forts en devenant furieux; et l'auteur de leur rage est responsable de leurs actes, parce qu'il doit savoir combien facilement ils perdent la raison, à cause de la faiblesse de leur cerveau.

Si Fatma avait eu un poignard, elle aurait tué Aïdin. Son étreinte fut si violente que le vieillard la lâcha, et que ses deux mains se portèrent de la taille de la jeune fille à son cou, afin de le dégager.

Quand elle se sentit libre, Fatma se jeta en arrière, mais elle ne put trouver d'issue; la pauvre enfant était enfermée dans un cul-de-sac; à peine parvint-elle à faire quelques pas, en se déchirant aux épines des buissons sous lesquels se perdait le sentier.

Un instant, Aïdin demeura suffoqué; il ne reprit respiration qu'au bout de quelques secondes. Il sentait que par une lutte il ne viendrait pas à bout de son esclave, il était humilié de sa défaite, son orgueil souffrait de son impuissance.

Le front fuyant des Arabes, leur nez crochu, leurs pommettes saillantes, sont les indices certains d'une tendance à la cruauté, et ces signes de férocité étaient fortement accusés sur la figure du vieillard.

Sa main tourmentait la crosse de son pistolet; ses yeux s'injectaient de sang, les veines de son front soulevaient sa peau ridée. L'amour, la haine, la fierté blessée, le rendaient fou.

— Fatma, — gronda-t-il sourdement, — Fatma, veux-tu céder?

— Non, — répondit-elle, — non; je suis prête à mourir plutôt que de subir tes odieuses caresses.

Les Arabes portent presque toujours une espèce de bâton de voyage, sorte de massue nommée *matraque*.

Aïdin en avait un à la main; il en frappa vigoureusement la jeune fille. Celle-ci tomba à genoux. Il s'acharna sur elle. Le sang jaillit de ses épaules; elle se tordait sous les coups.

Aïdin cessa un instant de meurtrir son dos.

— Consens-tu? — demanda-t-il.

Et sa voix tremblait, son regard menaçait.

Fatma, lasse de la vie, désirait mourir. Elle se releva, provoqua par son orgueilleux coup d'œil la rage de son maître, et lui cracha au visage. En ce moment ce n'était plus une esclave, c'était une vraie fille de djouad.

Aïdin poussa un rugissement de tigre, jeta son bâton, et sa main frémissante saisit son pistolet à sa ceinture; il coucha son esclave en joue.

Celle-ci, courbée et les bras étendus instinctivement comme pour repousser la mort, avait baissé sa paupière par un mouvement machinal.

Une détonation retentit.

II

OÙ IL EST PARLÉ D'AMOUR PAR UN ARABE FORT JOLI GARÇON, ET DE HAINE PAR UN NÈGRE FORT LAID.

Au moment même où Fatma et le vieil Aïdin quittaient Nédromah, l'une pour devenir victime, l'autre pour être bourreau, la silhouette d'un cavalier isolé se dessinait sur l'azur du ciel, au sommet de la plus haute cime de ce chaînon de l'Atlas.

C'est une arête dentelée, déchiquetée à jour comme un de nos clochers gothiques, et qui s'élance au-dessus d'un cône arrondi; à sa base jaillit du roc vif une source abondante et limpide qui l'a fait nommer Aïn-Kébira (la grande fontaine).

De cet endroit on domine la colline des Caroubiers, où se dirigeait Aïdin.

Immobile sous les rayons incandescents du soleil, le cavalier contemplait avec une apparente tranquillité la plaine qui s'étendait à ses pieds. Pour qui n'eût pas remarqué le feu de ses yeux, fixés invariablement sur un point à peine perceptible dans l'espace, il eût été facile de supposer qu'un sentiment d'admiration le clouait à sa place.

En effet, le panorama splendide qui se déroule devant le voyageur arrivé sur les hauteurs d'Aïn-Kébira est bien fait pour le frapper d'admiration.

Les regards, bornés jusqu'alors par une succession de mamelons étagés qu'il a fallu gravir, aperçoivent soudain une plaine immense où les sites les plus opposés, se succédant sans transition, font ressortir par des contrastes saisissants les merveilleuses beautés de la nature africaine. Cette vallée commence au pied des Traras, qui l'entourent d'un vaste hémicycle. Elle va finir à la Méditerranée, qui la baigne de ses flots bleus.

D'un côté, l'Atlas avec ses sombres forêts de chênes et ses plateaux verdoyants; ses flancs abrupts parsemés de précipices horribles, et ses crêtes sauvages hérissées de pics d'une prodigieuse élévation; de l'autre, la mer qui se déroule au loin, image de l'infini, et sur la surface de laquelle blanchissent quelques voiles, imperceptibles points qui rappellent le génie de l'homme au milieu de l'œuvre infinie du Créateur.

C'est un spectacle imposant, majestueux, grandiose dans son ensemble, qui étonne, frappe et saisit ; étrange, varié, pittoresque dans ses détails, qui charment, attirent et éblouissent !

Des ruisseaux nombreux descendent en cascades bruyantes du sommet des montagnes, et ils coulent vers la mer, encaissés dans des ravins profonds ; couverts d'une végétation luxuriante, ils s'entre-croisent comme les mailles d'un filet.

Entre ces lignes de verdure bizarrement entrelacées, le soleil, calcinant le sol, a semé des espaces arides dont la stérilité désolante contribue encore à donner aux rives des cours d'eau un aspect plus délicieux de richesse et de fraîcheur.

De ces oppositions heurtées jaillissent des effets merveilleux.

Au milieu de ces déserts, qui sous les flots de la lumière torride resplendissent comme des miroirs ardents, les îles de verdure semblent des émeraudes enchâssées dans une rivière de diamants.

Et ce n'était pas cela pourtant que regardait le cavalier si obstinément planté sur la crête d'Aïn-Kébira.

Cet homme avait les traits hideux des peuplades dégradées dont la civilisation n'a pas encore ennobli la face. C'était un type repoussant de la race nègre. Son front de reptile annonçait une froide cruauté ; l'angle de sa figure, au menton démesurément allongé, lui donnait un caractère bestial, sa bouche écrasé, ses lèvres épaisses, achevaient de rendre horrible la laideur de son visage. Mais deux petits yeux étincelants de ruse et d'audace éclairaient d'un vif reflet d'intelligence cette tête, qui sans eux eût paru ignoblement stupide.

Il est des hommes qu'à première vue on juge mauvais, dangereux, terribles ; il semble que Dieu les ait marqués au front du sceau de Caïn. Il était de ceux-là.

On pressentait en lui une existence pleine de sombres et mystérieuses aventures. Les jets de flamme fulgurante qui jaillissaient de sa fauve prunelle avaient l'éclat sinistre de la foudre illuminant la nue.

L'intelligence mise au service d'un homme doué d'aspirations basses et féroces en fait un être d'autant plus redoutable, un malfaiteur d'autant plus à craindre, que ses facultés, surexcitées par les passions, s'exaltent jusqu'au délire.

Entre un honnête homme, aux mœurs calmes, aux habitudes paisibles, et le bandit aux instincts féroces, il y a une différence excessive comme puissance dans une lutte, quand même tous les deux posséderaient une somme égale de facultés matérielles et intellectuelles. L'énergie du brigand est triplée par le levier de ses appétits furieux. Telle est la cause de certains triomphes, en apparence inexplicables, qui surprennent dans la vie des individus comme dans celle des peuples.

A voir la manière dont le nègre couvait de son regard un douar situé à une grande distance vers la mer, on devinait aisément qu'il y avait un ennemi. Sous ses sourcils froncés jaillissaient des étincelles de menace. Parfois il interrogeait l'horizon en tous sens, puis il murmurait avec une colère concentrée :

— Par Allah ! cet Ali tarde bien à venir.

Et il retombait dans sa contemplation.

Enfin, après une longue attente, il sentit son cheval tressaillir. C'était un magnifique étalon plein de feu et admirablement dressé. Il rongeait son frein avec impatience et cherchait parfois à s'élancer ; mais son cavalier le maintenait avec une adresse consommée.

Cependant le mouvement que venait de faire son cheval n'avait pas pour cause l'ennui de rester en place. Ce n'était pas un piaffement, mais un frisson d'inquiétude.

Les Arabes connaissent leurs montures comme un chasseur en France connaît son chien ; du reste, les chevaux algériens ont une sagacité étonnante, qui ne le cède pas à celle des braques de nos braconniers, lesquels, comme on le sait, éventent un gendarme à une demi-lieue à la ronde. Le coursier d'un saraq bédouin annonce infailliblement à son maître l'approche d'un ennemi, quel qu'il soit.

En ce moment l'étalon du nègre, excité par le voisinage d'un danger, frémissait de tout son corps, dressait ses oreilles avec effroi, et aspirait l'air de ses naseaux fumants.

— Qu'y a-t-il, Saïda ! — demanda le nègre à son cheval en le flattant de la main, absolument comme eût fait un braconnier pour son chien. — Saïda (le tigre) écouta quelques secondes encore, pendant lesquelles le cavalier l'observa avec le plus grand soin ; puis il poussa un hennissement joyeux. — C'est la jument d'Ali, — se dit le nègre ; — voilà donc ce maudit qui arrive.

Et, en terminant ce monologue, il remit à sa ceinture un pistolet, qu'il en avait tiré dans un premier mouvement de défiance.

Au bout de deux ou trois minutes un cavalier arriva bride abattue.

A peine avait-il dix-huit ans. Il portait avec une grâce ravissante le costume des grands seigneurs indigènes, et son teint avait cette pâleur mate qui distingue les membres de l'aristocratie arabe. A travers ses longs cils noirs brillait un vif et doux regard ; sur ses lèvres errait un mélancolique sourire ; toute sa physionomie, délicate et fine, avait une expression de poétique rêverie. La noble fierté de son front légèrement bombé et l'élégance de ses gestes révélaient en lui le descendant d'une grande famille. Et ce fut lui cependant qui, le premier, salua le nègre.

Il est vrai que, malgré l'état d'esclavage où se trouvait encore à cette époque la race noire, ce nègre portait des vêtements d'un tissu trop fin et des armes trop riches pour ne pas jouir de la plus complète indépendance.

— Le salut soit sur toi ! — lui dit le jeune homme en lui tendant la main avec plus de déférence que de respect, avec plus de froide politesse que d'affection sincère.

— Que ton jour soit heureux ! — répondit le nègre en affectant une bonhomie qui ne devait pas lui être habituelle. — Sans doute tu as fait quelque bonne prise, car j'ai failli rôtir sous le soleil comme un mouton de *diffa* (festin) sur la braise, en attendant ton arrivée.

— Je suis en retard et j'ai tort, d'autant plus que je n'ai pas rencontré la moindre occasion de recueillir quelque butin, seule excuse un peu valable à tes yeux.

Sans se préoccuper du sourire quelque peu railleur qui accompagnait cette phrase, le nègre reprit :

— Je ne te garde pas rancune, mon cher Ali ; depuis quelques jours tu es si triste, si changé, que je ne voudrais pas encore ajouter à tes chagrins par mes reproches. Seulement je serais curieux de connaître le motif de tes soucis. Nous t'estimons tous, tu le sais, et mes compagnons, inquiets de tes allures, — le nègre appuya sur ces mots, — me questionnent à ton sujet. Jadis tu aimais à faire parler la poudre ; les jours de bataille étaient des jours de fête pour toi. En te voyant si brave, je t'avais choisi pour commander après moi notre *brouillard* (bande de voleurs). — Par ce seul mot, les Arabes, dans leur poétique langage, peignent les précautions dont s'entourent les bandits. — J'avais en toi toute confiance ; quand tu veillais, je dormais ; quand tu parlais, je pouvais me taire ; lorsque tu te battais, mon yatagan reposait à ma ceinture. Car tu avais la vigilance du coq, la prudence du serpent, la sagesse d'un marabout, et le courage d'un lion. Mais depuis tantôt deux mois tu es songeur ; notre métier te déplairait-il, par hasard ?

Ali restait silencieux ; son attitude trahissait un embarras mal déguisé ; le regard perçant de son interlocuteur semblait le gêner beaucoup.

Le nègre était ce fameux Elaï-Lascri qui, à la tête d'une centaine de bandits, joua un si terrible rôle dans la province d'Oran. Ali remplissait près de lui les fonctions de lieutenant.

Évidemment le jeune homme excitait les soupçons du farouche Elaï-Lascri, et il subissait un interrogatoire qui paraissait tourner à son désavantage.

Il fallait répondre; le nègre attendait, la main crispée, le front assombri.

— Tu veux que je parle franchement, n'est-ce pas? — fit Ali avec effort.

— Oui.

— Eh bien! tu as deviné juste, la vie que nous menons me pèse à ce point que, si je pouvais te quitter à l'instant, je le ferais avec joie.

— Et quel est le motif de cette subite détermination? — demanda le nègre en scandant chaque mot.

— Ah! tu ne comprendrais pas! — répondit Ali avec une nuance de dédain.

— Tu me crois donc aussi stupide que le bœuf des prairies ou la buse des montagnes? — s'écria Elaï-Lascri avec colère. — Oh! si, je comprends! Tu médites une lâcheté; depuis quelques semaines je t'observe; tu as emporté ta part de butin dans une retraite sûre. Inutile de le nier, j'en suis certain. Te trouvant assez riche, tu veux abandonner indignement ceux qui t'ont fait ce que tu es. Qui sait même si, au fond de ton cœur, tu ne nourris pas la pensée de me vendre à l'agha de Nédromah. C'est une belle proie à livrer que le farouche Elaï-Lascri; on te le payerait son poids d'or. Heureusement, je connais mon yatagan, et tu as vu déjà comment il me venge des traîtres. Retiens bien ceci, Ali : Je lis dans ton cœur comme un taleb dans un livre. Jusqu'ici tu n'as fait que désirer le repos, demain tu voudras ma mort; on va vite dans le chemin de la trahison. A la moindre démarche suspecte, au moindre doute, je te ferai sauter la cervelle.

Ali était devenu aussi pâle que son haïque.

Il fit peser sur Elaï-Lascri un fier et dédaigneux regard, et, lentement, il lui dit :

— Tu menaces, et tu as tort. Tu oublies que tous deux nous avons regardé la mort face à face, et que tu ne fus pas seul à bien tenir ton âme. Te craindre! Mais qui es-tu donc pour essayer de m'intimider ainsi? Un homme qui a deux bras pour attaquer, comme j'en ai deux pour me défendre. Désormais plus d'insultes, entends-tu? Oui, je suis las de courir sans cesse pour égorger toujours; oui, le sang m'e répugne et je voudrais te quitter. Seulement un bienfait unit ma destinée à la tienne, et les anneaux de la chaîne qui m'attache à toi sont rivés plus solidement par la reconnaissance que par la peur, sentiment inconnu à mon âme. Use de mon intelligence et de mes forces comme tu l'entendras; quand j'étais tout enfant, tu m'as sauvé la vie, je t'appartiens. Mais pas de reproches! pas d'humiliations! Si tu es mécontent, tue-moi; mais ne m'humilie jamais!

Elaï-Lascri avait trop de perspicacité pour n'être pas convaincu par l'accent dont furent prononcées ces paroles.

Malgré sa rude nature, il se sentit ému.

— Réconcilions-nous, — dit-il avec autant d'effusion que son caractère sauvage le comportait, — et que jamais la défiance ne tienne nos amis à distance. — Puis il ajouta avec un fin sourire : — Quoique rassuré sur la fidélité, tu avoueras que je ne suis pas assez sot pour ne point comprendre le motif de ta mélancolie. Et, crois-le bien, si j'insiste sur ce point, c'est seulement par curiosité et par intérêt.

— Certes, tu ne manques pas d'intelligence, — répondit Ali calmé par ces paroles; — mais pour comprendre les peines du cœur il faut en avoir un, et rien ne bat dans ta poitrine. Tu rirais par trop si je te confiais la cause de mon retard.

— Du tout; je ne plaisanterai jamais sur un sujet aussi grave que celui-là, puisque bientôt il me fera perdre le meilleur de mes amis. Car tu penses bien qu'un jour je te rendrai libre; tu ne peux éternellement souffrir... Allons, enfant, raconte vite ton histoire.

La curiosité est peut-être le sentiment le plus capable de transformer momentanément un homme.

Quand cette corde a vibré, le paresseux devient agile, le gourmand se fait sobre, l'avare lâche son argent, la femme sait se taire. Et, à ce propos, n'est-ce pas au vif désir d'apprendre, si développé chez elles, que nous devons les plus douces câlineries, les plus gentilles coquetteries des femmes? Toujours est-il que, pour arracher à Ali son secret, Elaï-Lascri cachait ses griffes de tigre; il se faisait bonhomme.

— Eh bien! — dit Ali, non sans hésiter, — si j'ai tant tardé à venir, une femme en est la cause.

— Une femme! — exclama le nègre au comble de la surprise, — le motif est futile en effet. C'est pour cela que tu as conçu sur notre métier des idées si bizarres? Quoi! devant nous chacun tremble et s'enfuit; nous possédons de l'or à rendre un sultan jaloux; nous livrons des combats magnifiques où toujours la victoire nous sourit, et tu parles de nous quitter!

— Sans doute. Ignores-tu qu'auprès de sa femelle le lion oublie et ses griffes et ses dents.

Elaï-Lascri était si loin de se douter du pouvoir des femmes qu'il devint songeur.

La toute-puissance de l'amour venait de se révéler à lui; il n'y avait jamais cru, et voilà que son plus vaillant compagnon se déclarait dompté par la main mignonne d'une jolie fille. Pour le nègre cela tenait du prodige.

— C'est donc vrai! — gronda-t-il avec une colère sourde.

— Quoi? — fit Ali étonné.

— On le disait, — continua Elaï-Lascri sans répondre directement, — mais je refusais de le croire. Oui, l'œil d'une femme a le don d'éteindre la bravoure dans le cœur du guerrier; son contact brise les lames les mieux trempées; la poudre s'évente au souffle de son haleine, et d'un baiser elle soumet les plus forts. Oui, la femme est mauvaise au cœur des braves, comme la rouille à l'acier des armes. Hélas! Ali, d'un hardi compagnon comme toi l'amour va faire un citadin timide.

— Non pas; d'un saraq injuste et sanguinaire il fera un loyal et noble guerrier. Non, Elaï-Lascri, l'amour n'ôte pas le courage; il exalte, au contraire, lorsqu'il s'agit de défendre une belle cause, de protéger ceux que l'on aime, de soutenir l'honneur musulman contre les chrétiens maudits. Toi-même, tu verras un jour ce que peut inspirer une passion.

— Je jure, par Allah qui m'entend! qu'Elaï-Lascri sera toujours le Roi des Chemins. Ce n'est pas moi qu'une jeune fille aussi frêle que le roseau des lacs dominerait comme le sultan domine à Stamboul et le Prophète au paradis.

— Chouïa, chouïa (attends, attends)! — fit Ali; — plus grands que toi ont été vaincus.

— Allons donc! Combien de jeunes filles n'ai-je pas enlevées! Je suis toujours le même, cependant.

— Tu n'avais pas pour celles-ci un véritable amour, un amour semblable à celui que j'éprouve. Tu crois avoir aimé parce que tu as assouvi un désir brutal sur des malheureuses ravies à leurs familles, tu te trompes. Elles t'exécraient, elles te repoussaient de toutes leurs forces, et, quand tu les avais domptées par la violence, tu possédais un corps dont l'âme était absente, autant dire un cadavre. Ah! si tu savais comme il est bon de posséder la douce affection d'une femme adorée! Tiens, suppose que, un jour, une de tes captives te regarde sans frémir, attache à ton cou ses deux bras mignons, et, au lieu de fuir, te rende caresses pour caresses, sourires pour sourires; songe alors qu'une créature charmante bénirait ton nom partout exécré, saluerait de ses rires joyeux ton arrivée que l'on redoute, t'entourerait de soins touchants, de prévenances délicates; pense aussi qu'elle te donnerait des gages de sa tendresse, des enfants qui feraient ton orgueil et seraient les soutiens de ta vieillesse, et dis-moi si tu poignarderais celle-là comme tu poignardes souvent les autres, si tu ne chercherais pas quelque ville, quelque douar isolé pour y savourer doucement ton bonheur, y vivre honoré, y mourir paisible !

Pendant que de sa voix persuasive Ali berçait l'oreille du nègre par ces mots nouveaux pour lui, la figure de ce dernier se transformait peu à peu. Une expression de surprise flotta d'abord indécise sur ses traits, puis un sourire de bonté se dessina sur ses lèvres, triomphant avec peine de la rudesse de sa physionomie, peu faite pour exprimer les sentiments honnêtes et doux.

— Tu as peut-être raison, Ali, — dit-il ; — mais l'heure n'est pas venue de quitter le chemin sanglant où je marche. Tu es d'une nature autre que la mienne. Le *sloulougli* (lévrier) est fidèle, tendre et caressant ; il lèche la main qui le frappe, et cependant il attaque sans crainte *l'alouf-el-rabaa* (le sanglier). Moi je n'ai que l'amertume au cœur ; tigre on m'a fait, tigre je reste.

— Qui sait ?

— Non, j'ai trop souffert. Je méprise trop profondément les hommes pour m'adoucir. Il faut que je t'explique le but de notre rendez-vous ; il faut que je te raconte une lamentable histoire ; il faut enfin que tu sois juge entre moi et le genre humain que j'exècre. J'ai encore besoin de toi pour une œuvre de vengeance et de sang. Ecoute, Ali ; tu vois ce douar ?

Le nègre montrait le village engade qu'il avait regardé si longtemps avant l'arrivée du jeune homme.

— Oui, — répondit celui-ci.

— Il faut que tu y pénètres ! Sous le prétexte que tu as soif, tu demanderas une jatte de lait. A celui qui te l'apportera tu jetteras un douro. Cette générosité déliera sa langue ; alors, tu le questionneras pour savoir si le cheïk du douar, Sidi-Embareck, est arrivé de son pèlerinage. En outre, tu observeras attentivement tous les environs. D'ici à quelques jours nous ferons une razzia ; je ne veux pas qu'une seule tente reste debout. C'est une haine de vingt ans que j'ai à assouvir ; à ton retour, je te conterai cette histoire ; elle est lugubre. Va et sois habile ! — Ali sourit et s'éloigna au galop. Elaï-Lascri le suivit quelques instants des yeux, mais son attention fut bientôt détournée par des cris, qui de la forêt des Caroubiers montaient jusqu'à lui. Ces cris étaient poussés par Fatma, qu'Aïdin assommait lâchement de son bâton. — Eh ! eh ! — fit Elaï-Lascri, — est-ce que quelqu'un de mes saraqs assassinerait de ce côté. Pardieu ! il n'a qu'à bien se tenir ; car un pareil maladroit, qui laisse crier une victime, ne mérite pas de faire partie du *brouillard sanglant*. Par le Prophète ! si c'est un des miens, je vais lui montrer comment l'on tue ! — Et le nègre lança son coursier dans la direction d'où partaient les clameurs, qui vibraient jusqu'au sommet de la montagne, répercutées par l'écho. Tout en galopant, Elaï-Lascri se disait : — C'est singulier, vraiment ; quand cet Ali m'a parlé d'amour, il m'a ému. Aimer serait-il donc tout autre chose que je ne le supposais !

Et c'est dans cette disposition d'esprit que le Roi des Chemins arriva au lieu où Aïdin torturait Fatma.

La jolie mulâtresse était touchante à voir ; à genoux, baignée dans son sang, les yeux pleins de larmes, elle recevait les coups de matraque en poussant des appels déchirants.

— Par Allah ! — se dit Elaï-Lascri ému, — voici un vieux drôle qui n'y va pas de main morte.

Et il fit quelques pas vers Aïdin.

— Consens-tu Fatma ? — disait celui-ci.

C'est alors que Fatma, pour en finir avec la douleur, se leva et, magnifique d'énergie, cracha au visage de son persécuteur.

Cette audace plut à Elaï-Lascri ; de la pitié il passa à l'admiration.

Aïdin exaspéré ajusta son esclave avec un pistolet. Mais Elaï-Lascri tirait le sien de sa ceinture en disant :

— Oh ! oh ! ma fille, tu es brave, toi ; à la bonne heure ! Attends, mon enfant, attends ! — Et il déchargea son arme sur Aïdin, qui tomba raide mort. Puis il s'avança vers Fatma, qui elle aussi fit quelques pas vers lui et tomba à ses genoux. — Femme, ne crains rien, — lui dit le Roi des Chemins, — ton maître ne te frappera plus.

Le son de cette voix gutturale fit tressaillir Fatma ; elle resta un instant suspendue entre la crainte vague que lui inspirait son sauveur et la reconnaissance ; un sourire de bonté qui brilla sur la figure du nègre l'encouragea.

— Qui es-tu, monseigneur, — lui demanda-t-elle, — que je sache ton nom pour le bénir chaque jour ?

— Qu'importe mon nom ! — répondit Elaï-Lascri. — Je suis riche, puissant, redouté ; je n'ai jamais possédé de femmes que celle dont j'avais tué les maris, et je désire des caresses volontairement données, car je suis las des baisers arrachés à la violence. Regarde-moi. Je suis plus laid que cet homme dont ma balle vient de faire un mort ; cependant je te trouve avec bonheur sur mon chemin, parce que tu es belle, parce que peut-être tu m'aimeras. Je sens, moi, que mon cœur s'adoucira pour toi. Fatma, veux-tu devenir ma femme ? Souviens-toi que tu es libre de refuser.

Elaï-Lascri, inquiet, attendait la réponse de la jeune fille, en tenant sa main pressée dans la sienne ; et, quand elle eut répondu,

— Monseigneur, tu m'as sauvé la vie, je suis prête à te suivre partout,

il couvrit son front de baisers.

— Fatma, — disait-il, — j'ignorais l'amour et la pitié. En te voyant, mon cœur a battu pour la première fois. Tu ne peux partager mes fatigues et mes dangers ; la colombe ne suit pas l'aigle dans son vol, la fauvette s'ennuierait dans l'aire du vautour. Retourne à Nédromah, enfant ; je t'y reverrai libre et heureuse.

— Merci, monseigneur ; quand tu viendras visiter Fatma, ce sera la fiancée aimante et fidèle qui t'ouvrira la porte de sa demeure.

— Ce sera bientôt, alors. Mais, dis-moi, cet homme a quelques parents sans doute ?

— Il a un fils.

— Qui s'appelle...

— Ben-Aïdin, maintenant que son père est mort.

— C'est bien. Regagne la ville et annonce à ton nouveau maître que son père a été tué d'un coup de feu sans que ton œil ait pu voir le meurtrier. Et surtout du silence ; notre bonheur dépend de la discrétion.

— L'affection me rendra muette, — fit-elle avec un regard charmant.

* * *

Elaï-Lascri la contempla quelques instants ; il se sentait troublé jusqu'au fond de l'âme, il était tenté de l'emmener.

Enfin il prit un parti. Portant ses deux doigts à ses lèvres, il poussa un sifflement aigu ; Saïda, son cheval, accourut, et le nègre sauta en selle. Une dernière fois il regarda la jeune fille, hésitant à l'embrasser encore.

Celle-ci, avec un doux sourire, murmura :

— Adieu, monseigneur !

— Adieu, Fatma ! — répondit le Roi des Chemins en soupirant ; puis il lui tendit la main.

Poussée par un subit élan de tendresse, elle jeta ses deux bras autour de sa taille, qu'elle parvint à enlacer, et elle lui tendit son front qu'il baisa avec effusion. Puis, s'arrachant à cette étreinte, il éperonna son coursier dont le galop rapide l'emporta vers la mer.

Quand elle eut perdu de vue son libérateur, la jolie mulâtresse se sentit si attristée que ses yeux s'emplirent de larmes. Elle l'aimait. Cependant il était bien laid. Mais il était brave, il semblait cacher dans sa poitrine des secrets terribles, et les femmes sont toujours femmes. Sous la tente, comme dans les palais, la bravoure les séduit, le mystère les attire, et puis... dans un cœur féminin la reconnaissance est une porte ouverte à l'amour... Pour la sauver, Elaï-Lascri avait commis un meurtre; mais était-ce un crime?

Certes, aux yeux de tous ceux qu'opprimait le joug de l'esclavage, il avait accompli là une action généreuse, qui devait ajouter encore à sa popularité. Car, comme nous l'avons dit déjà, Elaï-Lascri, malgré son titre de bandit, et même à cause de lui, était très-populaire.

Du Maroc à Tunis, de la mer au Sahara, les pauvres, les faibles, les mendiants, gens qui n'ont rien à perdre et qui ont tout à gagner, gens qui sont aigris et qui souffrent, gens toujours prêts à la révolte lorsqu'ils la croient possible, les malheureux enfin, regardaient Elaï-Lascri comme un héros, comme un vengeur.

Ce guerrier sauvage qui faisait trembler les chefs ne sortait-il pas de la plus basse extraction? d'esclave ne s'était-il pas fait roi? Roi vagabond, c'est vrai ; roi d'aventure, mais personnification vivante, et à leur point de vue glorieuse, du sentiment de rébellion que couvaient leurs cœurs ulcérés.

Les nègres, les parias, les misérables enfin voyaient en lui la réalisation brillante des rêves de bonheur et de liberté, des espérances de haines et de représailles qu'ils concevaient plus ou moins distinctement dans le silence de leurs nuits affamées, dans l'agitation de leurs journées douloureusement laborieuses.

C'est pour cela que, comme l'Algérie de 1830, le moyen âge eut ses poétiques brigands, adorés des serfs, servis par eux, célébrés dans leurs chansons.

Partout où a subsisté une tyrannie féodale, une caste privilégiée, le bandit a été aimé du peuple, qui souriait à ses exploits, qui applaudissait à ses triomphes.

L'Espagne abrutie par le fanatisme despotique des moines, l'Italie soumise à l'étranger, la Grèce sous le yatagan des Turcs, tels sont les pays où le détrousseur de grands chemins a conservé le plus longtemps son auréole de gloire. Mais lorsque la liberté a triomphé dans une contrée, quand les gouvernés ont cessé de voir des oppresseurs dans les gouvernements, quand la lutte entre le riche et le pauvre est devenue moins vive parce que ce dernier a moins faim, oh! alors, le bandit tombe de son piédestal.

En France, le paysan livre à la justice après l'avoir traqué comme une bête fauve; en Italie, il a presque partout cessé de lui porter des vivres dans son repaire; en Espagne, les gendarmes commencent à obtenir des renseignements, et ils n'ont plus contre eux l'opinion publique.

Depuis le jour où nous avons apporté des codes à l'Algérie, à mesure que nous avons pu les imposer, les *brouillards* ont disparu peu à peu ; ajoutons que ce qui était jadis un honneur pour un indigène est devenu une honte.

Un Arabe des territoires civils se fâche sérieusement aujourd'hui de l'épithète de saraq. Il y a trente ans, ce mot eût fait sourire son père d'un orgueil sinon légitime, du moins légitimé.

Elaï-Lascri était remonté au galop vers Aïn-Kébira, songeant à l'étrange aventure qui venait de lui arriver. Tout à coup il aperçut dans la plaine un cavalier qui fuyait à toute bride, poursuivi par une centaine de guerriers.

Il sembla au Roi des Chemins que c'était Ali.

De temps en temps le fuyard s'arrêtait, après avoir gagné de l'avance sur ceux qui lui donnaient la chasse ; il tirait un coup de feu, un homme tombait et il reprenait sa course.

— Par Allah! je crois que Sidi-Embareck attaque mon ami Ali ; ses cavaliers n'ont qu'à bien se tenir.

Et Elaï-Lascri lança son coursier vers la plaine.

Parmi les chefs qui ensanglantèrent la régence d'Alger, Elaï-Lascri s'était fait une réputation d'incroyable audace et d'adresse merveilleuse. Sa troupe, peu nombreuse afin qu'elle pût facilement échapper aux poursuites, se composait d'une centaine de scélérats émérites.

En Algérie, tout comme en France, il est des voleurs qui imposent aux masses une admiration étrange en apparence, et pourtant facile, sinon à justifier, du moins à comprendre. Les basses classes dépourvues de richesses n'ont rien à redouter des brigands ; au contraire, elles voient instinctivement des vengeurs en eux, parce que, dévorées par l'envie des trésors du riche, elles applaudissent l'homme de basse extraction qui les dépouille. Ceci explique aussi pourquoi les foules restent froides devant les calculs souvent admirables, les conceptions vraiment ingénieuses, des criminels haut placés qui tombent sous le coup de la loi. Ceux-là n'ont pas ses sympathies, qu'elle réserve principalement aux coupe-jarrets des grandes routes.

Il y a donc dans chaque contrée, en Afrique, quelques saraqs dont on se plaît à raconter les bons tours sous la tente, et c'était exclusivement les sujets bien connus pour leur courage et leur habileté que le Roi des Chemins enrôlait sous sa bannière.

Un maraudeur vulgaire n'aurait pu faire partie de cette horde redoutable, car chaque jour se lançait dans des entreprises si périlleuses qu'il lui fallait, pour en sortir triomphante, accomplir des miracles de ruses et d'intrépidité.

Depuis qu'Elaï-Lascri avait paru à la tête des siens dans la province d'Oran, il s'était signalé par des exploits extraordinaires. Cruel par calcul et par tempérament, il ne faisait jamais de grâce, et il était parvenu à inspirer à tous une terreur superstitieuse. On le croyait invulnérable.

Lorsque dans la nuit il apparaissait aux yeux des Arabes, suivi de ses sombres compagnons éclairés par les reflets des incendies qu'ils allumaient, la peur paralysait les bras des guerriers, ils se laissaient frapper sans résistance. Ceux qui échappaient au carnage racontaient avoir vu un démon commandant à des fantômes!

Tel était le *brouillard sanglant*, tel était son chef.

III

OÙ LE DOUAR DE SIDI-EMBARECK S'ATTIRE LA HAINE D'ALI, APRÈS AVOIR MÉRITÉ CELLE DU ROI DES CHEMINS.

Elaï-Lascri était, nous l'avons dit, le chef d'une bande de brigands qui a laissé des souvenirs terribles dans toute l'Algérie, sous le nom de brouillard sanglant.

En 1861 seulement, les derniers vestiges de cette association de malfaiteurs furent jugés et condamnés à mort par la cour d'assises de Tlemcen.

Avant notre conquête, l'Algérie fut désolée par des troupes d'assassins contre lesquels nous eûmes à lutter longtemps pour en purger le pays. Aujourd'hui même, pour peu que l'on s'aventure à l'extrême frontière de nos possessions, on s'expose aux mêmes dangers qui jadis menaçaient les caravanes sur notre territoire.

Les Arabes de Tunis, les Beni-Snassen du Maroc, les Touaregs du Sahara s'organisent en *goums* (troupe armée) et en *sagas* (brouillards), pour piller et massacrer les voyageurs.

Ali, pour exécuter les ordres d'Elaï-Lascri, s'était dirigé vers le douar de Sidi-Embareck.

Ce douar était un des plus puissants de toute la plaine ; il étalait au soleil des tentes nombreuses, auprès desquelles étaient attachés en plein air, selon la coutume indigène, les chevaux des guerriers. D'habitude, la plus grande animation règne dans une tribu ; mais ce jour-là le cheik Embareck avait conduit sa fille à Nédromah, escorté des plus vaillants de ses cavaliers ; en sorte qu'il n'en restait guère qu'une centaine.

Sidi-Mustapha, l'agha de Nédromah, avait recherché l'alliance du cheik Embareck, et lui avait demandé la main de son enfant. On était en train de célébrer les noces à la ville.

Sous une des tentes de ce douar, deux hommes causaient.

L'un semblait venir d'une excursion ; c'était un beau jeune homme à l'œil fier, à la figure mâle ; malgré le délabrement de ses vêtements, il était facile de reconnaître en lui un djouad.

Pour expliquer la valeur de ce mot djouad, il est nécessaire de rappeler que les Arabes originaires de l'Asie, ne firent la conquête du Mograb (Etats barbaresques) qu'en 700.

Ils y trouvèrent trois races bien distinctes : les Berbères ou Kabyles, habitants des montagnes, qui ne furent jamais soumis ; les Maures des villes, descendants des colons grecs, phéniciens et romains ; puis enfin les nomades de la plaine, que, du temps de Salluste, on appelait les Gétules et les Numides.

Les Arabes conquérants ne purent asservir les Berbères ; ils dédaignaient trop la vie sédentaire pour s'établir dans les cités, près des Maures ; mais, trouvant une grande similitude entre leurs mœurs et celles des anciens Gétules, ils se mêlèrent à eux, sans toutefois se confondre.

Au milieu des vaincus, ils formèrent une aristocratie puissante, qui donna des chefs aux douars : le peuple envahisseur fut, vis-à-vis de la nation soumise, dans la position des Francs par rapport aux Gaulois. Telle est l'origine des djouads et des familles de *grande tente*.

Comme les chevaliers du moyen âge que la guerre avait ruinés, et qui ne possédaient que la cape et l'épée, il est des rejetons d'illustres familles qui, en Algérie, n'ont pour tout bien que leur yatagan et leur burnous. Mais ce burnous usé laisse passer par tous ses trous un orgueil de race, qui sent son grand seigneur.

Tel était Meçaoud, le jeune homme dont nous avons parlé.

Son père, ruiné par une razzia, lui avait conseillé, à sa mort, d'aller proposer ses services à Sidi-Embareck, son parent. Il occupait près de ce cheik un poste équivalent à celui d'écuyer aux jours où la féodalité existait en Europe.

Assis sur une natte, il s'entretenait avec un autre jeune homme mieux vêtu que lui, mais d'apparence beaucoup moins belliqueuse. Celui-ci était le neveu et l'héritier futur de Sidi-Embareck. Il se nommait El-Kouffi.

— Sais-tu, cousin, — lui disait Meçaoud, — que je finirai par me faire couper le cou ? Aujourd'hui encore, en exécutant ta commission, j'ai failli être surpris par ces chiens de Kabyles !

Les Kabyles sont les ennemis mortels des Arabes.

— Par Allah ! — répondit El-Kouffi, — tu te plains toujours. Je t'ai promis un burnous neuf si tu pouvais savoir au juste quel village habitait la jolie fille que nous avions vue au marché de Nédromah. Si tu le sais, parle ; je te donnerai sans récriminations la récompense convenue.

— Eh bien ! cousin, ce joli minois, dont tu es amoureux appartient à une *moucaire* (femme) des Traras ; elle est fille du chef des Kabyles de ces montagnes.

— Le marabout Ben-Achmet ?

— Tu l'as dit. Elle a nom Mériem ; mais les jeunes gens l'appellent la Rose des Traras ; son père habite le village d'Aïn-Kébira.

— Cousin, je te remercie.

— Attends donc, ce n'est pas tout... Elle est mariée.

El-Kouffi fit un bond de colère.

— Tu dis ? — s'écria-t-il.

— Je dis : elle est mariée.

— Et avec qui ?

— Avec un beau garçon ; sur ma part de paradis ! il est digne d'elle, et elle paraît l'aimer.

En disant ces mots, Meçaoud savait torturer son cousin ; mais il était heureux de faire souffrir ce parent auquel la fortune avait prodigué les dons qu'elle lui avait refusés.

— Et quel est ce mari ? — demanda El-Kouffi avec un accent haineux.

— Voilà où tous seraient embarrassés de répondre ; —riposta Meçaoud.—Ce mari, c'est un secret vivant.

— Enfin, on sait d'où il vient, qui il est ?

— Du tout ! Mériem elle-même ignore en quelle contrée il est né.

— Comment as-tu appris ces détails ?

— Ils se promenaient tous deux hors du village, dans un sentier. J'ai surpris des fragments de conversation, d'où il résulte que cet époux bizarre cache à Mériem ce qu'il est, ce qu'il fait ; qu'ensuite il reste absent pendant des semaines entières, et qu'enfin il se nomme Ali.

— Et tu n'as pas profité de l'instant où ils se trouvaient seuls tous deux, pour tuer l'homme et emmener la femme ?

— Cousin, tu es libre de tenter l'aventure si le cœur t'en dit ; comme tu es l'amoureux, c'est à toi de voir si tu donnerais ta vie pour cette fleur des montagnes.

— Meçaoud, demande-moi ce que tu voudras, — s'écria El-Kouffi ; — si tu me livres cette femme, je te donnerai tout ce que tu exigeras !

— Eh ! cousin, on pourra s'entendre.

— C'est que, vois-tu, j'en suis fou, — reprit El-Kouffi. En ce moment Ali arrivait au douar, et les chiens saluaient son approche par des aboiements furieux. — Va donc voir qui cause tout ce tapage, Meçaoud,— dit le neveu d'Embareck.

Le jeune homme sortit et reconnut Ali ; un éclair de joie passa sur son visage.

Il rentra sous la tente.

— Si je te donne un moyen facile de posséder la Rose des Traras, me cèderas-tu ta jument ? — demanda-t-il.

— Cent douros avec, — répondit avec enthousiasme El-Kouffi.

— Eh bien ! son mari est ici, au douar. Il faut t'en emparer et lui laisser à choisir entre la mort ou te livrer son épouse.

— Sur la barbe de mon père ! tu auras ma jument si tu fais cet homme prisonnier.

— Va donc l'amuser par des questions ; je mettrai pendant ce temps nos guerriers en mesure de le cerner ; quoique ton oncle ait emmené l'élite de nos cavaliers, il en restera assez pour cela.

Le neveu d'Embareck se dirigea du côté d'Ali, pendant que Meçaoud courait de tente en tente ordonner aux cavaliers de sauter en selle.

Heureusement pour Ali, il avait bu son lait et questionné l'homme qui le lui avait présenté ; en sorte qu'il se retirait quand le neveu d'Embareck sortait de sa tente.

Celui-ci voyant s'éloigner le mari de Mériem, cria Aux armes ! de façon à mettre sur pied tout le douar.

Déjà la plupart des Arabes harnachaient leurs montures ; ils furent bientôt prêts, et, guidés par Meçaoud, ils galopèrent pour rattraper Ali.

Le jeune homme, entendant derrière lui un grand bruit de chevaux, se retourna :

— A qui peuvent-ils en vouloir ? — pensait-il. Deux ou trois coups de feu lui apprirent que c'était à lui. Seulement, comme Meçaoud voulait le prendre vivant, il fit cesser la fusillade. — Oh ! oh ! — se dit Ali, — il paraît que ces gens-là nourrissent quelque dessein hostile à mon sujet. Pauvres misérables ! c'est avec de pareilles rosses qu'ils songent à m'attraper ! Nous allons rire !

Et Ali caressa sa magnifique jument, en jetant du côté des Arabes un regard dédaigneux. Il est vrai qu'aucun de leurs coursiers ne valait le sien. Sans trop se presser, Ali visita son *moucala* (long fusil indigène), en renouvela l'amorce, puis il éperonna sa monture. Celle-ci l'emporta avec une merveilleuse vitesse.

Quand il eut gagné huit cents mètres, il l'arrêta net en l'enlevant vigoureusement, lui fit faire une volte rapide, coucha en joue ses ennemis, tira et repartit au galop en rechargeant son arme.

Un Arabe était tombé blessé à l'épaule.

Alors la rage de voir un des leurs blessé empêcha les guerriers d'écouter Meçaoud, qui n'était pas leur cheik. Ils se mirent à tirailler sur le fugitif. Celui-ci, se souciant peu des balles qui sifflaient autour de lui, ripostait tout en fuyant, et, avec une adresse extraordinaire, il descendait un des cavaliers à chaque coup de feu.

Meçaoud était furieux ; mais sa colère redoubla quand il vit son cheval s'abattre sous lui, une jambe cassée par le plomb d'Ali.

Les autres guerriers continuèrent à charger avec fureur.

Heureusement ils n'étaient pas assez bien montés pour atteindre le fuyard ; à chaque instant un vide se faisait dans leurs rangs. Bientôt une quinzaine d'entre eux furent hors de combat.

Ali semblait prendre plaisir à la lutte ; il aurait pu facilement se mettre hors de portée, mais il tenait à prolonger cette chasse qu'on lui faisait. Autant il montrait de dextérité à manier son fusil, autant ses adversaires faisaient preuve de maladresse.

Tout à coup, au moment le plus vif de la poursuite, de grands cris se firent entendre sur les derrières de la troupe ; les plus avancés se retournèrent. Un nègre, le yatagan au poing, s'était précipité au milieu des Arabes, les prenant en queue. Il brandissait un yatagan d'une grandeur démesurée, qui faisait voler têtes et bras, et il poussait avec une incroyable audace son coursier au plus épais des groupes. Il était presque impossible de l'abattre à coups de pistolet, parce qu'au milieu du désordre les balles l'auraient manqué pour atteindre les autres combattants. Il frappait avec furie, rugissant comme un lion, trouant les chairs, broyant les os. Les Arabes étaient décontenancés.

Mais, quelques minutes après, au moment où, remis du premier instant de surprise, ils cernaient le nègre, Ali vint à son tour tomber sur eux avec une fougue indicible. Il avait lâché les rênes à sa jument, qu'il guidait des genoux, et, prenant son fusil à deux mains, il fendait les rangs qui s'ouvraient devant lui.

Si ces deux rudes jouteurs avait eu affaire à des djouads, si même Meçaoud eût été là pour relever le moral des siens, peut-être Ali et Elaï-Lascri auraient-ils payé cher leur audace. Mais, comme l'avait dit Meçaoud, qui maugréait à ce moment loin du champ de bataille, le cheik Sidi-Embareck avait emmené les meilleurs guerriers.

Se trouvant sans chef, étonnés, effrayés, les Arabes entendirent tout à coup un des leurs s'écrier :

— C'est le Roi des Chemins !

A ce nom redouté, ils crurent avoir sur les bras toute la bande du terrible nègre ; ils tournèrent bride précipitamment laissant une trentaine de cadavres derrière eux.

Elaï-Lascri et Ali se regardèrent en riant.

— Par la barbe de mon père ! — s'écria le nègre, — j'ai bien envie de licencier le *brouillard sanglant*. A nous deux nous suffirons pour mener à bien toutes les razzias possibles. A-t-on jamais vu pareils lâches ! Pourquoi l'ont-ils attaqué ?

— Je l'ignore, — répondit Ali.

— C'est singulier ; mais n'importe, je suis heureux de cette aventure, car maintenant tu me seconderas plus volontiers dans ma vengeance contre ces chiens.

— Pour cela, oui, — répondit le jeune homme. Quelle singulière idée ils ont eue de se jeter ainsi sur moi ! Ils le payeront cher.

Le jeune homme, malgré sa douceur, comprenait la vengeance, et il l'eût pratiquée au besoin dans toutes ses rigueurs.

Ceci tenait à l'état où se trouvait l'Algérie avant notre conquête ; chacun devant demander à son yatagan la punition d'un crime, se venger devenait l'équivalent de se faire justice.

C'était là une des conséquences forcées de l'état demi-barbare où vivaient les indigènes avant notre arrivée ; faute de lois et surtout faute de tribunaux intègres et puissants, les différends se vidaient à coups de fusil.

Ali approuvait donc du fond de l'âme la résolution de son chef. Il était comme tous les Arabes, qui mettent leur point d'honneur à ne jamais pardonner une insulte. Dans les tribus on mépriserait l'enfant qui renierait un héritage de sang laissé par son père.

Aussi Ali jura-t-il de s'associer de tout cœur aux projets du Roi des Chemins.

— Tu m'avais promis de me raconter l'histoire de la rancune nourrie par toi contre Sidi-Embareck, — dit-il.

— Narre-moi cela au milieu des cadavres qui nous entourent. Ça soulagera un peu ta haine.

— Tu as raison, — répondit le nègre jetant du haut de son cheval un coup d'œil sur les morts. — Ecoute : Il y a de cela longtemps, le cheik Sidi-Embareck, de ce douar que tu vois là-bas, possédait un esclave de dix ans qui gardait ses troupeaux. Cet homme était si avare que l'on disait : ladre comme Embareck. Son nom était passé en proverbe. Il laissait, lui un djouad, l'hôte que Dieu lui envoyait implorer en vain l'hospitalité. Tu comprendras facilement combien les serviteurs de cet Embareck devaient être maltraités. A peine nourris, presque nus, sales, hargneux comme des chiens affamés, ils formaient à sa suite un cortège hideux. A voir le cheik, avec sa figure bizarre, dure, longue et sèche, chevaucher sur une rosse efflanquée à la tête de son escorte famélique, on eût dit le spectre de la famine suivie de tous les maux qu'elle entraîne. Or, le vieux chef avait un esclave plus à plaindre à lui seul que tous les autres ensemble. C'était le négrillon chargé de faire paître les troupeaux. Ce pauvre enfant ne recevait même pas la noire galette que les plus pauvres jettent en pâture aux lévriers. Il vivait, comme les chacals, de ce qu'il trouvait. Il rongeait des racines de palmier ; il suçait les figues trop sèches laissées aux branches des figuiers. Pour te donner idée de ses souffrances, sache que lorsque son maître apercevait des flocons de laine laissés aux broussailles par les moutons, il le rouait de coups. Or, il arriva un terrible événement. Un lion, à la tombée de la nuit, vint lui barrer le chemin du douar ; il vit le terrible animal choisir le plus beau des moutons et l'emporter entre ses dents. Tu connais le lion, Ali ; celui-là est brave entre les braves qui ose affronter son regard. Il osa courir après, lui lancer des pierres, qui heureusement ne l'atteignirent pas. Il revint désolé au douar ; il n'avait échappé à une mort prompte que pour endurer une torture sauvage que la fureur d'un avare en délire pouvait seule inventer. Après un accès effrayant de fureur, Embareck eut une infernale idée, celle de faire manger par le lion celui qui n'avait pas su lui disputer un agneau. C'est insensé ; mais pour un œuf cet homme-là aurait tué son père. Il oubliait jusqu'à ses intérêts ; en vendant le pâtre, il aurait gagné cinq douros au moins ; il ne songea qu'à se venger stupidement d'un méfait imaginaire. Il garrotta, le porta à mille pas environ de la tribu, et il le laissa adossé à un arbre. Tant que dura le crépuscule, le misérable enfant cria de toutes ses forces ; aucun guerrier n'osa lui porter secours. Embareck effrayant à ce point les gens de son douar que d'un seul mot il faisait courber toutes les têtes; il faut lui rendre cette justice qu'il est un rude guerrier. L'esclave appela donc en vain du secours. Cependant la nuit s'épaississait de plus en plus, et, pour ne pas attirer les panthères, le négrillon se résigna à garder le plus profond silence; inutile précaution. Bientôt il écouta avec terreur les bêtes fauves qui remplissaient l'air de leurs lugubres hurlements; il vit briller dans les ténèbres les yeux étincelants des chacals qui rôdaient en grand nombre autour de lui, puis soudain ces animaux disparurent chassés par l'approche d'un ennemi. C'était l'hyène ! A demi mort d'épouvante, le malheureux enfant sentit le souffle infect de l'immonde animal se promener sur ses chairs frissonnantes; il éprouva à la cuisse une douleur aiguë, et il se mit à appeler du secours. Du douar on l'entendit, mais personne ne vint. Oh ! les lâches ! les lâches ! Par crainte d'un vieillard des hommes vigoureux laissaient dévorer vivant un enfant dont l'hyène déchiquetait les membres.

Arrivé à cet endroit de son récit, Elaï-Lascri étendit vers le village son poing menaçant, et sa figure s'illumina d'un éclair de haine implacable.

— Qui donc était cet enfant ? — demanda Ali indigné; ton frère ?

— Non, c'était moi !

— Comment parvins-tu à t'échapper ?

— Le chef d'un *brouillard* qui rôdait dans les environs vint à mon aide, et il m'emmena avec lui.

— Ton histoire, — dit Ali rêveur, — ressemble beaucoup à la mienne, car il m'a recueilli à trois ans, orphelin abandonné de tous.

— C'est vrai, — répondit Elaï-Lascri avec une hésitation que le jeune homme ne remarqua pas.

Une idée préoccupait beaucoup Ali; après avoir réfléchi longtemps, il demanda :

— Pourquoi donc ne t'es-tu pas vengé plus tôt ?

— Parce que le lionceau dont les griffes ne sont pas poussées n'est pas plus redoutable qu'un agneau. Pendant quatre ans je fus le valet de mes nouveaux compagnons; je vivais avec eux fort loin dans le Sahara. Plus tard, je devins leur chef à force d'énergie, et je pris le chemin de Nédromah. Mais j'appris alors qu'Embareck était parti pour la Mecque. En revenant de son pèlerinage, ce vieux fou se mit à prêcher la guerre sainte contre les Français, et cela en pleine place d'Alger. Il fut mis en prison, jugé, condamné. — Ici Elaï-Lascri fit une pause. — Sais-tu à quoi les roumis ont condamné cet homme qui engageait les musulmans à massacrer leurs oppresseurs ? — reprit-il.

— A mourir sous le bâton ? — dit Ali.

— Non, cherche encore.

— A être brûlé vif ?

— Non !

— A être jeté aux vers dans une voirie ?

— Non, non !

— Mais à quoi donc ?

— A passer quatre années dans une maison où il devait être bien nourri, bien traité, bien vêtu même.

— Les roumis sont *maâbouts* (fous), — s'écria Ali en riant aux éclats.

— Oui, mais ils sont braves ! — murmura sourdement le nègre.

— Crois-tu ?

— Le seul échec qu'ait subi ma bande lui a été donné par eux.

— Ce n'est pas une preuve.

— Ne discutons plus sur ce point, jamais nous ne pourrions nous entendre. Je reviens à Embareck. Le vieux scélérat, quand il fut libre, retourna à son douar que tu vois là-bas. Il y a un mois environ qu'il repose sous sa tente, environné du respect des siens, car il est hadji maintenant. Longtemps j'ai attendu; mais l'heure de la vengeance a sonné pour moi. Vois ce que la haine peut faire d'un homme ! J'étais destiné à rester toute ma vie le serviteur d'autrui; et, à force de rancune, je suis parvenu à me rendre si redoutable que les plus puissants aghas me craignent. Pour toutes ces tribus éparses dans la plaine, je suis l'ouragan qui passe, irrésistible et qui renverse tout. Quand j'attaque, on ne résiste plus; devant moi on courbe la tête comme sous le souffle de la tempête. Bientôt le poids de ma colère tombera sur Sidi-Embareck, et lui et les siens auront vécu. De ces tentes si nombreuses il ne restera même pas un lambeau d'étoffe, de ce douar si riche on ne retrouvera pas un débris, le sol en sera balayé comme si le feu du ciel l'avait dévoré.

Et, le doigt étendu dans la direction du village des Angades, Elaï-Lascri semblait y appeler la foudre. Son œil lançait des éclairs et son front rayonnait d'audace.

Ali se sentit électrisé.

— Bien, maître ! — s'écria-t-il, — cette fois tu as raison de vouloir te venger. Tu comptes sans doute tuer de ta propre main l'homme qui fut si cruel pour toi.

— Tuer, non; non. Je veux qu'il vive, au contraire, le plus longtemps possible.

— Je ne te comprends plus alors.

— Parce que tu te connais peu en tortures. On ne meurt qu'une fois et on ne souffre pas beaucoup d'un coup de poignard; voilà pourquoi je tiens à ne pas faire mourir Embareck. Avec mes compagnons, je brûlerai ses tentes, j'égorgerai ses troupeaux, je massacrerai ses guerriers, j'anéantirai sa tribu. Puis, quand il aura perdu fortune, parents et bonheur, je le frapperai de mon bâton et je le laisserai ensuite aller de zaouïa en zaouïa mendier le pain de l'hospitalité.

— Oublies-tu que Sidi-Embareck est hadji; que ce titre en fait l'ami des marabouts, et que ceux-ci lui donneront une place parmi eux ? Au lieu de le renvoyer au bout de quatre jours, suivant l'usage, ils le garderont et l'honoreront; la persécution des Français l'a rendu cher aux vrais croyants ? Que ferais-tu dans le cas où il trouverait un repos assuré parmi les marabouts ?

— Je détruirais la tribu ou la zaouïa qui abriterait mon ennemi pendant plus de quatre jours.

— Les zaouïas sont des lieux sacrés où les tolbas et les marabouts célèbres enseignent à leurs adeptes les préceptes du Coran. Ce sont des couvents arabes, ou plutôt des séminaires; non pas dans le sens que l'on donne à ce mot aujourd'hui, mais dans celui qu'on lui attribuait au moyen âge. Ces zaouïas reçoivent dons considérables; de plus, elles possèdent de grands biens. Comme certaines églises des temps gothiques, ce sont des refuges inviolables, et la moindre infraction à ce droit d'asile est considérée comme un épouvantable sacrilège.

Pour se bien faire une idée de l'effet produit sur Ali par la phrase que le Roi des Chemins venait de prononcer, il faut se figurer un routier ou un malandrin hérétique des grandes compagnies annonçant à un catholique fervent son intention de profaner les vases sacrés et d'égorger le prêtre sur l'autel.

Ali fut atterré.

— Y songes-tu, Elaï-Lascri ! — s'écria-t-il; — toucher à un zaouïa, mais c'est insulter Dieu lui-même !

— Le Prophète étendrait son manteau sur mon ennemi, — répondit le nègre avec audace, — que je le frapperais malgré lui.

Ali, épouvanté, regardait en silence la figure de son chef, qui respirait une énergie indomptable. — Tu vois, — reprit ce dernier, — combien ma vengeance sera belle ! Ce vieux noble tient à ses richesses comme une moule à sa coquille; les lui enlever, c'est lui arracher le cœur. Et je savourerai mon bonheur bien longtemps; quand je le verrai, lui déjoué orgueilleux, réduit à implorer la pitié des passants, dans un pèlerinage continuel, après avoir été fouetté comme une femme gourmande. Oh ! il expiera par de longues et terribles heures de torture sa lésinerie odieuse et son infâme cruauté.

— Et tu crois que nul ne lui viendra en aide ?
— Qui donc oserait braver la colère du Roi des Chemins ?
— Quelque cœur fier et généreux : l'agha de Nédromah, qui est son gendre, par exemple. Tiens, moi, si je n'étais pas ton obligé, je recueillerais ce vieillard sous ma tente : non qu'il soit digne de pitié, mais parce que tu aurais défendu de lui porter secours.
— Tu payerais cher ta bonté.
— Peut-être !

Le ton dont Ali prononça ce mot fut si ferme que le nègre pensa qu'il fallait changer de conversation pour éviter une querelle plus dangereuse que la première.

— Deux lions qui se battent, — dit-il, — se font des blessures si graves qu'ils en meurent. Nous sommes alliés, et c'est fort heureux ; restons amis. Je retourne à la grotte, y viens-tu ?
— Non, — répondit Ali, — je vais courir embrasser ma femme.
— Qu'Allah protège tes amours !
— Que le Prophète conduise ton bras dans la vengeance ! J'irai demain te voir.

Et ils se séparèrent tous deux.

Elaï-Lascri gagna les bords de la mer ; Ali retourna vers Aïn-Kébira, ne se doutant pas qu'un complot se tramait contre sa femme.

Les guerriers de la tribu des Angades, de retour à leur douar, avaient reçu des reproches sanglants de Meçaoud et du neveu de leur cheik. Les deux jeunes gens, rentrés sous leurs tentes, étaient tous deux de fort méchante humeur.

— Comment a-t-il pu échapper ? — demanda El-Kouffi.
— Je n'en sais rien, — répondit Meçaoud. — J'ai été démonté presque au début de l'affaire. Une demi-heure après, nos hommes sont revenus aussi effarés que s'ils avaient eu le diable à leur croupe. Ils s'en allaient, criant: Le Roi des Chemins ! le Roi des Chemins ! Il paraît qu'un nègre est venu au secours de cet Ali.
— C'est un esclave, sans doute ; ils l'auront pris pour Elaï-Lascri.
— Peut-être ont-ils eu raison !
— Allons donc ! Quelles relations peut avoir le gendre de Ben-Achmet avec un bandit ?
— Qui sait !
— Enfin nous éclaircirons cela plus tard.
— Me promets-tu toujours ta jument ?
— Oui, mais ne me présente pas la coupe pour la retirer sans que j'y aie trempé mes lèvres.
— Je ferai pour le mieux.

La nuit était tombée, les deux jeunes gens se quittèrent.

L'un s'endormit : c'était le neveu de Sidi-Embareck. L'autre entra dans une tente dont une main de femme souleva l'entrée : c'était le beau Meçaoud.

Cette femme n'était pas la sienne ; mais son mari était à Nédromah, à la suite de Sidi-Embareck. Elle s'ennuyait, Meçaoud se chargea de la distraire ! Heureux Meçaoud !...

IV

COMMENT ALI CUEILLAIT LES GRENADES.

Huit jours environ s'étaient écoulés depuis le meurtre qui avait délivré Fatma de son esclavage, lorsque, vers l'heure de midi, Ali et le chef du brouillard sanglant se rencontrèrent à l'endroit même où Aïdin avait été frappé.

Elaï-Lascri semblait fort joyeux, et même, chose rare, sa figure avait une expression de bonté. Ali, au contraire, paraissait contrarié et inquiet.

— Eh bien ! — lui demanda le nègre, — tout va-t-il bien ?
— Oui, tout va bien pour toi.
— Cela veut dire que ce qui fait mon bonheur ne fait pas le tien, sans doute ?
— Juges-en : aujourd'hui la tribu de mon beau-père donne une fête ; j'ai promis d'y assister ; ma femme m'attend, et tu restes deux longues heures sans venir au rendez-vous !
— Que veux-tu ? j'ai une excuse, moi, et une excuse meilleure que celle dont tu te prévalais il y a huit jours près d'Aïn-Kébira. J'ai rencontré un certain marabout qui se permettait, m'a-t-on dit, des réflexions inconvenantes sur ma personne et sur celles de nos amis, toi compris, bien entendu. Il m'a semblé plaisant de tourmenter un peu ce saint homme ; et, après lui avoir fait réciter vingt fois la prière du salut, à mon intention, je lui ai coupé la langue et les mains.
— Toujours des cruautés inutiles.
— Comment, inutiles ! Nécessaires, tu veux dire, car, une fois délivré, ce vénérable personnage n'aurait pas manqué de lever les bras vers le ciel pour appeler sur moi la malédiction d'Allah, et, soir et matin il se serait échappé de ses lèvres sacrées des supplices au Prophète pour l'anéantissement du brouillard sanglant. Or, il n'a plus de mains, la voix est éteinte dans son gosier, et notre seigneur Mahomet restera sous la bonne impression que ses oraisons lui ont donnée sur notre compte.
— Ce que tu as fait là te portera malheur, Elaï-Lascri ! — dit Ali d'un ton grave et pénétré.
— Bah ! tu prêches toujours depuis quelque temps, et je vois bien qu'il faut t'envoyer près de ta femme pour chasser ta tristesse. As-tu sur toi la clef du souterrain ?
— Non, elle est entre les mains du juif Jacob.
— C'est fâcheux ; tu seras forcé de revenir cette nuit pour me la remettre ; car je ne puis entrer dans Nédromah sans être reconnu. Rends-toi à cette fête dont tu m'as parlé ; seulement, en passant, tu te feras donner la clef, et, quand la lune sera à la moitié de sa course, je serai, moi, aux pieds des murailles de Nédromah. Fais en sorte d'y arriver en même temps que notre bande surtout.
— C'est bien, tu m'y trouveras, — répondit Ali.

Et prenant congé de son chef, il partit au galop vers la ville, tandis que celui-ci se dirigeait tranquillement du côté de la mer.

Vingt minutes après, le jeune homme quittait Nédromah pour suivre le sentier qui menait sur la crête d'Aïn-Kébira, et il pressait sa monture afin d'atteindre plus vite le but de son voyage. Le chemin était tracé sur le flanc escarpé d'une montagne très-élevée, et il décrivait de nombreux circuits.

Ali, furieux de ce retard, éperonnait sa jument, car, à chaque instant, l'écho des ravins retentissait du bruit des détonations et des cris enthousiastes d'une foule nombreuse.

Comme il arrive souvent dans les pays montagneux, on eût dit que, pour toucher le village qu'il était si pressé d'atteindre, il eût suffi d'étendre le bras. Malheureusement, ces détours étaient si longs, si fréquents, que les heures s'écoulaient, au grand désespoir du jeune homme, qui maudissait le sort, personnifié en ce moment dans la personne d'Elaï-Lascri.

— Quelle tyrannie que celle de cet homme ! — répétait-il à demi-voix, — me retenir ainsi pour me répéter des recommandations que j'ai entendues vingt fois déjà ! Si son bienfait ne me forçait pas à le regarder comme un père, je m'affranchirais de ce joug trop pesant. Et dire que, cette nuit encore, il me faudra retourner à Nédromah ! — Puis un coup de fusil résonnait de nouveau, et

Ali, levant mélancoliquement la tête, continuait : — Que doit penser ma chère Mériem ? Je n'arriverai jamais assez tôt; mon beau-père sera furieux.

Si le jeune homme soupirait avec tant de chagrin, c'est que la tribu des Traras, dont son beau-père faisait partie, s'était choisie un amin, et, pour célébrer cette nomination, les guerriers avaient, selon l'usage, organisé un tir à la cible, où les plus adroits se faisaient applaudir par une nombreuse assemblée.

Ali avait promis à sa femme de gagner le prix réservé au plus habile, et il craignait avec raison de ne pouvoir tenir son serment, car le temps s'enfuyait rapidement. Il aurait d'autant plus désiré s'illustrer ce jour-là que les Traras forment la plus puissante des tribus qui occupent le massif de l'Atlas situé entre Tlemcen et Nédromah.

Comme une immense différence sépare les Kabyles des autres races qui couvrent les Etats barbaresques, il est nécessaire de dire en quoi elle consiste.

Les Berbères ou Kabyles sont le peuple primitif des Etats barbaresques ; ils n'ont jamais changé de mœurs : ce qu'ils étaient jadis, ils le sont encore.

Du haut de l'Atlas, le Berbère d'alors (le Kabyle de nos jours) a assisté à toutes les révolutions sanglantes qui se sont accomplies dans les plaines du Tell.

Depuis la chute de Carthage, il a vu passer tour à tour es hordes ennemies ; il a contemplé le sol couvert d'une mer de sang, par le choc des nations qui s'égorgeaient sans pitié ; il a regardé l'incendie qui rougissait l'horizon du nord au midi, de l'est à l'ouest, et qui achevait l'œuvre de destruction commencée par le glaive ; et, comme l'aigle dans son aire, il est resté indifférent à ce spectacle.

Que lui importaient, à lui, ces migrations sans cesse renouvelées qui des triomphateurs de la veille faisaient les esclaves du lendemain ! Il savait bien que des cimes neigeuses du Djurjura et de l'Ouarenseris il pouvait braver l'étranger !

Après avoir soumis le monde, les Romains ont tenté d'escalader ces rochers abruptes, et, malgré la puissante organisation des légions et leur bravoure tant vantée, les Romains furent battus ; la sauvage tactique du barbare l'emporta, cette fois, sur la savante stratégie des généraux civilisés.

Plus tard, les Vandales se ruèrent sur l'Afrique, qu'ils couvrirent de ruines et de cadavres, et la soif des massacres et du pillage les poussa contre les montagnards berbères ; les Vandales furent jetés à la mer, et un grand nombre d'entre eux laissèrent leurs têtes aux mains des Kabyles, qui en firent les trophées de leur gloire.

Puis vinrent les Arabes, dont la cavalerie s'élança avec la confiance que donnent des victoires récentes, le long des pentes rapides qu'occupaient les Beni-Raten ; cette vaillante tribu écrasa cette avalanche d'hommes et de chevaux sous une avalanche de terre et de granit.

Enfin, pour couronner l'œuvre, les Turcs, ces tyrans insolents, envoyèrent leurs janissaires redoutés ; et les janissaires, enfermés dans des gorges profondes comme des gouffres, sombres comme des sépulcres, y trouvèrent une mort sans gloire et presque sans combats.

Il a fallu trente années d'efforts héroïques, le courage irrésistible de nos soldats, le talent de nos plus habiles généraux, et par-dessus tout cela le génie militaire de la France, pour ouvrir une voie à la civilisation à travers cette contrée vierge encore de toute domination.

Tel est le Kabyle, peuple industrieux et énergique, en tous points supérieur à l'Arabe, excepté peut-être sous le rapport de la poésie.

Il habite des villages solidement construits ; les maisons y sont souvent de deux étages, et la toiture est composée de tuiles qui feraient rougir le chaume de nos bourgades du Midi. Sans doute l'aménagement intérieur laisse beaucoup à désirer ; comme cela arrive souvent dans certaines de nos provinces, une partie de la demeure sert d'étable, et peu de meubles garnissent les compartiments réservés à la famille. Mais si le Kabyle est pauvre, il est fier et laborieux. Il cultive avec patience un sol ingrat, dont il tire à la force du travail sa nourriture et celle de sa famille ; il fabrique ses armes dans des manufactures renommées ; il broie sous la meule de ses moulins l'olive, dont il vend l'huile aux commerçants du littoral ; il sait extraire le minerai que recèlent ses montagnes, et il transforme le fer en instruments aratoires, l'or et l'argent en bijoux.

Quand il est en âge de se marier, il lui faut amasser la dot de sa femme, et il n'hésite pas à s'expatrier. Tour à tour maçon, jardinier, forgeron, il parcourt les villes où son adresse et sa fidélité lui procurent et l'estime et l'ouvrage.

Grâce à sa sobriété, à son énergie, il amasse vite de quoi acheter sa femme et un fusil pour la défendre ; puis il retourne au village natal, où il épouse sa fiancée.

Quant aux institutions politiques, un auteur illustre, le général Daumas, a dit de la Kabylie que c'était une Suisse sauvage, et il est impossible de trouver une comparaison plus vraie. Les tribus kabyles forment une fédération républicaine, dont les fractions ne se groupent qu'au moment du danger ; chaque village élit un amin, dont le pouvoir, fort restreint du reste par une sorte de conseil municipal sorti aussi du libre suffrage, ne dure qu'une année. Dans cet état de choses, la commune est tout, et c'est à peine si, dans les circonstances graves, les forces militaires de toute une tribu consentent à recevoir les ordres d'un seul chef.

A l'époque où se passaient les événements que nous racontons, les Kabyles et les Traras avaient été obligés de reconnaître l'autorité de la France ; après une lutte acharnée et meurtrière, le drapeau des Français avait flotté sur la crête d'Aïn-Kébira, et, malgré l'héroïsme de leur défense, les montagnards s'étaient vus forcés de se soumettre.

Mais, tout vaincus qu'ils étaient, ils ne consentirent à traiter qu'à la condition de conserver leurs lois, leurs coutumes et leurs privilèges, menaçant de se faire tuer jusqu'au dernier, si on leur imposait des chefs.

Ces conditions acceptées par les vainqueurs, ils payèrent l'impôt de guerre et continuèrent, comme par le passé, à nommer leurs amins eux-mêmes. Celui d'Aïn-Kébira venait de mourir ; les habitants avaient résolu de donner à l'élection de son successeur une solennité inaccoutumée, afin que leur droit reçût ainsi une éclatante constatation. Ils avaient donc annoncé à tous les villages voisins qu'une lutte d'adresse à la cible suivrait le vote, et qu'ils offriraient au vainqueur un fusil, acheté à Tlemcen sur le produit d'une souscription qui s'était élevée à cent cinquante douros.

Le tir à la cible est en grand honneur chez les Kabyles; aussi, de toutes parts, des contingents nombreux s'étaient-ils empressés d'accourir ; plus de dix mille personnes de tout âge et de tout sexe, rangées en demi-cercle sur un grand plateau, assistaient à cette joute, qui durait depuis plus de deux heures.

La journée était magnifique ; la foule, joyeuse d'avoir sauvé ses institutions les plus chères, saluait de ses acclamations les coups d'adresse des plus habiles ; parmi eux, elle applaudissait surtout ceux qui s'étaient signalés entre les braves lors de la lutte contre les Français.

Parmi ces fiers républicains, tous les rangs étaient confondus : hommes, femmes et enfants se pressaient à l'envi pour voir les héros des derniers combats. Ceux-ci, au contraire des Arabes, où les plus vaillants sont presque toujours les nobles et les riches, n'avaient pour la plupart qu'un vieux burnous usé jusqu'à la corde ; leurs pieds étaient nus ou enveloppés de nattes d'alfa tressé. A se battre vaillamment ils n'avaient gagné ni fortune ni puissance. En revanche, ils sentaient que les regards de tout un peuple pesaient sur eux; ils pouvaient tendre à tous leurs mains calleuses, certains de les voir pressées avec effusion; sur toutes les lèvres enfin des sourires affectueux se dessinaient pour eux.

Chez les Kabyles, les services rendus à la tribu sont un titre à l'estime publique, et jamais un marchepied pour arriver à dominer les autres.

Une seule place d'honneur avait été décernée à deux personnes; elle était occupée par Mériem, la femme d'Ali, et par Ben-Achmet, son père.

Mais cette distinction de la part des Traras devait être regardée comme une marque de vénération donnée à un patriarche aimé de tous, et non comme le signe de respect accordé à un chef redouté. Ben-Achmet était un beau vieillard qui portait fièrement le poids de quatre-vingts ans.

De toute la contrée il passait pour le marabout le plus vénéré, et grande est la foi des Kabyles dans ces saints personnages. Eux si jaloux de leurs prérogatives, ils obéissent comme des enfants dociles à la voix respectée de leurs prêtres; ils leurs gardent leurs plus beaux fruits; ils leurs réservent leurs moutons les plus gras, et ils prélèvent pour eux une dîme volontaire sur leur récolte. Par sa vaillance dans les combats, par ses vertus et sa mâle éloquence, Ben-Achmet s'était fait une sorte de royauté paternelle au milieu de ces républicains. C'est lui qui les avait réunis par ses prédications, pour les conduire au-devant des Français; et malgré le succès de ces derniers, il avait déployé tant de bravoure comme soldat, tant de prudence et d'habileté comme général, que son influence s'était agrandie au point de fanatiser tout son peuple.

Comme ses compagnes de la tribu, Mériem, sa fille, assistait aussi à la joute. Les femmes kabyles, réputées du reste pour leur beauté et le soin qu'elles prennent de leur toilette, jouissent d'une liberté inconnue aux femmes arabes. Elles ont le visage découvert, elles prennent part aux délibérations et s'asseoient à la table de leurs maris, même en présence des étrangers.

Ce sont des épouses et non des esclaves. Si Ben-Achmet était roi par sa noblesse d'âme, Mériem était reine par sa beauté.

Le vieillard et la jeune fille formaient un groupe charmant que l'assemblée contemplait d'un œil ému. Le marabout était assis à l'ombre de l'unique grenadier qui ombrageait le plateau en cet endroit; un bras jeté autour de son cou, Mériem, qui n'avait pas quatorze ans, offrait son visage au-dessus de la figure patriarcale de son père; les tresses ondoyantes de longs cheveux qui se mêlaient aux boucles argentées d'une barbe blanchie par les années, une tête douce et expressive, une enfant déjà nubile à côté du profil énergique et calme d'un vieillard encore robuste, les plis de mousseline d'une robe de femme souple et légère qui flottaient auprès de la sombre étoffe du burnous d'un guerrier austère et simple, offraient un ravissant contraste que la foule admirait avec un respect profond.

Les guerriers avaient surnommé Ben-Achmet le Lion de la montagne; les jeunes gens, quand ils se parlaient tout bas de Mériem, l'appelaient la Fleur des Traras.

En ce moment, elle était si rêveuse qu'elle ne s'occupait ni des regards qui se dirigeaient vers elle quand la joute cessait un instant, ni des coups de feu qui retentissaient à ses côtés. Elle songeait à son mari qu'elle n'avait pas vu depuis trois jours; trois jours.... trois siècles quand deux beaux jeunes gens sont mariés depuis deux mois à peine!...

De plus, Ali n'était pas connu dans la tribu; au village même, peu de personnes l'avaient vu; or, il avait juré de se faire proclamer vainqueur dans cette grande réunion; chacun devait dire son nom avec éloge, et les femmes sont si fières, si heureuses de voir acclamer celui qu'elles ont choisi, que Mériem était tout attristée d'un si long retard.

Soudain un long murmure qui agita la foule lui fit lever la tête, de sorte qu'elle dut forcément suivre les phases d'une lutte suprême entre deux rivaux qui, après avoir battu tous les autres concurrents, cherchaient à se surpasser par des miracles d'adresse.

L'un était un amin reconnu depuis longtemps pour le chasseur le plus habile des Traras; il excellait à abattre les perdrix au vol et les lièvres à la course; sa supériorité consistait surtout dans la rapidité de son coup d'œil et dans la légèreté de sa main.

L'autre, grand affûteur de sangliers, de panthères et de lions, passait ses nuits à l'embuscade, et, malgré l'obscurité, il se serait cru déshonoré s'il avait touché un animal ailleurs qu'aux yeux. Son tir était moins brillant que celui de l'amin; il prenait son temps, ses précautions, toutes ses aises; il ajustait avec un soin minutieux; mais la balle atteignait avec une merveilleuse justesse le centre du point visé. Il se nommait Achoud.

L'amin avait appelé un de ses fils, qui tenait sous son burnous un pigeon réservé pour cette circonstance; le jeune homme avait lâché l'animal, et son père venait de le tuer au vol avec une balle.

Des bravos saluaient ce beau coup d'adresse, et l'auteur se croyait sûr de la victoire.

— Vois donc, Mériem, — disait Ben-Achmet, — l'amin vient de lâcher un pigeon et il l'a tué d'une balle.

— C'est vrai, père, — répondit Mériem, — c'est un homme dont le fusil est enchanté, il gagnera le prix.

— Peut-être, — répliqua le marabout, — car Achoud va prendre sa revanche.

En effet, ce dernier, un genou en terre, épaulait gravement une arme longue et lourde, et la foule gardait un silence profond, car il s'agissait d'enlever une pierre grosse comme un œuf, placée sur un piquet, sans toucher au bois, et cela à cent cinquante pas de distance.

Pendant une demi-minute au moins la détonation se fit attendre; puis un grand cri s'éleva quand il fut bien constaté que l'épreuve avait réussi parfaitement.

Achoud reçut les félicitations de ses amis; mais l'amin déclara qu'il voulait faire mieux que cela. Il désigna le grenadier sous lequel le marabout se tenait assis, et il ordonna à son fils d'aller cueillir un des fruits qui se balançaient à ses branches.

— Je vais, — dit-il bien haut, — lancer cette grenade, et, quand elle sera à la distance où Achoud a touché sa pierre, je la percerai d'outre en outre.

— Si tu fais cela, — lui répliqua son rival, — je m'avoue vaincu. Envoie donc ton fils cueillir le fruit.

— Va, — dit l'amin à son enfant, — et hâte-toi.

Quand chacun sut le projet de l'amin, une curiosité ardente s'empara de tous les esprits; les uns pariaient pour lui, les autres contre, et tous suivaient impatiemment du regard le messager qui courait vers lui.

— Père, — disait Mériem, Ali ne vient pas, et le dernier coup de feu va partir.

— C'est peut-être un bien, mon enfant, — répondit le marabout en se levant pour que le fils de l'amin pût monter sur l'arbre; — je crois qu'il aurait été vaincu par nos tireurs.

Tout à coup le galop d'un cheval retentit; un instant l'attention de l'assistance fut détournée de son but, et l'on vit un cavalier accourir avec une rapidité vertigineuse. En un clin d'œil il fut auprès de Ben-Achmet. Il mit pied à terre avec une légèreté qui fit l'admiration des Kabyles, en général mauvais cavaliers, et, baisant les genoux du vieillard, il lui dit :

— Que toutes les bénédictions du Prophète descendent sur ta tête, mon père, et que ton jour soit heureux!

— Le salut soit sur toi, Ali, — répondit le vieillard affectueusement, — mais hâte-toi d'embrasser ta femme et arme ton fusil, car il est temps d'agir; je fais des vœux pour ton succès.

Ali serra Mériem sur sa poitrine, et il sentit des larmes

de joie qui des yeux de la jeune femme tombaient sur son visage.

Pendant ce temps, les deux rivaux s'impatientaient un peu, car leur envoyé se tenait par déférence éloigné de l'arbre. Quelques guerriers dans la foule souriaient en voyant le gendre de Ben-Achmet si jeune et si expansif envers son épouse. Pourtant, en général, on lui trouvait une mine noble et fière, et les femmes redisaient entre elles que la Fleur des Traras avait trouvé un époux digne d'elle.

Lorsque Ali se retourna, il vit le Kabyle qui, à vingt pas de l'arbre, attendait la fin de cette scène pour avancer, il marcha droit à sa rencontre.

C'était comme lui un jeune homme de dix-huit ans ; il lui tendit la main, échangea avec une courtoisie parfaite les politesses d'usage, et le pria de lui expliquer ce qu'il désirait.

Son affabilité lui avait déjà concilié le cœur du jeune homme, lorsque survinrent son père, Achoud et leurs amis, qui tous voyaient Ali d'un mauvais œil ; d'abord, parce qu'il était bien mis, élégant et beau cavalier. Pour chacun en particulier, il y avait là un motif de le détester plus ou moins, selon le degré de jalousie qu'il inspirait ; en outre, ils ne l'aimaient pas parce que c'était un étranger, et le patriotisme des Kabyles souffrait de le voir marié à la plus belle fille du pays ; leur indépendance se froissait des craintes que son influence leur inspirait pour l'avenir.

Achoud, résolu de lui donner une idée de ce qu'étaient les Traras, substitua sa grosse voix, rude comme le mugissement d'un taureau, à celle du fils de l'amin.

En quelques mots secs, durs, presque grossiers, il fit comprendre à Ali que les guerriers de la tribu voulaient un des fruits qui pendaient à l'arbre sous lequel était assis son beau-père, afin de le trouer d'une balle à cent cinquante pas.

L'hostilité de ce discours était visible, Achoud avait souligné en parlant les mots guerriers et voulaient ; cependant Ali fit semblant de ne pas y attacher d'importance :

— Il est inutile de déranger un vieillard pour monter sur cet arbre, — dit-il, — je vais te donner ce que tu demandes. Quelle grenade désires-tu ?

— Celle qui pend à l'extrémité de la plus haute branche, — répondit Achoud en souriant malicieusement, — je crois que tu trouveras difficilement une perche assez longue pour l'atteindre, lors même qu'elle aurait vingt coudées.

— Je n'ai pas besoin de perche ; je ne bougerai pas d'ici et tu auras la grenade, — fit Ali avec assurance.

— Tu es magicien, alors, et je ne m'étonne plus que tu réussisses dans ce que tu entreprends.

Achoud, en parlant ainsi, regardait Mériem.

Sans relever cette aigre plaisanterie, Ali rejeta sur son épaule un pan de son riche burnous avec un geste de coquetterie élégante qui plut à toutes les femmes ; ensuite il visita les amorces de son fusil avec le soin minutieux d'un homme habitué aux armes ; ce qui fit revenir de leurs préventions ceux qui avaient ri de sa jeunesse.

— Que va-t-il donc faire ? — se demandait-on de tous côtés.

Alors le jeune homme, désignant la grenade, annonça que sa balle allait la détacher de la branche sans endommager ni l'écorce de l'arbre, ni celle du fruit.

La nouvelle circula de bouche en bouche ; il y eut un instant de tumulte extraordinaire ; puis, quand Ali épaula, tout bruit cessa comme par enchantement.

Le jeune homme échangea un rapide regard avec son beau-père, que l'émotion générale avait gagné, et avec Mériem qui souriait confiante.

L'un avait le doute que l'amitié ne suffit pas à effacer, l'autre avait l'assurance que l'amour sait inspirer.

Le canon s'éleva progressivement vers la grenade, puis il resta immobile pendant quelques secondes à peine, et le coup partit.

La grenade avait disparu, et Mériem, aux pieds de laquelle elle était venue rouler, s'en empara avec une fierté bien légitime et la présenta à son père.

Une immense acclamation salua ce coup prodigieux.

Le miracle d'adresse qu'Ali venait d'accomplir était si extraordinaire que les Kabyles l'avaient cru impossible.

Achoud, nature franche et rude, ne s'était pas donné la peine de cacher ses doutes ironiques ; l'amin, par déférence pour Ben-Achmet, avait dissimulé sous sa moustache un sourire incrédule, et tous les assistants étaient bien convaincus que le jeune homme s'en tirerait à sa honte.

Les Arabes, en général, sont de mauvais tireurs qui brûlent leur poudre aux moineaux et préfèrent le bruit à l'effet.

On ne connaissait pas dans la tribu l'origine d'Ali, mais on supposait qu'il appartenait à un douar de la plaine, et c'en était assez pour que l'on fût prévenu contre lui. Son beau-père avait annoncé cependant qu'il comptait le faire adopter par les Traras comme un des leurs, et c'était dans ce but qu'Ali avait tenu à se signaler ce jour-là.

Quand l'événement eut prouvé que nul ne pouvait lui disputer le prix du tir ; quand sa supériorité eut éclaté dans une épreuve que personne n'aurait osé tenter, un revirement se fit dans l'opinion.

Non-seulement on l'admira pour son habileté prodigieuse, mais, en voyant sa noble contenance, l'intelligence qui brillait dans son regard, l'élégance native de toute sa personne, la foule se sentit dominée. Un instant, chacun resta cloué à sa place par la surprise, cherchant des yeux la grenade qui avait disparu ; puis l'enthousiasme éclata ardent et spontané.

Mériem s'était emparé du fruit, et, avec une joie enfantine, elle le montrait à son père. Un éclair de satisfaction dérida le front du vieillard, qui oublia un instant le poids des années et la réserve que lui imposait son caractère pour se jeter dans les bras de son gendre avec un empressement juvénile.

— Sois béni, mon fils, — lui disait-il, — pour le bonheur que tu me donnes au déclin de ma vie ! Je puis mourir maintenant, car tu es digne de porter mon nom, et tu l'illustreras parmi les Traras.

Les rangs de l'assemblée s'étaient rompus ; on entourait Ali, on le pressait, on palpait le fruit, preuve de son triomphe, on touchait ses armes, on lui serrait la main.

Achoud, avec sa franchise brusque, lui dit :

— Nous savions que Ben-Achmet, notre chef vénéré, avait choisi un étranger pour gendre, et nous étions peinés, car il y a parmi nous des bras robustes, des âmes loyales et des cœurs énergiques ; mais, maintenant que nous te connaissons, nous sommes forcés de convenir que, cette fois comme toujours, il a été sage et inspiré par le Prophète. Tu seras grand parmi les plus grands guerriers des Traras, tu seras un soleil parmi les étoiles de nos montagnes.

Et tous, vieillards et jeunes hommes, pour confirmer les paroles du farouche chasseur, s'empressaient de complimenter Ali.

Les sentiments de rivalité et de défiance avaient disparu ; le patriotisme avait étouffé la jalousie dans tous les cœurs ; car les Traras comptaient un défenseur de plus.

Les femmes, pressées autour de Mériem, la félicitaient aussi, puis elles conduisaient leurs petits enfants auprès d'Ali pour les faire embrasser son burnous, dans la naïve croyance que cela leur donnerait du courage.

Au milieu de ces vaillants montagnards, l'amour de la patrie est une religion qui a aussi ses saints et ses martyrs ; aux reliques des héros on attribue des vertus merveilleuses : préjugé ridicule pour les esprits étroits, conviction sublime pour les grands cœurs !

Peu à peu l'enthousiasme se calma, et les contingents des villages alliés et voisins se retirèrent par groupes. Après que chaque amin fut allé saluer Ben-Achmet, le patriarche de la tribu, la foule s'écoula le long des sentiers, en devisant sur l'exploit d'Ali. Le soir, toute la contrée sut l'événement du jour.

Au milieu de tous ces hommages, Ali avait gardé une dignité simple, qui l'avait encore grandi davantage aux yeux des Kabyles; quand le moment de la séparation fut arrivé, il alla chercher sa jument, qu'un des serviteurs de Ben-Achmet tenait à distance, et il offrit lui-même l'étrier au vieillard, qui fut touché jusqu'aux larmes de cette déférence. Puis Ali et sa femme regagnèrent doucement le village en suivant leur père, qui se retournait souvent pour les contempler.

Derrière eux venaient les serviteurs du marabout, et enfin les habitants du village; ceux-ci, par familles, longeaient lentement le sentier, les mères portant leurs petits enfants, les jeunes gens soutenant la marche chancelante de l'aïeul, et les pères protégeant les leurs un long fusil sur l'épaule.

Ce retour au village d'une tribu kabyle offrait l'image des temps bibliques, bien mieux que la migration d'un douar arabe. Si l'on veut retrouver la touchante simplicité de mœurs des temps primitifs, il faut aller la chercher sur les cimes de l'Atlas, où depuis vingt siècles les traditions et les coutumes des ancêtres se sont conservées avec un soin religieux.

V

COMMENT ON FAIT UNE CONNAISSANCE DANS LES RAVINS D'AFRIQUE.

Bientôt Ben-Achmet arriva en face de sa maison; de toutes celles du village c'était la plus vaste et la mieux construite. Outre les dons considérables que de toutes parts les croyants envoyaient au pieux marabout, il possédait de vastes terrains, de nombreux troupeaux, et ses richesses égalaient au moins celle de l'agha de Nédromah. Quoique les Kabyles n'aient pas l'habitude de monter à cheval, il entretenait vingt juments, qui, soignées par autant de cavaliers à ses gages, lui formaient un cortège brillant quand il marchait à l'ennemi.

Au milieu de tout ce luxe il restait simple et austère, et de lui surtout on pouvait dire « que sa main était toujours ouverte pour l'aumône et son cœur fermé à l'orgueil. » Ses revenus étaient consacrés au soulagement des pauvres, et il exerçait l'hospitalité la plus large et la plus généreuse.

Ses serviteurs n'étaient pas des malheureux que la misère pousse dans cette position obscure; la plupart avaient voulu s'attacher à sa personne, mus par un sentiment pareil à celui qui réunissait jadis les jeunes gens d'Athènes autour des philosophes; c'étaient non des domestiques, mais des disciples.

Tous les marabouts célèbres de l'Algérie ont, à l'exemple de Socrate, du Christ et de Mahomet, des apôtres nombreux qu'attire leur réputation de sagesse et de vertu.

Adoré de tous, Ben-Achmet sur un ordre aurait envoyé à la mort tous les guerriers de sa tribu : ses paroles étaient des oracles, ses moindres désirs étaient satisfaits avec empressement.

Ben-Achmet avait un lévrier qu'il aimait beaucoup, et deux chats qui reposaient sur ses genoux; ces trois animaux étaient devenus sacrés, et malheur à qui les eût frappés ! Il est difficile de comprendre jusqu'à quel point les Kabyles poussent le fanatisme pour leurs marabouts. On en jugera par ce seul fait que, la chèvre d'un de ces saints personnages ayant été tuée involontairement par un Beni-Raten, celui-ci se jeta de désespoir dans un précipice, où il trouva la mort; et le suicide est chose bien rare chez les musulmans. Le fait s'est passé en 1852.

Que l'on se figure par là si Mériem, la fille adorée de Ben-Achmet, était chérie et respectée de tous. Cependant, à la voir passer familièrement au milieu de ses compagnes, n'ayant d'autre distinction que sa beauté, on se serait à peine douté qu'elle était plus qu'une reine.

Comment Ali l'avait-il épousée ? C'est ce que bien des mères s'étaient demandé sans trouver la réponse. Un jour, Ali traversant la montagne avait rencontré Mériem face à face. Montée sur une mule, qu'elle maniait avec assez peu d'adresse du reste, elle se trouvait fort embarrassée. Comme en France, comme en Espagne, comme partout, les mules sont très-entêtées, et celle-là refusait énergiquement d'avancer. En vain Mériem avec une mutine colère frappait la maudite bête; elle avait la main trop légère pour vaincre une obstination qui résiste souvent aux coups les plus vigoureux.

Tout d'abord, Ali resta fort surpris de voir une jeune fille d'une si grande beauté se promener toute seule, à une lieue au moins de son habitation.

En Arabe bien élevé, il ne lui adressa pas une parole; il mit pied à terre, et de la pointe de son poignard il piqua la monture récalcitrante.

Il évita surtout de gêner Mériem par un regard déplacé; selon ses idées, c'eût été manquer aux lois les plus graves de la bienséance; les Arabes sont fort méticuleux sur ce point.

Par exemple, s'il eut pour la jeune fille tous les égards désirables, il ne traita pas la mule de cette façon. Celle-ci se sentant vigoureusement piquée se décida à détaler; résolution fort louable en principe, mais fort condamnable par la manière dont elle fut exécutée.

Car elle se mit à galoper si furieusement que Mériem, désarçonnée, roula sur le chemin tandis que sa monture, prenant à travers champs, disparut aux yeux d'Ali fort mécontent de l'aventure, fort inquiet de l'état de la jeune fille, et furieux surtout d'être la cause de tout le mal.

Quand il vit Mériem se relever en riant et accourir vers lui son embarras redoubla. Il l'entendit lui dire avec un petit air très-dégagé :

— La mule rouge est partie, et c'est une méchante; mais toi, tu es bon et tu vas me conduire chez mon père, n'est-ce pas ? — Force fut pour lui de regarder la charmante enfant, de l'admirer, de lui répondre et d'offrir galamment sa jument. — Elle est bien jolie, — dit Mériem en la caressant, — mais j'aurais peur toute seule dessus, et puis il ne faut pas que tu te fatigues. Monte d'abord; tu me placeras devant toi ensuite, comme fait mon père quand il m'emmène dans ses promenades, et nous nous en irons.

Ali ne savait que penser; il obéit cependant. Quand il tint entre ses bras cette adorable et naïve créature, il lui fallut toute la noblesse instinctive de son âme pour ne pas se laisser dominer par l'ardente passion qui s'empara soudain de lui. C'est que c'était bien belle cette candide enfant, et si pure qu'elle ne se doutait même pas du danger qu'elle courait.

Elle regarda son cavalier avec de grands yeux bleus un peu étonnés; son examen fut à l'avantage du jeune homme, elle lui sourit comme savent sourire les enfants à un visage ami.

— Pourquoi donc, — demanda Ali, — personne ne t'accompagne-t-il ?

— Parce que l'on n'a pas vu que je quittais le village; mon père allait à un grand marché, je me suis ennuyée toute seule et j'ai voulu aller à sa rencontre. Sur ma prière, un petit garçon de la tribu a sellé la mule rouge, sur laquelle je suis montée; mais elle n'a pas voulu m'obéir et elle m'a conduite ici malgré moi.

— Ton père doit être inquiet s'il ne t'a pas trouvée à son retour.

— O mon Dieu! — s'écria Mériem dont les yeux se mouillèrent de larmes à cette pensée, — hâtons-nous d'arriver à Aïn-Kébira, car mon père est vieux, et il m'aime tant que dans son chagrin il voudrait me chercher lui-même; il passerait la nuit à cheval s'il ne me rencontrait pas.

— Rassure-toi, — dit Ali ému, — essuie tes pleurs; si ton père est parti, je suivrai ses traces et je le ramènerai.

— Oh! merci, — répondit la jeune fille en embrassant Ali avec effusion. Et, tranquillisée par sa promesse, elle se mit à babiller comme une enfant insouciante. Quant à Ali, ce baiser si spontanément donné lui fit comprendre combien elle était ignorante de tout mal; sa résolution de respecter tant d'innocence et de gentillesse s'enracina profondément dans son âme. Il lui parla comme un frère aîné parle à une toute jeune sœur, et le temps qu'ils passèrent ensemble leur parut bien court. Quand ils furent en face d'Aïn-Kébira, Mériem poussa un cri joyeux: — Nous sommes arrivés, — dit-elle.

— Ah! fit Ali, — nous allons donc nous séparer!

— Ce mot produisit sur elle une impression extraordinaire; elle pâlit, le regarda avec une indéfinissable expression de regret, et de grosses larmes coulèrent sur ses joues. — Qu'as-tu donc? — demanda Ali ému jusqu'au fond de l'âme.

— Je pensais que j'allais rester avec nous. Mon père te garderait près de lui, si tu le voulais, et je serais bien joyeuse. Tu me mènerais promener tous les jours, comme aujourd'hui; nous irions cueillir de belles fleurs dans les ravins. Je sais broder des ceinturons d'or et tisser des burnous de soie; j'ai une négresse qui apprêterait pour toi le couscoussou d'agneau et des galettes de froment; nous serions heureux.

Un avenir de bonheur s'entr'ouvrait pour Ali; cet amour qui se révélait si étrangement et à l'insu de la jeune fille il le partageait déjà, et cependant il n'osait se laisser aller à ses rêves.

— Mais ton père ne me connaît pas! — disait-il.

— Mon père t'aimera.

— Peut-être, — objecta le jeune homme.

— Mais puisque je t'aime, moi, il faudra bien qu'il fasse comme moi. Vois-tu, je sens bien que si tu me quittais je mourrais d'ennui; il me semble que je t'ai connu toujours et que dans mes songes je t'ai déjà vu; tu m'appelais ta sœur et tu m'embrassais. N'est-ce pas que tu es mon frère, que tu ne me feras pas pleurer en t'éloignant?

Et, l'œil brillant d'un éclat fébrile, la voix entrecoupée de sanglots, Mériem serrait les mains d'Ali dans les siennes en le suppliant de demeurer près d'elle.

Celui-ci prit une résolution subite, il pressa la jeune fille contre son cœur et lui dit avec l'accent de la passion :

— Oh! oui, tu seras à moi, ma bien-aimée; car c'est Allah qui t'a placée sur ma route, et maintenant je préférerais mourir que de renoncer à te voir toujours.

— Quel bonheur! — s'écria Mériem, et, saisissant dans ses deux mains la tête d'Ali, elle couvrit son front de baisers.

Ils entraient au village en ce moment. L'œil en feu, la poitrine oppressée, le jeune homme arriva devant la maison de Ben-Achmet au moment où celui-ci lançait ses cavaliers dans toutes les directions à la recherche de son enfant, et où il se préparait lui-même à fouiller la montagne en tous sens.

Son inquiétude et son chagrin devaient avoir été poignants, car sa joie fut si grande à la vue de Mériem qu'il faillit tomber de cheval.

Il prodigua mille caresses à Ali, et quand sa fille lui eut raconté son aventure dans tous ses détails, quand il sut combien la conduite du jeune étranger avait été noble, quand enfin, lisant dans l'âme de Mériem comme dans un livre ouvert, il comprit la sympathie profonde qui s'était emparée d'elle, il résolut d'étudier le caractère de l'inconnu et de ne pas désespérer son unique enfant en éloignant d'elle celui qu'elle aimait avec tant de tendresse et d'ingénuité.

Ali captiva le cœur du marabout par son tact délicat, ses sentiments élevés, sa distinction native, et surtout par sa réserve exquise envers Mériem, qui toujours enfant, toujours ignorante, l'appelait son frère, et ne rêvait pas un bonheur plus grand que de le voir vivre sous le toit paternel.

Au bout de quinze jours, après une longue explication qui avait eu lieu entre lui et Ben-Achmet, celui-ci annonça à Mériem qu'il allait la marier avec Ali. Ce mot de mariage fut pour elle une révélation; rougissante et confuse, elle se jeta dans les bras de son père, cachant sur son sein sa jolie tête en pleurs. Chez les femmes, la sensibilité est si grande que la joie se traduit par des larmes aussi bien que la douleur.

Lorsque le jour du mariage fut arrivé, elle revit son fiancé que l'usage avait séparé d'elle; le gai sourire de l'enfance avait disparu de ses lèvres, mais, en revanche, son regard à demi voilé brillait des doux feux que l'amour allume dans le cœur de la femme.

Depuis ce jour ils étaient heureux, lui et elle, autant qu'on peut l'être sur la terre, où le ciel de la plus pure félicité est toujours obscurci par quelque nuage. Pour Mériem, le nuage commençait à poindre quand son mari s'éloignait d'elle. Pour lui, le nuage devenait menaçant et sombre quand Elaï-Lascri le retenait trop longtemps dans une expédition.

Il avait caché son métier à son beau-père; lui si loyal d'habitude se voyait forcé de mentir, car l'amour avait triomphé de ses scrupules. Il s'était donné comme le fils d'un chef marocain tué dans une révolte contre le sultan, et à son dire il voyageait pour recruter des partisans et venger son père. A l'appui de cette assertion, il avait apporté la veille du mariage de si riches présents, sa jument pliait tellement sous des sacs de douros, que force fut à Ben-Achmet de voir là une fortune princière échappée à la razzia d'un ennemi.

C'était la part du butin qu'Ali avait réclamée à son chef.

Cependant le jeune homme réfléchissait qu'un jour ou l'autre Ben-Achmet s'étonnerait de ne pas le voir partir pour l'accomplissement de son projet; heureusement, le jour même de son triomphe devant les Traras, il fut débarrassé de ce souci.

Son beau-père lui proposa de se faire définitivement adopter par les Kabyles, et il lui promit en ce cas qu'il serait nommé amin aux élections prochaines.

— Je suis vieux, mon cher fils, — lui dit-il; — il y aura bientôt un héritage d'influence et d'autorité à recueillir dans la tribu; si tu veux suivre mes conseils, au lieu d'aller revendiquer bien loin des droits que le sultan a ravis à ton père, tu trouveras ici une place honorable à occuper. Sans doute tu ne seras pas le maître de tes concitoyens comme les cheiks de la plaine; tu seras seulement le premier parmi tes égaux. Mais, crois-moi, il vaut mieux guider une troupe de lions que de commander à des moutons.

Ali avait consenti avec joie, et, après avoir remercié son beau-père, il était allé demander à son épouse bien-aimée la récompense de son exploit. Enfin, se dérobant avec peine à ses caresses, il se souvint qu'Elaï-Lascri l'attendait, et il quitta le village en jurant de revenir bientôt. Il était nuit, et il ne s'aperçut pas malheureusement que deux hommes se jetaient de côté pour éviter sa rencontre; il continua sa course avec l'espoir de revenir au bout de quelques heures.

L'un des deux maraudeurs, car ils portaient le costume de voleurs de nuit, était, le neveu du cheik des Angades à qui Elaï-Lascri avait voué sa haine ; l'autre était un de ses cousins.

Tous deux, montés sur des chevaux agiles, reprirent leur marche vers Aïn-Kébira lorsqu'Ali eut disparu.

Meçaoud servait Embareck à titre de cavalier de son goum, quelque chose comme écuyer au bon temps des tournois.

Le vieil Embareck lui donnait un cheval à monter quand il se rendait à un marché ou à une fantasia ; il prenait rang à sa suite parmi les gens de l'escorte, et malgré son grand air, son mâle visage et sa pose digne d'un héros du Cid, le pauvre Meçaoud faisait triste figure.

Le maintien du guerrier ne parvenait pas à relever la piètre contenance de sa monture, laquelle était un affreux bidet maigre, efflanqué, vacillant sur les quatre bâtons qui lui servaient de jambes, et harnaché à faire sourire de pitié le mulet d'un juif.

Le beau Meçaoud souffrait de la lésinerie d'Embareck, et il maudissait régulièrement tous les soirs et tous les matins son ladre patron.

Mais il n'y avait pas possibilité de le quitter pour en chercher un autre plus généreux. Le vieux cheik était son parent ; en restant avec lui il faisait partie d'une famille et ne pouvait être classé tout à fait parmi les serviteurs.

L'orgueil le tenait cloué à cette place, quoique son cœur y saignât des blessures de son amour-propre.

Quand il assistait à une fête où les cavaliers s'élançaient dans la mêlée brillante des fantasias ; quand il entendait les coups de feu vibrer dans l'air ; lorsqu'il sentait trembler le sol sous le galop des chevaux et que la foule enthousiaste acclamait les vainqueurs, il frémissait de rage et d'envie.

A ses côtés, El-Kouffi, monté sur une jolie jument, contemplait paisiblement ces jeux guerriers, auxquels il se donnait bien garde de prendre part.

Alors Meçaoud se sentait pris d'un ardent désir de posséder cette monture dont son cousin ne savait profiter, et plus il essayait de repousser ce rêve plus le rêve le poursuivait.

Un jour enfin il fut tellement obsédé par cette idée fixe qu'il se dit : « Il faut en finir de gré ou de force ; par un meurtre ou par une ruse j'aurai cette jument. »

Et il s'était mis à songer aux moyens de se procurer l'objet de sa convoitise.

Il se souvint que son cousin aimait Mériem. De plus, Meçaoud connaissait la prudence d'El-Kouffi, et enfin il se savait très-brave.

De l'amour de l'un, de l'avarice de l'autre, de la lâcheté de l'amoureux et de sa bravoure à lui, Meçaoud conclut qu'il aurait la jument.

Une première fois, lors de la visite d'Ali au douar de Sidi-Embareck, il avait failli la gagner ; mais le jeune homme s'était échappé en tuant beaucoup d'Arabes.

Depuis qu'ils avaient laissé fuir le mari de Mériem, Meçaoud et El-Kouffi ne cessaient de méditer au moyen de réparer cet échec.

Ce soir-là même ils allaient mettre à exécution un plan d'enlèvement arrêté entre eux.

— As-tu reconnu ce passant ? — demanda El-Kouffi.

El-Kouffi était le neveu du cheik Embareck.

— Certes ! — répondit Meçaoud ; — c'est le gendre de Ben-Achmet.

— Si j'avais su, je lui aurais envoyé une balle.

— Pour mettre l'émoi dans la montagne, n'est-ce pas ? — répliqua Meçaoud.

— C'est vrai, j'ai tort ; il nous faut de la prudence avant tout, car nous risquons nos têtes, mais j'aime trop la fille de Ben-Achmet pour renoncer à mon projet. Oh ! si mon oncle n'était pas avare, avec une grosse dot j'aurais obtenu cette jeune fille sans péril ; enfin, s'il plaît à Dieu, je réussirai... Es-tu sûr au moins que tu pourras arriver jusqu'à elle ?

— Certainement, mais non sans de grands risques, — répondit Meçaoud exagérant à dessein le péril afin d'augmenter la récompense promise ; — la maison du marabout est bâtie sur le bord d'un rocher à pic ; toute une rue du village borde ce précipice. Aucun chien, aucune sentinelle ne veille par là, même en temps de guerre ; on suppose ce mur de roc infranchissable. Néanmoins, en m'accrochant aux lianes, aux saillies de la pierre, en risquant ma vie enfin, je pourrai gagner le sommet. Là, je suis sauvé ; hier j'ai scié deux barreaux d'une fenêtre qui donne le jour à la chambre de la jeune fille, je pousserai doucement le fer, qui cédera sous ma main, et une tenture légère me séparera de la Fleur des Traras.

— Si elle crie ?

— Je suis mort ; mais lorsque l'on veut cueillir une rose il ne faut pas songer aux épines.

— Tu es trop brave pour que je craigne qu'aucun péril te fasse reculer ; continue de me renseigner, — répondit El-Kouffi.

— La natte où elle repose est à gauche ; je serai favorisé par la lune, qui en ce moment plongera dans la chambre.

— Alors, — s'écria El-Kouffi, — n'hésite pas, surtout ; sois rapide comme le lion qui s'élance, léger comme la gazelle qui retombe. Mais, pour redescendre, comment feras-tu ?

— J'ai une longue corde que j'attacherai au tronçon de fer du barreau scié. Allons, El-Kouffi, ta jument pour un baiser de cette femme ce n'est pas assez ; tu y joindras trois cents douros ! — El-Kouffi hésita. Meçaoud lui dit :

— Tu ne consens pas ! tente l'aventure toi même, alors !

El-Kouffi était loin d'être brave, et cependant ce n'était pas précisément un lâche. Il appartenait à cette nombreuse classe de poltrons vaniteux qui dévorent une insulte reçue loin de la foule, et qui se battent pour un affront public.

S'agissait-il de porter secours à un ami dans l'embarras, si cet ami avait chance d'échapper seul au péril et de raconter à tous sa conduite, El-Kouffi lui venait en aide ; sa vanité aurait trop souffert, si quelqu'un avait eu le droit de lui reprocher un jour son lâche abandon. Mais quand la mort de celui qui appelait à l'aide était imminente, quand, presque certainement il devait périr, El-Kouffi laissait dormir son yatagan au fourreau.

Les gens de cette sorte ont pour la vie un amour tenace ; et c'est chose digne de remarque que l'énergie sauvage qu'ils déploient en face du danger, lorsque la fuite est impossible ; si l'on sondait le cœur de certains héros, on aurait à rabattre beaucoup de l'admiration qu'ils inspirent.

Sauf Meçaoud, son cousin, tous les guerriers de la tribu des Angades croyaient à El-Kouffi le courage d'un lion, et ce beau courage était seulement celui du loup que la faim talonne et rend audacieux, ou d'un sanglier qui fait tête aux chiens.

Quand de pareils hommes marchent à l'ennemi dans les rangs d'une armée, la vanité et l'ambition les retiennent à leur place ; furieux d'être obligés de se battre, ils se grisent de la peur même qu'ils ressentent ; ils s'exaltent de la rage qu'ils éprouvent, et ils étonnent souvent leurs amis par des actes d'une audace insensée. Mais qu'un péril imprévu surgisse tout à coup, leur couardise apparaît. Comme ils n'ont pas eu le temps de fouetter leur sang, ils se trouvent pris au dépourvu.

El-Kouffi frissonnait rien qu'en songeant au danger qu'il fallait affronter pour atteindre Mériem. Meçaoud demandait beaucoup, mais il ne se sentait pas assez de cœur pour braver la mort, et il aimait trop la Rose des Traras pour renoncer à elle. Il consentit à ce que Meçaoud exigeait de lui.

Les deux jeunes gens étaient arrivés au bas du précipice dont Meçaoud avait parlé.

Le jeune homme tenta sa périlleuse ascension ; El-Kouffi le suivit des yeux avec anxiété. Il parvint au sommet de l'escarpement et il disparut.

Quand Meçaoud fut arrivé auprès de la fenêtre, il enleva le barreau scié à l'avance et il s'introduisit dans la chambre de Mériem.

Mériem, couchée sur une natte, reposait doucement. Un rayon de lumière éclairait sa gracieuse figure ; elle rêvait à son époux :

— Ali !—murmurait-elle avec un accent passionné.

Meçaoud, en face de cette belle jeune femme, hésita à accomplir le rapt. Mais il songea à cettejument et à cette grosse somme que lui avait promises son cousin ; l'orgueil l'emporta sur la pitié.

Il s'approcha en rampant de Mériem, lui jeta un foulard de soie sur la tête, la bâillonna et l'enleva dans ses bras.

Il redescendit avec son fardeau auprès d'El-Kouffi. Celui-ci, avec une joie indicible, reçut la captive des mains de son cousin.

Deux heures après, la femme d'Ali et ses deux ravisseurs arrivaient au douar des Angades.

VI

OU FATMA EST VENDUE A UN JUIF AUSSI LAID QUE SON ANCIEN MAITRE, MAIS PLUS CRASSEUX.

Le jour même où Ali remportait le prix du tir à la cible, Fatma suivait pensive le chemin qui, du champ où son maître avait été tué, conduisait à la ville.

Elle allait lentement, levant de temps à autre ses yeux noirs vers le ciel ; et elle semblait en proie à une tristesse amère.

L'homme que ronge un chagrin fronce les sourcils et lutte contre la douleur ; Dieu lui a donné la force pour combattre. Mais la femme, dont le corps est frêle et dont le cœur est doux, cherche, au jour du péril, son appui dans celui qu'elle aime, et quand ce soutien lui fait défaut, elle en appelle à la toute-puissance du Créateur. C'est pour cela, sans doute, que de tout temps elle fut plus religieuse que l'homme.

Si la jolie mulâtresse jetait des regards mélancoliques vers les régions où, d'après ses croyances, résidait le Prophète, c'est qu'elle était restée sans nouvelles de son libérateur. Elle avait suivi ses instructions à la lettre, et Ibrahim, le fils de son maître, l'avait en vain questionnée :

— Aïdin est tombé frappé d'une balle, — répondait-elle à toutes les questions ; — je n'ai pu apercevoir le meurtrier.

Son sort n'était pas trop à plaindre, car Ibrahim se montrait fort humain pour elle ; néanmoins une douleur profonde la minait.

Elle avait alors souffert, toujours haï, elle venait de rencontrer un être sur lequel elle pouvait verser les trésors de tendresse qu'une odieuse tyrannie tenait refoulés au fond de son cœur. Elle se sentait attirée par une ardente sympathie vers l'homme assez hardi pour la défendre, assez bon et assez généreux pour lui demander son affection quand il le pouvait l'exiger. Elle oubliait l'irrégularité de ses traits pour ne se souvenir que du service rendu ; pressentant dans l'existence de l'inconnu quelque chose de terrible et d'étrange, elle se promettait d'effacer par des baisers les rides qui sillonnaient son front.

Cette ignorante enfant avait admirablement compris la mission de la femme, qui doit être un encouragement pour celui qui chancelle, une récompense pour celui qui triomphe, une consolation pour celui qui succombe.

Cependant, comme Elaï-Lascri ne venait pas, elle s'était peu à peu reproché les douces illusions dont l'espérance berçait son âme ; nul indice ne lui avait révélé que l'étranger pensait encore à elle. Il devait être riche ; ses paroles, son costume, tout annonçait un personnage puissant, et la pauvre enfant se disait tout en marchant :

— Il ne reviendra pas. C'est le voyageur égaré dans la montagne qui rencontre une rose sauvage dont la tige est brisée ; il la redresse et l'admire ; puis il passe en se promettant de venir l'arroser. Mais la montagne est bien loin ! et tout près, dans son jardin, d'autres fleurs plus brillantes attirent son regard ; il oublie la rose des champs qui se dessèche et se flétrit.

Tout en faisant ces réflexions, Fatma était arrivée à la porte de Nédromah, et elle se frayait un passage au milieu de la foule, qui, le soir, encombre les abords.

C'était l'heure où les cultivateurs rentraient des champs, poussant devant eux leurs bœufs ou leurs chevaux : bêtes et gens, fatigués du labeur de la journée, allaient lentement le long des rues étroites et souvent voûtées ; les bergers ramenaient leurs troupeaux, et, comme dans nos villages, chacun sur leur passage reprenait sa chèvre ou son mouton.

Les tisserands, les forgerons, les selliers, si nombreux à Nédromah, se plaçaient sur le seuil de leurs maisons, et ils échangeaient des paroles d'amitié, des compliments ou des injures, selon les rapports qu'ils entretenaient entre eux.

A travers les portes entre-bâillées, on voyait les ménagères passant et repassant avec activité ; dans les cours, le feu du soir flambait avec des pétillements joyeux, cuisant le couscoussou et couronnant les maisons d'un panache de fumée.

Sur les places, les femmes se croisaient, allant à la fontaine ou en venant un vase sur l'épaule. Derrière elles, des enfants se tenaient cramponnés à leurs voiles, qui, se soulevant parfois, laissaient entrevoir, tantôt une figure laide et ridée, tantôt un frais et beau visage ; et jamais une de ces insignifiantes physionomies comme il y en a trop sous nos climats brumeux.

Là-bas, sous le beau ciel des tropiques, il n'existe pas de milieu entre la laideur et la beauté, la jeunesse et la décrépitude, la haine et l'amour, pas plus qu'il n'y a de crépuscule entre le jour et la nuit.

Dans la nature comme chez l'homme, tout est heurté, fortement accusé, nettement tranché : c'est le pays des contrastes. Le Kabyle républicain, sédentaire, industrieux et jaloux de son indépendance, y vit à côté de l'Arabe pasteur, nomade, ignorant tous les métiers, et courbé sous le joug d'une puissante aristocratie.

Entre la mer aux flots d'azur et le Sahara, cet océan de sable aux vagues fauves, se dresse l'immense chaîne de l'Atlas, digue imposante de granit jetée là par la main de Dieu. Au pied de la montagne, où l'eau suinte à travers chaque fente de rocher, la plaine, éternellement dévorée par la soif. Le lion, reposant sous la forêt qui abrite la gazelle, le palmier géant au milieu des palmiers nains, telle est l'Algérie. Terre étrange, où l'Européen se transforme sous l'énergique influence d'un climat dévorant et d'émotions violentes, comme le fer soumis à la double action du feu et de l'enclume ; à ce point que le paysan alsacien, qui aborde avec sa figure ronde et épanouie, y devient un zouave au menton allongé, aux pommettes saillantes, au front découvert, à l'œil étincelant.

Parmi ces oppositions, une de celles qui frappent le plus en Algérie, c'est la différence des mœurs de la tente avec celles de la maison, des usages du nomade avec ceux du citadin. En ce moment surtout, Nédromah, ville mauresque animée par la foule de ses habitants, rappelait nos cités du moyen âge, et n'avait rien de commun avec les douars arabes, qui font songer au temps où vivaient Abraham et Jacob.

Cependant Fatina continuait à fendre péniblement la multitude qui encombrait les rues, lorsqu'elle s'entendit appeler. Elle se retourna et aperçut un juif, nommé Jacob, qui, du seuil de sa boutique, lui faisait signe de venir à lui. Croyant qu'il s'agissait de quelque emplette et voyant la nuit venir, la jeune fille cria au marchand :

— Je suis obligée de rentrer chez mon maître; demain je viendrai te voir.

— Il faut que tu me parles, ma fille, — répondit le juif, — j'ai quelque chose d'heureux à t'annoncer. — Un sourire bienveillant accompagnait ces paroles, et Fatma s'approcha de Jacob, dans la boutique duquel elle entra. — Tu hésites bien à m'aborder, ma fille, — lui dit-il. — Je ne suis cependant ni un chaouch, redoutable à chacun en général, ni un cavalier du goum, dangereux pour les jeunes filles en particulier.

— Tu n'es pas méchant, — répondit Fatma, — tu passes même pour un être assez bon ; mais une esclave n'est pas riche et je n'ai pas d'argent à échanger contre les marchandises que je vois étalées dans ta boutique.

— Qui parle de te vendre quelque chose ? Il s'agit d'un achat, au contraire.

Et Jacob prit la main de Fatma pour la guider au milieu des vieux meubles, des armes rouillées, des ustensiles fêlés, des vieux débris de tous genres, qui encombraient ce qu'il appelait sa boutique et ce qui était un véritable bouge, un réceptacle à chiffons.

Là où il y a un israélite il y a un marchand de bric-à-brac ; cela est vrai pour l'Europe comme pour l'Asie, pour Calcutta comme pour Constantinople.

Mais ce qui distingue aussi les juifs, c'est la haine sourde et souvent dangereuse qu'ils professent contre presque toutes les sociétés au milieu desquelles ils vivent.

Ceci tient à la situation injuste et déplorable qu'on leur a faite, et non à une méchanceté naturelle, à une basse envie, qui, au dire de beaucoup, les animerait contre les partisans des autres religions que la leur.

Quelle que soit la plage où le vent de l'émigration ait poussé les débris de cette race, elle s'est conservée pure de tout mélange : le type juif est immuable ; jusqu'ici, du moins, il a peu changé.

Partout, grâce à son intelligence, le juif a su amasser des richesses ; partout aussi la stupide jalousie des autres peuples et l'aveugle fanatisme des autres religions lui ont fait subir de vexations cruelles, des spoliations injustes. Forcés d'opposer la ruse aux plus brutales violences, les israélites ont contracté des vices qu'ils n'avaient pas, et ils ont perdu les qualités qu'ils possédaient. Aujourd'hui, pour se justifier, les nations qui les bannissent du banquet de l'humanité leur reprochent des fautes qui doivent retomber sur elles-mêmes.

En rejetant ces seuils ces pauvres exilés, elles les ont forcés à s'unir contre leurs persécuteurs, et à regarder tous les étrangers comme des ennemis nés de leur sang et de leur croyance.

On les accuse d'être usuriers ; mais le temps n'est pas loin où ils ne pouvaient trafiquer que sur l'argent, puisque souvent on confisquait leurs marchandises. Ils s'adonnent peu aux arts et aux métiers, dit-on ; mais à Rome, à Vienne et ailleurs, on leur défend encore les professions libérales.

Ils ne se battent pas, c'est vrai. Mais pourquoi se battre? Pour défendre leurs oppresseurs peut-être ? Ce serait une dérision. Ils sont braves cependant ; jadis, sous David, leur gloire militaire fut grande. Sous les empereurs, quelques siècles après, ils tinrent en échec les légions romaines ; l'histoire du siège de Jérusalem atteste leur héroïsme à lutter contre les plus redoutables guerriers du monde et contre la famine, plus terrible encore que les soldats de Titus. De nos jours enfin, la défense de Méchouar par les juifs de Tlemcen a excité l'admiration de nos généraux.

Non, les israélites ne méritent pas le dédain dont on les accable, et la France a donné un grand exemple au monde lorsqu'elle a ouvert ses bras à ces victimes de la société. Elle les a généreusement adoptés, et aujourd'hui elle est fière de ces fils nouveaux, qui se sont transformés sous le souffle régénérateur de 89. Parmi les hautes sommités de la magistrature, du barreau, de la finance, des arts et de l'industrie, brillent des noms juifs dont le pays s'honore.

En Algérie, nous avons suivi avec eux la même voie ; de sorte qu'ils sont devenus dans nos mains des instruments puissants de civilisation. Intermédiaires actifs et dévoués entre les indigènes et nous, ils nous récompensent amplement par les services qu'ils nous rendent de la liberté que nous leur avons apportée.

Quant au vieux Jacob, sauf pendant quelques voyages à Oran, il s'était peu ressenti des bienfaits de notre civilisation ; comme tous ses coreligionnaires, il avait à subir les exactions de l'agha et le dédain des musulmans ; mais, en revanche, lorsqu'il pouvait sans trop se compromettre jouer quelque mauvais tour au premier ou extorquer quelques douros aux seconds, il ne s'en faisait pas faute.

Tel était l'homme qui avait introduit la mulâtresse chez lui et lui parlait d'un marché.

— Oui, ma belle enfant, — disait-il, — il m'est venu en tête de faire une acquisition magnifique ; je suis certain que tu seras de mon avis si je t'annonce que cette acquisition... c'est toi.

— Moi ! — s'écria la jeune fille troublée, — moi !

— Oui ; j'attends ton maître pour traiter cette affaire avec lui ; mais il tarde un peu.

Jacob regardait Fatma avec une expression qui donna beaucoup à penser à celle-ci.

— Tu as donc besoin d'une esclave pour travailler ? demanda-t-elle.

— Travailler, toi ! — répondit Jacob, — oh ! non. Je ne suis pas comme ton ancien maître, cette vieille hyène avare et féroce qui voulait se faire aimer en t'accablant de mauvais traitements. Tu es trop belle pour que je t'impose un dur labeur ; tu n'auras qu'une occupation, une seule...

— Laquelle ?

— M'aimer !...

Le juif prononça ce mot d'un ton si ridiculement tendre, que Fatma en eut ri si elle n'eût pensé à son sauveur, auquel elle avait promis de rester fidèle. Et puis ce Jacob était si laid, si sale, si repoussant, que son cœur se soulevait à la pensée de lui appartenir. A le voir tourner autour d'elle, admirant ses formes charmantes, on eût dit une chenille rampant vers une fleur.

— Je ne veux pas que ce marché se fasse ! — s'écria Fatma, — et je supplierai mon maître de me garder.

— Moi, je ferai sonner à son oreille un sac de douros ; nous verrons quelle musique il préférera, de la mienne ou de la tienne.

En ce moment Ben-Aïdin entrait. C'était un beau jeune homme, à l'aspect calme et doux ; nouvellement marié à une femme qu'il adorait, il était encore plongé dans la lune de miel, qui luit en Afrique comme en France pour les époux du lendemain...

— Le salut pour toi, Jacob ! — dit-il en entrant sans insolence chez le juif, bien différent en cela de tous ses compatriotes.

— Merci de ton souhait, Aïdin, — répondit avec douceur le vieil israélite, — j'y suis d'autant plus sensible que d'habitude tes coreligionnaires nous maudissent. Et pourtant Abraham est notre père à tous, Ismaël et Jacob étaient frères.

— Laissons cela de côté, — dit Ben-Aïdin d'un ton

fort ennuyé. Pourquoi m'as-tu fait demander? pourquoi Fatma est-elle chez toi?

— Maître, cet homme veut m'acheter, — s'écria la jeune fille en se jetant aux genoux d'Aïdin ; — je t'en conjure, ne me vends pas !

— Tu as tort de me déranger, — dit le jeune Arabe au juif ; — je garde Fatma. Allons, petite, console-toi et suis-moi à la maison ; ma femme a besoin de tes services pour aller au bain.

— Un instant! un instant! — fit Jacob. — Ne m'as-tu pas marchandé quatre bracelets d'argent massif, il y a trois jours?

— Oui. Ma femme les voulait, mais ils étaient trop chers pour moi.

— Quand tu es rentré, — continua malicieusement Jacob, — tu as eu une querelle.

— Que t'importe ! — répondit en élevant la voix le nouveau marié.

— Ne te fâche pas ; tu es un excellent cœur, et je t'aime beaucoup. Je suis peiné, vraiment, que tu n'aies pu satisfaire les caprices de ton épouse. Il y a un moyen de lui faire une agréable surprise. — L'amoureux mari dressa l'oreille ; Fatma tremblait. — Je te donne les bracelets, — reprit Jacob, — un collier de sequins et une bague ornée d'une émeraude, en échange de Fatma. Tiens ! regarde... — Et le juif étala les bijoux devant le jeune Arabe. L'œil de celui-ci s'alluma. Mais Fatma éplorée le suppliait de ne pas l'abandonner, et il hésitait.

— Cent douros en plus, — ajouta Jacob, — et sois sûr qu'elle ne sera pas malheureuse ; j'attendrai sans lui faire violence le jour où elle voudra m'aimer. Prends tout cela et cours sauter au cou de ta femme. C'est un cadeau qui serait digne de la favorite de notre agha.

Aïdin n'hésita plus.

— Marché fait, — dit-il.

Et il s'empressa de cacher ses richesses dans sa ceinture.

Mais Jacob, défiant et à bon droit, voulut que, par un traité en bonne forme enregistré chez le cadi, la possession de Fatma lui fût authentiquement assurée.

On alla trouver ce magistrat, et, malgré les protestations et le désespoir de Fatma, elle devint la légitime propriété de Jacob, qui l'emmena tout en larmes.

Seulement elle remarqua qu'il ne reprenait pas le chemin de sa boutique.

— Où allons-nous ? — demanda-t-elle.

— Dans un palais dont tu seras la reine, — répondit son guide.

— Tu plaisantes cruellement ; tu es aussi méchant que le vieil Aïdin.

— Tout à l'heure tu verras bien que je suis sérieux, et tu me béniras.

— Oh ! jamais!...

— Eh bien ! écoute... — et Jacob fixa sur elle son regard pénétrant, — je suppose qu'un grand seigneur inconnu, fort riche, t'ait rencontrée... par hasard ; qu'il t'ait trouvée jolie et qu'il m'ait chargé de ménager un rendez-vous entre lui et toi. Eh ! ma belle fille, que dirais-tu ?

A ces mots Fatma devint pâle, à tel point que Jacob s'en aperçut malgré la couleur bronzée de son teint. De sa main tremblante la jeune fille s'appuyait sur le bras du vieillard et de l'autre elle comprimait les palpitations de son sein. Peu à peu son émotion se calmant, elle put s'écrier :

— Oh ! je t'en prie, conduis-moi vite auprès de lui... Qui est-il ? le connais-tu ? Je vais le voir, n'est-ce pas ?

Et les questions se pressaient rapides sur ses lèvres tremblantes.

En ce moment plusieurs Arabes s'arrêtèrent pour observer cette scène. Jacob s'en aperçut.

— Ah çà ! mon enfant, tu es folle, — fit-il en mettant un doigt sur ses lèvres ; — je ne sais rien, je ne connais rien. Je suppose qu'en te conduisant dans une certaine maison tu apprendras beaucoup de choses que tu ignores, voilà tout.

Un clignement d'yeux imperceptible démentait les paroles du malin et prudent vieillard. Aussi Fatma pensa-t-elle non sans raison qu'il entretenait avec son sauveur des relations dangereuses et secrètes. Sans hésiter davantage, elle le suivit, le cœur plein d'espérances.

Quand ils furent arrivés en face d'une des maisons les plus reculées de la ville, Jacob s'arrêta, en ouvrit la porte avec une clef qu'il confia à Fatma, puis il lui présenta un rouleau de papier.

— Qu'est cela ? — demanda-t-elle.

— L'acte d'affranchissement passé entre ton nouveau maître Aïdin et moi, au nom d'un inconnu qui m'a prié de te le remettre ; de plus, il m'a assuré que cette demeure était la tienne : sans doute ce soir ton bienfaiteur viendra lui-même t'en apprendre plus long.

Après avoir terminé cette explication, Jacob se retira en recommandant à Fatma de s'enfermer à clef.

Il s'éloigna, sûr de ne s'être pas compromis, heureux d'un beau bénéfice réalisé, et content d'avoir joué un tour à l'agha de Nédromah.

Quant à Fatma, elle se trouvait alors sous une voûte conduisant à une cour ; elle ferma la porte avec soin ; et, non sans une indécision prolongée, elle fit quelques pas en avant. Le spectacle qui s'offrit à ses yeux éblouis lui arracha un cri d'admiration.

Le bâtiment où elle pénétrait, assez modeste d'apparence, avait à l'intérieur l'aspect d'un palais. Comme dans la plupart des constructions orientales, des arcades soutenues par des colonnes de marbre entouraient une cour ou plutôt un jardin d'un aspect charmant ; l'herbe s'y étalait en tapis moelleux, parsemés de buissons de fleurs qui saturaient l'atmosphère de leurs senteurs exquises ; les arbousiers et les citronniers, entrelaçant leurs branches, formaient des berceaux ombreux, ornés de fruits d'un rouge éclatant comme la pourpre ou d'un jaune étincelant comme l'or. Le long des colonnes grimpaient des ceps de vigne dont les larges feuilles ne pouvaient cacher les grappes énormes.

Mais ce qui enchanta surtout Fatma, ce fut un jet d'eau dont les gerbes s'élançaient dans l'air pour retomber comme une pluie de perles dans un bassin de marbre.

La nuit commençait à descendre des montagnes voisines, et les oiseaux sous la feuillée gazouillaient leurs dernières chansons d'amour.

Aussi légère qu'une gazelle, Fatma parcourut en tous sens les allées du parterre, saluant de ses sourires et de ses exclamations chacune de ses découvertes ; enfin, enivrée de parfums et d'harmonies, elle quitta ce paradis en miniature pour visiter l'étage supérieur.

A la poésie du jardin succéda la fastueuse abondance du grenier, car les appartements élevés servaient à cet usage. Une main prodigue y avait entassé des provisions sans nombre ; c'étaient des monceaux de froment, d'immenses jarres d'huile d'olive, des claies couvertes de figues, des régimes de dattes suspendus au plafond, des vases pleins de miel ; toutes les productions du pays en un mot, entassées là, faisaient de l'esclave d'hier la femme la plus riche de la ville.

En redescendant, elle entendit les roucoulements des colombes, que couvrirent soudain les voix triomphantes des coqs enfermés dans la basse-cour.

Alors elle s'engagea dans un couloir qui conduisait aux appartements du rez-de-chaussée ; elle vit une salle de bain ; puis, au milieu de plusieurs autres chambres décorées avec un luxe inouï, elle découvrit celle qui lui était particulièrement destinée ; selon les usages musulmans, elle se trouvait située dans la partie la plus retirée de la maison.

Elle était meublée d'une façon splendide et avec un goût parfait ; dans ses rêves, jamais Fatma n'avait rien entrevu d'aussi beau : des tentures d'or et de soie descendaient le long des murs en plis majestueux ; les fourrures les plus rares s'étendaient sous les pieds de la jeune femme ; des divans aux bois sculptés d'arabesques fantastiques semblaient y promettre un doux repos et de longues causeries. Un coffre entr'ouvert attira l'attention de la jolie négresse, et, soulevant le couvercle d'ébène, elle en tira des vêtements turcs d'un tissu si fin et si richement émaillé de broderies éblouissantes qu'elle hésita longtemps à s'en parer. Mais rare et curieuse merveille, une glace immense était là devant elle qui l'encourageait à s'embellir. D'une main timide d'abord, assurée bientôt, elle commença sa toilette. Quand le kohol eut relevé l'éclat de ses grands yeux ; quand une veste constellée de pierreries eut dessiné sa taille voluptueuse ; quand enfin elle eut revêtu tout un costume digne d'une sultane, lorsqu'elle eut attaché à ses bras et à ses jambes des bracelets d'or massif, et que sur toutes ces richesses elle eut jeté un burnous dont tous les plis rassemblés tenaient dans un anneau, Fatma se regarda, et elle ne put s'empêcher de sourire avec bonheur à la gracieuse image que lui présentait son miroir.

Entre l'homme qui se contemple avec complaisance et la femme qui se sent joyeuse d'être belle, il y a une immense différence : le premier ne songe qu'à lui, c'est un orgueil qui blesse ; la seconde pense à son amant qui l'aimera, c'est un désintéressement qui plaît. Voilà pourquoi ce qui est chez l'homme une révoltante fatuité devient chez la femme une adorable coquetterie.

En se voyant belle de tous les charmes de la femme qu'elle possédait déjà et de toutes les grâces de l'enfant qu'elle avait encore, Fatma se disait tout bas : « Quand il viendra, peut-être sera-t-il content. »

En ce moment, un coup vigoureux frappé à la porte de la maison la fit tressaillir ; elle courut ouvrir et poussa un cri joyeux en voyant Elaï-Lascri. Elle avait bien envie de se jeter dans ses bras ; mais, la timidité l'emportant sur la reconnaissance, elle ne sut que balbutier :

— Sois le bienvenu, mon seigneur, ton arrivée fait bondir mon cœur dans ma poitrine.

— Est-ce d'amour ? — demanda Elaï-Lascri d'un air de doute.

— Si c'est aimer qu'être triste loin de toi, ne songer qu'à te plaire, se sentir joyeuse en ta présence, alors c'est bien de l'amour que j'éprouve.

Et Fatma regardait Elaï-Lascri de telle sorte, qu'il eut honte de ses soupçons. Prenant la jeune fille dans ses bras robustes, il la porta dans la chambre qu'elle venait de quitter en murmurant avec passion :

— Grâces soient rendues au Prophète pour t'avoir inspiré cette tendresse, car tu es belle comme les étoiles du paradis.

Ni lui ni elle ne songèrent à pousser la porte de la maison, preuve certaine d'une passion profonde, car l'amour fait oublier la prudence. Elaï-Lascri n'entendit pas non plus les pas d'un homme qui marchait dans la rue avec la lenteur d'un espion qui observe ou d'un paresseux qui flâne. Quoi qu'il en soit, flâneur ou espion, le promeneur nocturne ne s'en arrêta pas moins devant la porte entre-bâillée en poussant une exclamation de surprise.

VII

OU IL EST PARLÉ DES CHAOUCHS EN GÉNÉRAL, ET D'UN CERTAIN BEN-ADDOU EN PARTICULIER.

L'Arabe qui regardait avec tant de surprise la porte entre-baillée par laquelle Elaï-Lascri s'était introduit chez Fatma, et, sans s'en douter, s'exposait ainsi à se trouver face à face avec le Roi des Chemins, était un des chaouchs de l'agha de Nédromah.

Il se nommait Ben-Addou.

Le chaouch est l'un des types les plus curieux, sinon des plus beaux, que l'on puisse rencontrer en Algérie. C'est à la fois le valet, le gardien et le bourreau d'un chef musulman ; de ces trois professions il réunit les vices ; disons mieux, il les exagère.

Constatons de suite un fait, c'est que, depuis notre conquête, le chaouch a beaucoup changé, en vertu de l'axiome : *Tel maître, tel serviteur*. Mais, avant l'arrivée des Français, comme valet, le chaouch était bassement et aveuglément dévoué à la tyrannie des beys, des kalifats, des aghas et des caïds, qui, sous les Turcs, rançonnaient le pays en prétendant le gouverner.

Comme gardien de l'autorité et des biens de son seigneur, il se croyait obligé de pratiquer le métier d'espion ; la plus odieuse délation ne lui coûtait rien. Enfin, comme exécuteur des hautes œuvres, il tranchait avec une froide et révoltante cruauté les têtes qu'une sentence de mort venait de frapper ; et Dieu sait combien la justice, ou plutôt l'injustice des hauts fonctionnaires d'alors, a jeté de condamnés sous le yatagan des chaouchs !

Les sentiments de la population pour ces êtres odieux étaient une terreur profonde, mêlée d'un dégoût insurmontable.

L'antique préjugé de nos pères contre le bourreau donnerait à peine une idée de ce qu'inspirait un chaouch aux Arabes.

Eh bien ! Ben-Addou possédait à un degré si éminent les qualités de sa profession, qu'il avait réussi à se faire particulièrement exécrer dans Nédromah, parmi tous ses confrères.

Une mauvaise action lui souriait, comme une partie de plaisir à un viveur parisien ; toujours en quête des occasions de nuire, il surveillait avec un sois méchant la conduite de chacun, heureux quand il pouvait causer une catastrophe, plus heureux quand il parvenait à se faire payer une délation ou à vendre son silence.

Pareil à ces chiens de ferme hargneux, sales, lâches et féroces, qui égorgent sournoisement les passants sans aboyer, il rôdait sans cesse et le jour et la nuit, la nuit surtout, pour surprendre les voleurs et les amoureux. Avec les premiers, il partageait toujours ; avec les derniers... quelquefois.

Comme les vautours, comme les hyènes et les corbeaux, ces êtres-là ont un flair qui les guide...

Cette nuit, Ben-Addou comptait bien avoir trouvé une proie. Seulement cette proie c'était le Roi des Chemins...

Chacal avide, mais sans courage, il allait se trouver en face d'un tigre.

Arrêté devant la porte comme un chien sur une piste, le chaouch réfléchissait.

Par précaution, il avait une main sur un pistolet, de l'autre il poussait le battant de chêne, et, l'oreille tendue, l'œil aux aguets, le nez au vent, il sondait l'intérieur de la cour, tressaillant au moindre bruit.

A coup sûr il était fortement intrigué, car il se disait :

— Voilà qui me paraît singulier : cette habitation est déserte depuis longtemps ; on dit qu'elle appartient à un pèlerin parti pour La Mecque, et dont on n'a pas eu de nouvelles pendant dix ans. Cependant quelqu'un semble y avoir pénétré. Est-ce que tout ceci cacherait un mystère. Voyons un peu. — Et, avec les plus grandes précautions, notre homme entra dans la maison. Aussitôt qu'il fut dans le jardin, que la lune éclairait de ses rayons, il se pencha pour examiner le sol. — Oh ! oh ! — pensa-t-il en apercevant des traces de pas sur le sable des allées, — cette empreinte est celle d'une botte éperonnée, et tout à côté, je vois la marque d'une babouche ; je suis sur la piste d'une intrigue d'amour. Tâchons de connaître le secret de ces deux tourtereaux qui se cachent. En pareille occurrence, si l'on risque un coup de poignard on peut aussi grossir sa bourse.

Sur ce raisonnement plein de sens, Ben-Addou prit ses dispositions, afin de voir sans être vu.

En se glissant comme un serpent le long des murs, Ben-Addou, guidé par un bruit de voix, parvint jusqu'à la porte de la salle où Fatma s'entretenait avec son amant.

De là il entendait parfaitement la conversation. La première phrase qui parvint jusqu'à lui fut celle-ci :

— Mon seigneur, — disait Fatma, — reste encore près de moi ; si tu t'éloignes, je crains de ne plus te revoir.

Le son de cette voix n'était pas inconnu à Ben-Addou ; il avait fait à la jolie mulâtresse une cour assidue, autant du moins que le permettaient les usages musulmans et la surveillance d'Aïdin. Toujours il avait été repoussé, et la rage de sentir près de lui un rival préféré lui inspira une pensée audacieuse, vu la prudence ordinaire du personnage.

Il tira de sa ceinture un pistolet chargé, qu'il arma, avec la ferme intention de brûler la cervelle au fortuné cavalier qui se disposait à sortir. Mais la réponse de cet heureux mortel lui inspira assez de terreur pour étouffer en lui cette résolution énergique. Nous disons énergique, car ce qui eût passé chez un vaillant guerrier pour un guet-apens odieux, devenait chez le lâche Ben-Addou un acte de témérité.

— Fatma, — disait Elaï-Lascri, — je ne puis demeurer ici plus longtemps. Souviens-toi seulement qu'un messager viendra te chercher ici demain, pour te conduire à ma grotte, où nous célébrerons nos noces. Tiens-toi prête à le suivre.

— Je t'en supplie, mon seigneur, — répondit Fatma, — retarde ton départ. Si tu savais combien ta présence me rend joyeuse, tu n'hésiterais pas.

— C'est impossible ; depuis longtemps le lion a quitté son repaire, et ses rugissements m'appellent, car je suis le compagnon de ses nuits.

— Mais qui es-tu donc, monseigneur ? — demanda la jeune fille, que ces paroles effrayaient. Et comme cette question amenait sur le front du nègre un nuage de tristesse, elle se laissa glisser à ses genoux ; puis, pressant ses mains dans les siennes, elle ajouta : — Oh ! je t'en supplie, satisfais le désir de celle que tu as choisie pour femme ; calme l'inquiétude que lui causent ces sombres paroles.

— Eh bien ! — fit-il avec effort, — je suis Elaï-Lascri.

Le nègre craignait à juste titre l'effet de cette révélation, car Fatma s'écria avec une profonde épouvante :

— Allah ! Allah ! c'est Elaï le bandit !

Et, tout épouvantée, elle s'était réfugiée sur un sopha.

Mais, à son tour, Elaï-Lascri courut se mettre aux pieds de sa maîtresse, et, de son bras entourant doucement sa taille, il lui dit :

— Non, ma bien-aimée, tu te trompes, je ne suis pas un bandit, mais un chef invincible qui fait trembler devant lui tout le Tell. Je possède à moi seul plus de trésors que les caïds de la province, et c'est en frissonnant que les plus braves prononcent mon nom. Oh ! non, je ne suis pas un bandit, car on m'a surnommé le Roi des Chemins, et je veux partager avec toi ma couronne, qui est parfois rude à porter. Mais j'en garderai les épines et t'en offrirai les fleurs. Dis-moi, Fatma, te repens-tu d'être ma femme ?

Les femmes ont un tel sentiment de leur faiblesse qu'elles sont toujours puissamment attirées vers les hommes forts qui peuvent les protéger. Et dans la nature entière cette loi trouve son application.

Que l'on nous passe une comparaison qui n'est pas un rapprochement : de la lionne à la gazelle, toute femelle choisit le mâle qui a triomphé de ses rivaux.

De l'aveu que venait de faire Elaï-Lascri, il résulta d'abord que Fatma effarée s'enfuit et cacha sa jolie tête sous les coussins d'un sopha, comme eût pu le faire une enfant mutine à la vue d'un objet effrayant. Puis quand, rassurée par les douces paroles du célèbre chef, elle se décida à le regarder de nouveau, un revirement subit s'opéra dans son âme. Elle l'aima d'autant plus qu'elle l'avait redouté ; elle se sentait fière et heureuse de voir à ses genoux ce farouche bandit que tous redoutaient.

Elle éprouvait bien quelques scrupules inspirés par la sanglante profession du nègre ; mais elle faisait partie de cette classe opprimée qui au fond approuvait le brigandage comme un moyen de se venger des oppresseurs.

Le Roi des Chemins ému la regardait anxieusement ; il ne put résister à la muette sollicitation de ce regard humide. Ses lèvres vinrent se coller à son front, ses bras entourèrent son cou, et, après un long baiser, elle lui murmura ces mots qui caressèrent son oreille en même temps que sa tiède haleine caressait sa joue :

— Je suis bien folle d'avoir eu cette peur, et bien sotte de l'avoir montrée. Je t'ai causé un chagrin, à toi qui m'as rendue heureuse ; c'est un tort que je réparerai en t'aimant beaucoup.

— Tu es bonne, ma Fatma, de me parler ainsi. Oh ! je le sais, on me hait, on m'exècre. Mais où aurais-je appris à être humain ? J'ai toujours eu sous les yeux des scènes de meurtre. Je suis devenu cruel, et je t'inspire de la répulsion parce que tous et toujours s'en vont en disant aux échos des montagnes et des vallées : Qu'Elaï soit maudit ! Mais aucun ne pense à ce que ce nègre, brigand aujourd'hui, esclave jadis, à souffert dans sa jeunesse. Je demanderais demain une place dans un douar et un lambeau de champ à cultiver qu'aussitôt, désarmé et impuissant, je serais tué comme un chien, assassiné sans pitié. Fatma, si je suis bandit c'est qu'il faut vivre ; une odieuse cruauté de mon maître m'a jeté dans ma carrière et forcément tué comme à y rester. Ne les crois pas quand ils te diront que je suis sans cœur ; toi seule as montré de l'affection pour moi, et pour toi seule j'aurai de la tendresse.

Après cette amoureuse déclaration, Elaï-Lascri suivait d'un œil inquiet l'effet de ses paroles ; un éclair de joie jaillit de sa prunelle quand la jeune fille lui répondit :

— Va, je suis fière de toi. Si tu prends quelque chose, c'est au péril de ta vie, et tu t'attaques aux puissants de la terre ; eux, au contraire, ils dépouillent sans dangers les faibles, les petits. Ils peuvent te maudire, moi, je ne puis que te bénir. Ma mère est morte sans que personne ait songé à punir le crime d'Aïdin, et tu as tué cet homme. Je reconnais en toi le bras de Dieu ; Elaï-Lascri, je suis bien ta femme ; seulement je tremble en te voyant tout seul au milieu de Nédromah, à la merci de tes ennemis.

— Rassure-toi, il suffirait de jeter mon nom à la brise pour faire fuir les guerriers à dix lieues à la ronde, — répondit Elaï-Lascri. En ce moment le chaouch entendit quelque bruit, il se retira précipitamment. Quand il revint coller son oreille à la porte, un profond silence régnait dans la salle. Il ne put se rendre compte de ce qui s'était passé. Le nègre, voulant rassurer complètement Fatma, l'avait conduite par la main vers une tapisserie qu'il avait soulevée. Telle était la cause du bruit entendu par Ben-Addou. Sous cette tapisserie la jeune fille aperçut un mur. — Voilà une porte de sauvetage, — lui dit le Roi des Chemins.

— Une porte, — fit Fatma, — mais je ne vois que de la pierre.

— A ta place, tout le monde en effet se figurerait que c'est une muraille ; mais de ton doigt pousse l'anneau qui tient suspendus les plis de la tenture.

Fatma obéit avec une enfantine curiosité.

— Il cède, — dit-elle.

— C'est vrai ; mais, — continua Elaï-Lascri, — fais-lui faire trois tours sur lui-même, maintenant.
— Voilà ! — fit-elle encore.
— Retire-le à toi. — La jolie mulâtresse exécuta cet ordre. Aussitôt le mur s'entrouvrit... Un air frais vint par bouffées s'engouffrer dans la chambre ; une large ouverture, dont l'œil ne pouvait sonder les ténèbres, était là béante... Fatma jeta un cri de surprise et d'effroi ; elle vint se réfugier tremblante aux côtés d'Elaï-Lascri. Celui-ci éprouva une délicieuse émotion à la serrer dans ses bras et à la rassurer. — Tu n'es cependant pas poltronne, ma petite Fatma, — dit-il avec un sourire. — Tu as résisté avec énergie à ce vieux scélérat d'Aïdin ; d'où vient que tu as peur maintenant ?...

— Parce que, — répondit-elle, — dans ce grand trou noir il fait nuit. Le jour, au soleil, je suis brave ; il me semble que le Prophète me regarde et veille sur moi ; mais dans l'ombre son œil ne luit plus, je frissonne.

— Il faut surmonter ces craintes, ma belle oiseau du jour ; car maintenant tu es devenue la compagne d'un hibou nocturne dont le règne commence au soleil couchant. — Et comme Fatma regardait le nègre, étonnée du mot hibou, il ajouta : — Va, le titre que je me suis donné m'appartient bien. Je suis assez laid pour le mériter. Seulement, si ma figure n'est pas belle, j'ai des serres puissantes...

— Et surtout un bon cœur, — reprit Fatma.

— Pour toi seule, — ajouta Elaï-Lascri. — A part mes compagnons, tu es le seul être que j'aime sur terre, et le seul aussi qui ne m'exècre pas. Aussi, me sachant beaucoup d'ennemis, ai-je pris mes précautions. C'est pourquoi je t'ai choisi cette maison pour retraite, à cause de ce souterrain dont l'entrée est là. C'est un silo où les anciens propriétaires cachaient leurs richesses ; car les chefs de cette ville n'ont jamais hésité à voler leurs sujets. Entre moi et eux il n'y a qu'une différence, c'est que je fais franchement la guerre à toute la terre tandis qu'eux ils rançonnent ceux qu'ils devraient protéger, et les font traîtreusement mourir sous le sabre des chaouchs pour les dépouiller. Les habitants de cette maison étaient des renégats fort riches ; connaissant les sanglantes convoitises des aghas, ils avaient construit ce caveau qui aboutit à la campagne. A partir d'aujourd'hui, je viendrai par là. Ce soir, un de mes compagnons devait me remettre la clef du passage, mais il était en retard. Je suis entré par la porte, ce qui ne m'arrivera plus, par prudence pour toi. Je te recommande, en outre, de ne jamais sortir pendant le jour pour n'éveiller l'attention de personne. Presque chaque nuit je te rendrai visite.

— Bien vrai ? — demanda Fatma.

— Bien vrai ! Ce n'est pas tout. Je suppose qu'un malheur arrive, que ta maison soit visitée par quelque envoyé de l'agha ; tu n'as qu'à te réfugier dans le souterrain. Nul ne t'y trouvera, une fois la porte refermée.

— Et comment en sortirai-je ?

— Chaque nuit, je te l'ai dit, je viendrai ; à mon défaut, un de mes compagnons s'assurera toujours si quelque malheur ne t'est pas arrivé. Ainsi donc plus de crainte. Tu es rassurée ?

— Oui, — fit-elle.

Et elle l'embrassa.

C'est à ce moment que le chaouch était revenu aux écoutes. Mais le Roi des Chemins avait été trop sensible à la caresse de Fatma pour songer à parler.

Cependant il fallut songer à se quitter.

— Déjà ! — s'écria Fatma, quand le nègre manifesta cette intention.

— Pour nous revoir demain, — répondit-il. — Le juif Jacob viendra te chercher ; vous quitterez la ville de bon matin, et un de mes compagnons, qui t'attendra hors des portes, te servira de guide.

— Où vas-tu cette nuit ?

— Accomplir une œuvre qui fut le but de ma vie jusqu'au jour où je t'ai connue ; cette tâche terminée, je ne songerai plus qu'à toi. Je quitterai le métier de bandit, et nous irons vivre heureux et tranquilles dans une ville paisible, où mon passé ne sera pas connu.

— Oh ! merci, — fit Fatma. — Mais sois prudent, — continua-t-elle, — tu es seul et bien exposé.

— Tu vas me reconduire jusqu'auprès du rempart, tu verras que je ne suis pas seul, — dit le nègre.

Elaï-Lascri et sa maîtresse quittèrent leur chambre pour gagner les murailles ; ils n'aperçurent pas Ben-Addou, qui s'était caché derrière une colonne.

Les dents du misérable claquaient d'épouvante, et, quand le couple amoureux eut disparu, il répétait en frémissant :

— C'est le chef du *brouillard sanglant* !...

Et cependant, si ce lâche eût voulu, d'un coup de pistolet il eût abattu le Roi des Chemins... Il se serait fait une réputation merveilleuse, il eût reçu des honneurs splendides, des récompenses magnifiques ; par-dessus tout, son maître, Ben-Abdallah, lui aurait accordé Fatma, Fatma, qu'il aimait !

En quelques secondes, il avait entrevu tout cela... et il n'avait pas osé...

Cependant sa balle aurait troué la poitrine d'Elaï-Lascri comme celle de tout autre, et quelques instants auparavant le misérable était déterminé à assassiner son rival inconnu !

Il avait suffi d'un nom pour ébranler sa résolution ; pourtant ce nom, si terrible qu'il fût, ne changeait rien à la position.

Presque toujours il en est ainsi ; un nom est tout puissant. Le génie, la force, le courage sont pour quelque chose dans les triomphes des grands hommes ; mais le prestige qu'ils exercent sur leurs amis et leurs ennemis y est pour beaucoup plus encore.

D'où vient ce phénomène ? De l'imagination, cette faculté étrange qui grossit tout, exagère tout. Sans elle il n'y aurait pas de paniques, pas de fausses renommées, pas de lâchetés éclatantes et incompréhensibles.

Si Ben-Addou n'avait pas eu l'imagination trop prompte, Ben-Addou serait passé parmi ses compatriotes à l'état de demi-dieu ; il eût pris rang immédiatement après le Prophète, un peu au-dessus des marabouts.

Ce que c'est que d'avoir l'imagination vive !

Il restait au chaouch une consolation : Démosthènes, qui faisait des harangues militaires si joliment tournées, demandait grâce à un chardon sur le champ de bataille ; lui aussi il avait trop d'imagination. Il prenait cette plante si utile aux ânes pour un ennemi, et cela tout simplement parce que sa robe s'était accrochée à ses épines. Pauvre Démosthènes !

Ben-Addou en aurait bien ri un peu plus tard s'il avait été instruit de cette particularité sur le plus grand des avocats.

Malheureusement cette consolation lui manqua ; les Arabes ne connaissent pas l'histoire grecque.

Toujours est-il que le Roi des Chemins passa à deux pas du chaouch sans que celui-ci osât tirer son coup de pistolet.

Elaï-Lascri gagna la vieille muraille de Nédromah en tenant sa maîtresse enlacée dans ses bras ; il la portait comme une mère porte son enfant.

Quand ils furent parvenus tous les deux, ainsi pressés, sur le bord du rempart à demi ruiné, le nègre déposa sa compagne sur le sol, et d'un geste il lui montra la plaine qui s'étendait au loin, voilée par les ténèbres.

— Voilà mon royaume, — dit-il en souriant.

La jeune fille se pencha au-dessus des fossés pour écouter les bruits vagues de la nuit.

De ce côté, la campagne semblait plus tranquille que d'habitude ; on n'entendait aucun aboiement de chacal, aucun cri d'hyène. Ce calme inaccoutumé frappa Fatma, qui dit à son amant :

— Presque chaque nuit, j'écoute avec frayeur hurler

autour de la ville d'innombrables bêtes fauves ; d'où vient qu'elles se taisent à cette heure ?

— Quand le lion parcourt une contrée, — répondit le nègre, — les autres animaux se cachent ; de même, en ce moment, tous les rôdeurs nocturnes dont tu parles ont fui parce qu'ils ont senti l'arrivée d'ennemis plus à craindre que le seigneur à la grosse tête (le lion). Tu vas voir.—Alors Elaï-Lascri se mit à pousser la plainte aiguë de l'hyène ; la voix stridente d'un chacal lui répondit aussitôt. Fatma aperçut quelques instants après une masse noire qui se mouvait vers la ville ; peu à peu elle reconnut un groupe de cent guerriers environ qui traversèrent un ruisseau coulant à quelque distance des murs de Nédromah. A cent pas du fossé, cette troupe s'arrêta et l'un des cavaliers, sautant à bas de son coursier, se mit à grimper le long des murs crevassés avec l'adresse d'un singe. En quelques bonds il fut arrivé auprès du Roi des Chemins. — El-Chadi, — lui dit ce dernier, — voici celle que tu dois amener demain à la grotte.

Le bandit examina Fatma d'un œil curieux, puis il dit d'une voix grêle qui contrastait avec son corps maigre et allongé :

— C'est bien ; je la reconnaîtrai.

Il attendit quelques instants encore, et, comme son chef paraissait n'avoir plus besoin de lui, il fit un bond énorme et vint retomber sur l'autre bout du fossé, qu'il avait franchi avec la facilité d'une gazelle.

En voyant cet homme traverser ainsi l'espace, Fatma fut effrayée ; mais, dès qu'il eut touché le sol, le bandit se releva prestement, se remit à bondir encore et se perdit bientôt parmi ses compagnons.

Le Roi des Chemins riait de l'étonnement de sa maîtresse.

— C'est un oiseau, — fit-elle en souriant à son tour.
— De vilain plumage, — ajouta Elaï-Lascri ; — mais il possède un cœur excellent, et c'est le plus habile de mes compagnons. Il nous servira de messager. Allons, je pars, Fatma ; que le Prophète te donne des songes d'or !

— Qu'il étende sa main sur ta tête pour te protéger ! — dit-elle.

Puis ils échangèrent un dernier baiser, ce long et doux baiser des amants qui se quittent, après lequel le nègre sauta dans le fossé.

Quand il eut disparu, la jeune fille regagna sa maison, en songeant aux recommandations que son amant lui avait faites.

Fatma pensait, grâce à toutes ces mesures prudentes, ne courir aucun danger ; elle rentra tranquillement chez elle et ferma sa porte.

Mais quand elle fut dans sa chambre elle se trouva soudain en face de Ben-Addou, qui la regardait les bras croisés sur sa poitrine.

Elaï-Lascri n'était plus là pour la défendre.

— Bon, — avait pensé celui-ci en entendant pousser la porte, — Mahomet me favorise.

Il peut sembler étrange qu'un scélérat de la trempe de Ben-Addou parle du Prophète à propos de ses vilaines actions ; mais une remarque à faire c'est que les coquins de l'Algérie, comme ceux de l'Espagne, voire même ceux de l'Italie, ont une dévotion outrée et osent faire intervenir de célestes influences dans leurs petites affaires.

Entre le bandit de n'importe quelle sierra et le saraq de l'Atlas, il n'y a pas de différences sérieuses. On peut à peine constater quelques nuances qui les distinguent.

Tous deux ont un tromblon ou un fusil, un ou plusieurs poignards et des amulettes ; le tout accompagné de haillons poétiques sur lesquels se balancent agréablement les grains d'un chapelet. En Algérie, ce saint objet a touché le tombeau de Mahomet ; en Espagne, il a été déposé sur les reliques de saint Jacques de Compostelle.

Le brigand musulman exagère un peu le type ; il a une escopette si longue qu'elle est à une canardière ce qu'un tambour-major est à un grenadier, et enfin son poignard peut sans inconvénient passer pour un sabre, respectable.

Sauf ces détails superficiels, ce sont deux frères, dignes en tous points d'échanger une cordiale embrassade.

D'où vient que la religion (qu'il s'agisse de celle du Christ ou de Mahomet, de l'Espagne ou de l'Afrique, de l'Amérique ou de Rome), d'où vient que la religion est impuissante à triompher du vice ? d'où vient que le brigand calabrais, le bandit espagnol, le saraq arabe sont extrêmement dévots ? C'est que là où les croyances ne sont pas éclairées par le flambeau de la raison, là où le fanatisme fait du culte une affaire de parti et le réduit à des momeries extérieures, là enfin où la foi est aveugle, la saine morale, la probité sincère perdent leurs droits.

Alors, comme à Rome, on achète l'absolution d'un assassinat ; comme à Madrid, on dépose un couteau sanglant aux pieds de la Vierge ; comme à Alger autrefois, on paye telle somme à la mosquée, et le crime est racheté.

Alors enfin un scélérat comme Ben-Addou se dispose à violenter une femme, et il a l'audace de s'écrier ; Allah me favorise.

VIII

OU IL EST PROUVÉ QUE LE CHAPEAU DU GENDARME EST L'EMBLÈME DE LA CIVILISATION.

A peine Elaï-Lascri fut-il arrivé parmi ses compagnons qu'il entendit au loin, sur la gauche, le galop d'un cheval.

C'était Ali qui venait lui apporter la clef du souterrain.

— Déjà au rendez-vous ! fit le jeune homme, — par Allah ! tu es bien pressé ; je croyais être en avance de beaucoup. Pour un homme qui niait l'amour il y a quelques jours à peine, tu es trop impatient. Allons, prends cette clef et cours vers ta jolie maîtresse.—Elaï-Lascri cacha dans sa ceinture l'objet que lui présentait Ali ; mais il ne reprit pas le moins du monde le chemin de Nédromah. — Eh bien ! — fit le jeune homme, — tu la laisses attendre !

— Oh ! non. Je sors de chez elle ; tu ne tiens plus tes promesses, tu me laisses passer des heures entières sans venir aux rendez-vous. C'est la quatrième fois, au moins, que tu m'oublies. Mais je te pardonne, car tu as disposé admirablement le nid de ma colombe.

— Merci du compliment ; je l'apprécie ce qu'il vaut, tu me flattes pour éviter les reproches que tu mérites.

— Oh ! — fit le Roi des Chemins du ton d'un homme qui se sent en faute et ne veut pas l'avouer.

— Certainement, — insista Ali, — des reproches, des reproches très graves même ! Comment ! tu es assez imprudent pour pénétrer dans Nédromah, au risque d'être reconnu par un espion de l'agha ? C'est de la folie.

— Le beau malheur si un espion allait me rencontrer ! Je le tuerais, voilà tout.

— Oui, si cet homme était assez sot pour te prévenir qu'il va te dénoncer à l'agha. Mais pas du tout ; ces êtres-là sont fins comme des chacals ; il rendrait compte à son chef de tes assiduités auprès de la maîtresse ; on te dresserait une embûche, et tu y tomberais.

— Tant pis pour ceux qui auraient tendu le piège ; ils verraient comment coupe la lame de mon yatagan.

— Oh ! certainement que si tu étais seul tu parviendrais à te tirer d'affaire. Mais Fatma, tu l'oublies ?

Cette réflexion frappa le Roi des Chemins.

— Tu as raison, — dit-il, — J'ai commis une faute ;

aussi, pourquoi rester si longtemps près de ta femme, quand tu sais combien j'ai hâte d'aller embrasser la mienne ?

— N'était-il pas convenu que je te rejoindrais lorsque la lune serait parvenue au quart de sa course ?

— Sans doute.

— Lève donc la tête ; tu verras qu'à peine elle a dépassé le sommet des montagnes. Il semble qu'un cavalier, en levant son fusil en l'air, pourrait l'atteindre encore.

— C'est vrai, — répondit Lascri assez embarrassé ; — sans doute les nuages qui la couvraient tout à l'heure m'ont trompé, car il m'a semblé la voir scintiller fort haut dans le ciel à travers la brume. C'était une erreur.

— Avoue donc plutôt, — s'écria Ali en riant, — que tu n'as consulté que ton cœur! Le temps a toujours été clair, et les nuages dont tu parles n'ont jamais existé que dans ton imagination troublée par l'amour. Mais que vas-tu faire cette nuit ?

— Une petite razzia insignifiante, — répondit le nègre. — Il nous faut des moutons pour le repas de noces que je donne demain. A propos, tu ne manqueras pas de venir à cette fête, n'est-ce pas ?

— Certes non. Tu ne m'emmènes pas avec toi pour cette razzia ?

— A quoi bon, on ne se bat pas. Quelques coups de pistolet peut-être, voilà tout. Retourne à tes amours, Ali, et que le Prophète les protège!

— Même sort pour toi. — Et, tout heureux d'avoir sa liberté pour cette nuit, Ali partit au galop en se disant :

— Elaï-Lascri est encore plus amoureux de sa maîtresse que moi de Mériem.

Et il souriait à cette pensée.

Le Roi des Chemins pensait de son côté :

— J'ai bien fait de le renvoyer ; il m'aurait gêné dans mes projets d'extermination. Allons, encore ce combat, et puis je tâcherai de vivre tranquille. — Il se mit à la tête des siens et leur cria : — En avant ! nous massacrons ce soir le douar de Sidi-Embareck ; il y aura de l'or à écraser vos coursiers.

Un murmure joyeux répondit à cet ordre, et les bandits piquèrent leurs coursiers, qui disparurent du côté de la mer. Tandis qu'Ali, forcé de mettre sa jument au pas pour gravir la montagne, jetait à la brise le doux nom de Mériem, le Roi des Chemins répétait tout bas celui de Fatma.

De ces deux femmes si passionnément aimées l'une était menacée d'un chaouch, l'autre venait d'arriver au douar de son ravisseur.

Nédromah est séparée du ravin au bord duquel les Angades étaient campés par une de ces plaines incultes dont nous avons déjà fait la description.

Ce vaste terrain désolé et stérile ne produit que de rares palmiers nains et quelques touffes d'alfa, dont la désespérante uniformité rend plus monotone encore l'aspect de ce site. Pendant le jour, la chaleur y est si intense qu'un silence de mort y jette l'âme du voyageur dans une profonde mélancolie. La vie y semble suspendue, et il paraît impossible qu'aucun être vivant puisse respirer dans cette fournaise.

Les mornes solitudes des tropiques sont aussi attristantes que les déserts glacés de la Sibérie ; le soleil puissant de l'équateur dessèche la sève vitale, comme le froid la condense sous le pôle.

Mais quand la nuit, secouant son voile au-dessus de l'Algérie, en laisse échapper des souffles de brise, le désert s'anime de voix effrayantes et se peuple de fantômes étranges.

De chaque touffe d'alfa, du sein des palmiers, de dessous les pierres, de trous creusés dans le sable, sort tout un monde d'insectes, de reptiles, de petits quadrupèdes.

Les vipères noires au venin mortel, les lézards d'une longueur démesurée, les scorpions et les mille-pattes gigantesques aussi grands que les serpents, les araignées velues, les crapauds informes et hideux, les belettes, les fouines et les rats, toute une population innombrable enfin, se réveille, s'agite, grouille, siffle, combat, fuit et poursuit, emplissant l'air de bruissements mystérieux et indéfinissables.

Les bêtes fauves, quittant leurs retraites, vont aussi errant à travers les ténèbres qu'elles illuminent de leurs yeux phosphorescents et qu'elles font résonner de leurs hurlements féroces.

Au-dessus de cette scène planent les chauves-souris et les hiboux, qui sillonnent l'air de leur vol lourd et sinistre, en poussant des houhoulements lamentables. Puis, comme un trait de feu qui passe, on entrevoit les ailes diaprées d'un scarabée qui dessine dans l'obscurité des dessins bizarres, comme les signes cabalistiques d'une conjuration.

L'ensemble de tous les sons menaçants ou plaintifs que l'on entend forme une harmonie puissante et sauvage, que certains poètes ont osé appeler l'hymne de la nature, la louange de Dieu, et qui serait bien plutôt le discordant concert dont les monstres affamés de la création en révolte feraient vibrer les échos de l'enfer pour réjouir les oreilles du démon.

Ce soir-là, un lion en quête d'une proie rugissait par intervalles, et sa voix vibrait, retentissante comme l'éclat du tonnerre, profonde comme le roulement lointain d'une cataracte, impétueuse et rauque comme le sifflement de la tempête.

Quand ce cri royal passait sur la plaine, tous les autres cessaient, et tout ce qui avait vie tremblait d'effroi.

Seuls, Elaï-Lascri et les siens continuaient leur route emportés par leurs coursiers avec la rapidité d'une fantastique apparition ; sous les sabots de leurs chevaux le sol résonnait lugubrement, et il en jaillissait des milliers d'étincelles qui éclairaient leur course de fantômes.

Au loin apparaissaient les feux mourants du douar des Angades, dont les tentes se détachaient en noir sur l'horizon.

C'est là que le *brouillard sanglant* allait porter la mort...

Elaï arrêta ses compagnons à quelque distance du douar.

D'après le plan de vengeance expliqué à Ali par le Roi des Chemins, le cheik angade devait être réduit à la plus profonde misère et survivre seul à sa famille, à sa tribu, à ses richesses.

Le terrible nègre avait combiné le massacre de façon à ce qu'il fût complet ; il s'était juré que pas une tête d'homme, d'enfant ou de bétail n'échapperait... Il tenait ses promesses... Aujourd'hui encore, après vingt années, parmi les tribus, d'un homme qui accomplit ses menaces, on dit : « Fidèle à sa vengeance comme Elaï-Lascri. »

Cependant pour anéantir le troupeau il y avait à vaincre une grande difficulté.

Au premier coup de feu, les animaux épouvantés pouvaient prendre la fuite ; il s'agissait de les en empêcher.

Un seul homme était capable d'accomplir cette mission ; c'était le frêle personnage qui devait servir de guide à Fatma le lendemain ; il se nommait El-Chadi.

C'était un être chétif, quoique très-grand, parce que son buste était tout à fait disproportionné avec ses jambes, maigres et longues comme les échasses d'un pasteur basque. Son corps avait peine à porter ses bras immenses, décharnés et terminés par des mains sèches, osseuses et velues. La figure qui surmontait son torse difforme s'harmoniait avec lui, le nez s'y confondait avec la lèvre supérieure pour former un museau de ouistiti grimaçant. En outre, son œil gris avait toute la malice des quadrumanes dont sont remplies les gorges de la Chiffa. C'est à cette ressemblance qu'il devait son nom d'El-Chadi (le singe).

Ne pouvant, comme ses camarades, briller par la force du corps et le courage bouillant des batailles, il avait réussi à se faire néanmoins parmi eux une grande réputation. Il servait de *chouaf* (1) au *brouillard sanglant*.

Dans la mêlée, il se tenait à l'écart, sa main ne savait pas manier un yatagan ; mais s'il évitait les coups, auxquels il aurait mal répondu, il n'en bravait pas moins audacieusement le péril en rôdant sans cesse dans les marchés et dans les tribus.

Ce n'était pas tout. A lui seul il commettait des vols qui rapportaient plus que les coups de main exécutés par la bande entière.

Marchant toujours nu-pieds, il savait user avec une habileté merveilleuse des doigts de ses extrémités inférieures pour dévaliser les marchands.

Voyait-il étaler dans un bazar quelques parures de prix, il les marchandait avec l'assurance d'un homme qui a de l'or dans sa bourse, et, pendant que l'honnête trafiquant surveillait les mains de son client, celui-ci, manœuvrant ses pieds avec dextérité, passait à un affidé les plus beaux bijoux.

Le compère filait bien vite ; El-Chadi concluait un marché insignifiant, puis il faisait mine de partir.

Le vendeur découvrait le vol, l'accusait, le faisait fouiller par les chaouchs du cadi, et, comme on ne trouvait rien, il fallait bien le relâcher, après lui avoir fait des excuses.

Tel était l'homme qui a laissé la réputation du plus habile filou de l'Algérie.

Elaï-Lascri appela.

— Me voici,—répondit celui-ci.

Le Roi des Chemins se retourna ; El-Chadi se tenait en croupe derrière lui, et telle était la légèreté de ce singe humain que le cavalier ne s'était aperçu de rien...

— Sais-tu, Roi des Chemins,—dit El-Chadi,— que tout redoutable que tu sois, il vaut mieux que tu m'aies pour ami que pour ennemi ! Depuis une heure je te tiens compagnie et ton dos est à la portée de mon pistolet ; c'est une leçon pour toi, qui railles parfois ma faiblesse.

Elaï-Lascri savait que le chaouch lui était dévoué ; mais son orgueil humilié se révolta de l'observation d'El-Chadi.

— Misérable avorton !—s'écria-t-il,— si ma main pesait sur toi, elle t'écraserait...

Et il chercha à saisir le chaouch. Mais d'un bond celui-ci s'esquiva en riant.

— Certainement,—dit-il en riant une fois à terre,— le lion est plus fort que la mouche, et de sa griffe le tuerait... s'il l'attrapait. Mais le moucheron ne se laisse pas prendre.

— Silence, méchant singe, et écoute.

— J'écoute, mais ne rugis pas comme un tigre en fureur, j'entendrai mieux.

Le Roi des Chemins comprit la justesse de cette observation, il baissa le ton.

— Il faudrait, — dit-il, — que tu puisses t'assurer qu'aucun des animaux qui font la richesse des Angades, dont nous allons brûler le douar, ne s'échappera. Tout

(1) Le sens textuel du mot chouaf est *voyant;* il correspond à celui d'espion, avec cette différence que les Arabes, au lieu d'y attacher une idée de mépris, le regardent comme une épithète flatteuse.

Le rôle du chouaf consiste à éclairer la marche d'une troupe en poussant des reconnaissances en avant, et à se procurer, sous des déguisements, tous les renseignements possibles sur les forces de l'ennemi. A ce métier on risque souvent sa tête ; aussi El-Chadi était-il en grande estime près des siens.

De tous les chouafs renommés, El-Chadi est celui dont on parle le plus dans la province d'Oran. Il vit encore aujourd'hui à Ousda (ville de Maroc). Il a sauvé dernièrement un zouave fait prisonnier dans l'expédition de 1859 et emmené dans cette ville.

doit périr, bœufs, moutons et poules. Peux-tu me promettre que tu réussiras ?

— Pour les moutons et les bœufs, c'est facile, pour les poules, c'est inutile.

— Pourquoi cela ?

— Les chacals et les renards les mangeront, quand les Angades seront morts.

— C'est vrai ; mais comment vas-tu t'y prendre afin que le troupeau ne se disperse pas au bruit de l'attaque ? Une fois prises de peur, toutes les bêtes se sauveraient, et tu ne parviendrais plus à les rattraper.

— J'entrerai dans le douar avant que le feu commence, et je cernerai les bestiaux ; tu me donneras dix hommes pour cette opération.

— C'est bien, prends-les ! Mais, quand saurais-je que le moment d'attaquer est arrivé ?

— Je te détacherai un de mes compagnons.

— Allons, va ! Qu'Allah te protège !— El-Chadi regarda le Roi des Chemins en riant.—Que signifie ce rire ?—demanda ce dernier.

— Il signifie que, pour un homme intelligent, tu viens de dire une grande bêtise. Un chef de bande comme toi ne doit croire qu'à un dieu, son yatagan...

Le chaouch, on le voit, était très-philosophe. Sur cette réflexion, il se mit à prendre ses mesures pour pénétrer dans le village angade.

Au premier abord, il semblait impossible qu'il pût y parvenir.

Chaque village arabe est entouré par une ceinture d'épines entassées à profusion ; ce mur hérissé de dards envenimés est autrement redoutable qu'un rempart de pierre. On peut escalader celui-ci, on ne peut pas franchir celui-là. Quelques brèches, il est vrai, sont pratiquées dans cette fortification peu coûteuse, et cependant inabordable ; mais une meute innombrable de chiens féroces veille toute la nuit sur les points accessibles, et, sentinelles vigilantes, ils ne cessent pas d'aboyer avec fureur ; quand une hyène ou un maraudeur vient à passer à portée de leur flair, ils redoublent de rage pour prouver à cet ennemi, qu'ils ont éventé sa présence.

Quand aux habitants, ils dorment, le fusil couché en travers sous leur tête, et il semble qu'on ne peut arriver jusqu'à eux sans être dévoré par les chiens, déchiré par les épines, ou tué à coups de sabre.

Et pourtant des assassinats se commettent presque chaque nuit, en plein douar, sans que les auteurs de ces crimes payent leur audace de leur tête.

C'est que de toute la terre les Arabes sont les voleurs plus adroits, les filous les plus rusés, sans en excepter les célèbres peaux rouges dont Cooper a raconté les exploits.

El-Chadi avait promis de pénétrer dans le douar des Angades, et, comme on l'a vu, ce n'était pas chose facile. Mais El-Chadi était un roué matois. Il fit mettre pied à terre à huit ou dix de ses compagnons, qui confièrent leurs chevaux à d'autres bandits ; puis il leur ordonna de se déshabiller complètement.

Les vêtements roulés en paquets furent placés sur les selles de coursiers qu'ils abandonnaient, et ils suivirent leur chef.

Celui-ci les conduisit vers un petit ravin, où il se mit à couper des branches dont il forma des buissons artificiels très-légers. Il va sans dire que les brigands avaient conservé leurs armes ; à chacun d'eux, El-Chadi confia un des buissons factices.

Alors il leur expliqua son plan.

Deux hommes devaient aborder le douar au-dessus du vent ; pour reconnaître la direction de la brise, il mouilla son doigt qu'il tenait en l'air. Au bout de quelques secondes, il trouva par ce moyen le chemin que les deux brigands devaient prendre.

— Vous allez,— leur dit-il,— avancer lentement vers la tribu, en poussant devant vous vos branches d'arbres. A trois cents pas des tentes, vous vous arrêterez. Les chiens, sentant les émanations de vos corps, s'assembleront tous du côté où vous serez. Pour les y maintenir il suffit de remuer de temps en temps une pierre ou de casser quelque paille sèche. Pendant ce temps, nous pourrons hardiment nous glisser dans le village, par le côté opposé au vôtre, parce qu'aucun chien ne sera plus en cet endroit.

L'idée d'El-Chadi était trop belle pour ne pas recevoir une approbation unanime.

Les bandits se mirent en devoir de l'exécuter.

Vingt minutes s'étaient à peine écoulées que la meute, grimpée sur la tente d'El-Kouffi, hurlait contre les deux hommes qui détournaient leur attention.

Quant à El-Chadi, il rampait vers la tribu avec ses compagnons, qui poussaient avec circonspection leurs broussailles protectrices. Un Angade se fût éveillé en ce moment qu'il n'aurait pas pris garde à la fureur des chiens. Il eût pensé que l'hyène rôdait dans le voisinage, voilà tout.

Mais quand même, poussé par la défiance, il se serait mis à inspecter les environs de la tribu, son œil aurait vu quelques branches parmi d'autres, et il n'aurait pas soupçonné la vérité.

Avant la conquête de la France, chaque nuit présentait quelque scène aussi émouvante que celle dont nous traçons le tableau, et cependant la situation était terrible pour la plupart des acteurs de ce drame:

Mériem était aux mains de Ben-Embareck ; Fatma se trouvait au pouvoir de Ben-Addou, le chaouch ; le douar des Angades dormait sous l'œil d'Elaï-Lascri, comme une gazelle peut dormir sous le regard d'un tigre ; El-Chadi bravait les plus grands dangers, et les Kabyles d'Aïn-Kébira s'armaient à la voix d'Ali pour venger Mériem !

Et pour rendre à jamais impossible le retour de ces nuits sanglantes, il a suffi... qu'un tricorne de gendarme apparût à l'horizon.

Ceci n'est ni un paradoxe, ni une plaisanterie ; le gendarme est l'emblème de la civilisation, et quoi qu'on en dise, c'est une grande et noble figure.

Celui de nos vaudevillistes qui a le plus ridiculisé ce respectable militaire le trouverait tout à coup sublime, menacé du poignard d'un brigand, il le voyait soudain paraître.

Bien certainement, le gendarme en ce moment lui semblerait aussi beau que l'archange qui terrasse Satan à la fontaine Saint-Michel, et cela malgré... les bottes et le chapeau.

L'Algérie n'aurait-elle reçu de nous que le *gendarme*, notre conquête se trouverait amplement justifiée.

IX

OU LA PEUR GROSSIT LES OBJETS.

Pendant qu'un danger de mort menaçait les Angades, ils dormaient d'un sommeil profond malgré le vacarme causé par l'aboiement des chiens.

De même que les meuniers s'habituent au tic-tac du moulin, les Arabes s'accoutument aux hurlements de leurs féroces sentinelles. Déjà les soulouglis (lévriers), qui ne daignent aboyer que quand l'hyène s'approche trop près du douar, avaient fait entendre leurs voix furieuses sans qu'aucun symptôme d'inquiétude se manifestât dans le douar.

Une seule lumière brillait sous une tente, attestant que, soit l'amour, soit la souffrance, tenait quelque famille ou quelque couple éveillé.

Cette tente était celle d'El-Kouffi.

Le ravisseur de Mériem venait d'arriver, et il se tenait à genoux auprès de la jeune femme, qui, toujours évanouie, reposait sur une natte.

Meçaoud, debout, regardait d'un œil à la fois narquois et ému le groupe qu'il voyait devant lui : pour El-Kouffi, il éprouvait le mépris le plus profond ; pour Mériem, pâle et belle victime, il ressentait une vive pitié.

De la pitié au remords il n'y a qu'un pas ; cependant Meçaoud ne se repentit point d'avoir jeté aux mains d'un lâche la Rose des Traras.

La joie de posséder la jument promise étouffait ses regrets.

Désormais plus de sourires moqueurs à essuyer dans les fêtes, plus de remarques proférées à demi-voix, plus de souffrances d'amour-propre !

Il allait briller à son tour : il possédait un coursier, il n'était plus pauvre.

Pour un Arabe, un cheval c'est la fortune, et pour un noble ruiné comme Meçaoud c'était la réhabilitation.

Cependant si Mériem eût été en état de le supplier, peut-être se serait-il attendri ; mais elle était sans connaissance.

— Cousin, — dit Meçaoud, — tu as la femme ; quand me donneras-tu la jument ?

— Tu es bien pressé ! — répondit El-Kouffi en relevant la tête.

— Sans doute, — fit Meçaoud avec une certaine aigreur ; —donnant, donnant, ce sont les termes du marché.

— Prends la clef du cadenas (1), cousin ; elle est sous le coffre que tu vois à droite. Mais, en vérité, je perds au change ; tu m'as livré une morte, et je te donne une bête pleine de vigueur.

— Par Allah ! — s'écria Meçaoud, — si tu parles sérieusement, cousin, il est encore temps de rompre le marché. Je vais reporter cette belle évanouie à son père, et le vieux Ben-Achmet saura me récompenser sans lésinerie.

— Allons, je plaisante, tu le vois bien. Prends la clef et laisse-moi avec ma colombe.

Meçaoud ne se fit pas répéter cette invitation ; il souleva le coffre, trouva la clef qu'il cherchait et partit en souhaitant à El-Kouffi un bonsoir ironique.

Il se dirigea donc vers le troupeau, distingua l'endroit où se trouvait la jument de son cousin, désormais la sienne, et avec une joie d'enfant, il se mit à la caresser, à la flatter ; puis enfin il s'en alla plus heureux qu'un sultan qui ne connaît pas encore les ennuis du trône, plus fier qu'un général qui a remporté sa première victoire.

Seulement, en passant devant la tente du cheik Embareck, il lui vint une idée bizarre.

Il tenait à troubler la première nuit d'amour de son cousin ; c'était une petite vengeance de certaines tracasseries dont il avait eu à se plaindre.

En conséquence, il s'amusa à décharger un pistolet en l'air, ce qui mit le douar en rumeur.

Embareck s'élança hors de sa tente, et demanda à Meçaoud ce qui se passait ; d'autres têtes ne tardèrent pas à se montrer en dehors des tentes.

Meçaoud jurait comme un possédé sans répondre. Embareck le saisit par le bras et lui dit avec impatience :

— M'expliqueras-tu enfin pourquoi tu as tiré ce coup de feu ?

— Parce que, depuis mon retour ici, une chauve-souris s'obstine à voltiger autour de ma tête, et, comme c'est un très-mauvais signe, j'ai brûlé de la poudre pour l'éloigner.

(1) En Algérie, les chevaux couchent en plein air, entravés et attachés à des piquets ; seulement les coursiers de prix sont solidement maintenus par des chaînettes d'acier munies de cadenas.

Cette excuse n'admettait pas de réplique ; il n'existe point au monde un peuple plus superstitieux que les Arabes.

Chacun comprit la gravité du motif qu'exposait Meçaoud ; les têtes des curieux disparurent, mais le cheik continua d'interroger le jeune homme :

— Tu parles de retour, — dit-il, — tu es donc parti ?

— Sans doute ; nous venons d'expédition.

— Vous ? combien étiez-vous donc ?

— Deux, pas davantage.

— Et qui était avec toi ?

— El-Kouffi.

— Ah ! — Sur cette exclamation du cheik, Meçaoud fit mine de se retirer. — Un instant, — dit Embareck, — tu sembles peu disposé à me faire connaître le but de votre expédition.

— Ce n'est pas à moi à te raconter notre exploit.

— Il y a eu un exploit ?

— Certainement ; une femme enlevée.

— Par le Prophète ! je veux avoir une explication avec Kouffi, et je vais la lui demander de ce pas. Ah ! il amène une épouse sous sa tente sans me consulter ! Je ne suis donc plus rien ici ; depuis quand se marie-t-on sans le consentement de son oncle, lorsqu'on est orphelin ?

— Rassure-toi, personne ne réclamera la dot de cette jeune fille ; du moins, si les parents en exigeaient une, nous leur compterons la monnaie avec du plomb. C'est la fille de Ben-Achmet que ton neveu a ravie. Les Kabyles sont nos ennemis, et avec les ennemis, on règle les comptes à coups de fusil.

Cette déclaration adoucit le vieil avare.

Mais, comme l'espérait Meçaoud, il résolut de voir son neveu, afin de s'assurer par lui-même des faits qu'il apprenait.

Il alla immédiatement trouver El-Kouffi ; celui-ci était parvenu à ranimer Mériem. La jeune femme éperdue repoussait ses caresses et répondait par des sanglots à ses paroles d'amour.

Quand elle vit le cheik pénétrer dans la tente, elle crut trouver en lui un protecteur. Elle vint se jeter à ses pieds.

La pauvre enfant pensait que la conduite du vieillard ne démentirait pas l'aspect vénérable que sa barbe blanche lui donnait.

— Mon père, — lui dit-elle en tendant ses mains vers lui, — je t'en conjure, sauve-moi ! Je suis la fille du marabout Ben-Achmet, dont le nom est béni dans toute la contrée, cet homme m'a volée à la tendresse de mon père, il veut faire de moi sa femme, et j'ai un époux que j'aime. Je t'en supplie, ordonne-lui de me respecter, et fais-moi reconduire à mon douar. Dieu te récompensera.

Les pleurs inondaient la figure d'ange de Mériem ; les sanglots du désespoir entrecoupaient sa voix, et son œil dardé sur le vieillard comme l'œil du naufragé vers le rocher qu'il entrevoit au milieu des vagues, son œil noir où brillait à travers les larmes une lueur d'espérance, sollicitait une protection qu'un lâche, un amoureux en délire ou un avare pouvait seul refuser.

Le vieux cheik repoussa donc durement Mériem, si durement, que la pauvre petite alla tomber à la renverse à quelques pas de là.

Embareck était fort jaloux de son autorité, qu'il faisait respecter avec une énergie sauvage ; certes, il eût rudement châtié la désobéissance de son neveu si celui-ci eût voulu acheter une épouse contre son gré. Mais du moment où il en enlevait une sans autres frais qu'une dépense de poudre éventuelle, il se sentait disposé non-seulement à pardonner ce qu'il considérait comme une action d'éclat, mais à donner des louanges à l'auteur de ce rapt audacieux.

El-Kouffi se sentait pris d'une violente colère contre son oncle ; mais, poltron devant lui, comme une hyène devant un lion, il n'osa même pas relever Mériem.

Il pensait que le cheik allait lui reprocher d'avoir agi sans le prévenir, et déjà il courbait lâchement la tête sous l'orage.

Si Meçaoud avait assisté à cette scène, il aurait été indigné, et peut-être aurait-il sauvé Mériem. Malheureusement celle-ci, toujours évanouie, n'avait pas proféré une seule plainte devant le seul homme capable de s'attendrir et de la défendre.

Embareck, après avoir agi d'une façon aussi brutale, dit à son neveu :

— El-Kouffi, je suis venu pour te féliciter de ton action. Que cette folle sache qu'au lieu de blâmer son nouveau mari, mon devoir est de le complimenter. Un jeune homme qui va chercher une compagne le glaive à la main, parmi les ennemis de sa tribu, mérite les éloges. Tu as vaillamment agi, El-Kouffi ; seulement tu aurais dû me prévenir. Quant à toi, jeune femme, sache que la tente d'un Angade vaut bien le toit de chaume d'un Kabyle. Tu dois l'estimer heureuse du choix de mon neveu, qui est un homme de grande tente. Si tes parents ne sont pas satisfaits et exigent de nous des douros, ils trouveront trois cents cavaliers prêts à vider la querelle par la voie des armes. Tu seras de la bataille, n'est-ce pas, El-Kouffi ?

— Certes ! — répondit le jeune homme.

— C'est bien ; à demain, mon neveu. Et toi, sois sage, soumise et douce comme le sont nos femmes, — ajouta-t-il en parlant à Mériem ; — c'est le seul moyen de nous faire oublier que tu es née dans les montagnes des Traras.

Certain que pas un mouton d'El-Kouffi, pas un de ses douros, pas une de ses génisses, n'irait grossir le troupeau ou la bourse d'un étranger, le vieux cheik s'en alla se recoucher en se frottant les mains avec joie.

Sa cupidité était satisfaite, peu lui importait le reste ! Il laissait cependant Mériem en proie au plus affreux désespoir, et El-Kouffi assez embarrassé de l'état où se trouvait sa victime.

La jeune femme semblait folle de douleur ; ses yeux hagards, son visage décomposé, ses gestes égarés effrayaient son ravisseur.

Il essaya de se rapprocher d'elle, en lui bégayant quelques banales consolations que l'air étrange de Mériem arrêtait sur ses lèvres.

Quand elle sentit la main d'El-Kouffi saisir la sienne, la jeune femme poussa un cri terrible et se débattit avec une énergie telle qu'El-Kouffi prit un moyen extrême pour vaincre cette résistance obstinée.

Il se débarrassa de son burnous, et sous les plis de ce vêtement épais il enveloppa la jeune femme.

Toute lutte devenait impossible. C'en était fait du bonheur d'Ali et de l'honneur de Mériem, quand tout à coup le sommet de la tente céda sous un poids énorme, et laissa tomber sur le sol une lourde masse.

La lumière s'éteignit, des cris terribles se firent entendre, et El-Kouffi troublé sentit sous sa main le poil fauve d'un animal qui venait de faire irruption dans son domicile.

Il arrive souvent que le lion envahit la nuit les douars ; aussi, redoutant la griffe et la dent du roi des animaux, le ravisseur de Mériem se mit-il à fuir avec la prestesse d'un lièvre qui a un chien courant à ses trousses.

Quand il fut hors de la tente, il répéta du ton de l'effroi le plus vif :

— Sbah ! sbah ! (le lion ! le lion !)

El-Kouffi venait de pousser un cri qui produit sur les Arabes un effet terrible. Sbah est le nom qu'ils craignent le plus.

Presque tous pourtant se soucient assez peu d'une balle et d'un coup de sabre ; ils aiment même la guerre avec passion. Mais le roi des animaux exerce une fascination étrange sur leurs imaginations ardentes ; il a tout le prestige que certains monstres ont possédé jadis dans nos campagnes.

Nous citerons par exemple la bête du Gévaudan, qui fait trembler encore le plus hardi paysan du Morvan.

Reculer devant le lion n'est pas plus honteux pour un Algérien que pâlir quand il se croit menacé par un esprit. C'est chez lui une crainte superstitieuse ; cela touche aux choses surnaturelles.

De plus (et ceci s'adresse aux Européens, gens qui peuvent calculer mathématiquement la force du lion, et par conséquent ne pas se laisser aller aux exagérations du merveilleux), de plus, disons-nous, en dehors de griffes et de dents très-respectables, le lion a un regard terrifiant, magnétique, qui fait passer un frisson involontaire dans la moelle des os. C'est là son signe le plus certain de royauté.

Et celui qui a senti pénétrer dans sa chair comme des aiguillons les rayons électriques de cette fauve et royale prunelle, celui-là avouera que l'homme est bien petit devant le lion.

L'homme a pourtant l'audace de s'intituler avec pompe le roi de la création !

Après tout, il est seul à le dire, et n'a jamais demandé aux autres animaux ce qu'ils en pensaient.

A l'appel du jeune homme, toute la tribu fut sur pied ; on l'entoura, on le pressa de questions inquiètes, proférées d'une voix tremblante ; on regardait avec anxiété où se trouvait le farouche animal.

Embareck, qui venait de laisser son neveu en tête-à-tête avec une jolie fille, accourut aussi et le retrouva à une distance très-respectueuse de sa tente.

— Il est là, — disait El-Kouffi, — je l'ai vu, je l'ai senti.

Et il désigna sa demeure.

A cette nouvelle, un sentiment d'effroi s'empara de la tribu, un désordre inexprimable se mit parmi les Angades. Pour augmenter le trouble, les femmes, moins promptes que les maris à réparer le désordre nocturne des vêtements, sortirent à leur tour en grand émoi, et au seul mot de sbah se mirent à pousser des cris perçants.

D'abord, on supposait le lion dans le voisinage et rôdant autour du douar ; mais El-Kouffi venait d'annoncer qu'il était au cœur même de la place ; cela suffisait pour troubler les têtes les plus solides. Mais si El-Kouffi ne brillait pas par le courage, son oncle, en revanche, était un rude et farouche soldat ; sur un geste du vieux cheik, la tribu tremblait.

Sa voix mâle domina bientôt le tumulte, et aussitôt le silence se rétablit.

— Taisez-vous donc, corneilles insupportables ! — avait-il grondé d'abord en s'adressant aux femmes. Et son bâton, retombant lourdement sur les épaules des plus bavardes, dispersa les groupes féminins. — Eh bien ! et vous autres, — dit-il ensuite, — que faites-vous ? Par Allah ! les Angades auraient-ils peur ? Allons, suivez-moi, — le gros voleur — les Arabes appellent souvent le lion ainsi — est là ; tant mieux, nous le tuerons et nous en ferons manger le cœur à nos enfants.

Les Angades se remirent de leur trouble, et suivirent leur vieux cheik.

Celui-ci, à vingt pas de la tente d'El-Kouffi, les plaça sur une ligne ; puis il leur ordonna de tirer tous quand ils verraient l'étoffe de la tente se soulever pour livrer passage au lion.

Alors le vieillard s'avança hardiment de cinq pas, et, selon l'usage indigène, prodigua au lion les plus insultantes épithètes afin de l'attirer hors de son abri.

Le lion ne sortait pas. On entendait bien un bruit sourd, qui attestait la présence de l'ennemi, mais on ne pouvait préciser sa position.

— Il dévore Mériem, — pensait El-Kouffi ; — hélas ! j'ai donné une jument pour ne pas la posséder...

Et il poussait des soupirs profonds ; il va sans dire que grâce à la nuit il se tenait à l'extrémité de la ligne de bataille, en vrai poltron.

Embareck, cependant, ayant épuisé sans succès le riche vocabulaire des injures appropriées à la circonstance, résolut d'avoir recours au grand moyen, qui en pareil cas a réussi toujours.

— Ah ! gros voleur, — dit-il, — tu vas nous montrer ton ignoble museau ; attention, vous autres ! — Les Angades se tinrent prêts, le cheik ramassa une pierre. — Tiens, misérable coquin ! — fit-il en la lançant au lion par-dessus la tente effondrée.

Un hurlement de douleur retentit ; l'étoffe ondula sous la pression d'un corps pesant, et deux cents balles convergeant vers le même point trouèrent la tente au même endroit.

Un instant agitée, celle-ci ne remua plus : on crut le lion abattu, et les femmes manifestèrent une joie immodérée, tandis que les hommes se félicitaient tout bas d'en être quittes à si bon marché avec un ennemi aussi redoutable.

Tous cependant restaient en place ; car il n'était pas parfaitement démontré que le lion n'avait plus souffle de vie. Par expérience, les Arabes savent combien la vie est tenace chez cet animal, que trente blessures ne réussissent pas toujours à abattre.

Les anciens de douars racontent qu'ils ont vu des lions bondir encore avec la poitrine déchirée par trois décharges de mousqueterie, l'épaule brisée par les projectiles et les flancs labourés de coups de poignard. Et l'on sait que ceux qui racontent cela ne mentent pas.

C'était chose si merveilleuse qu'un lion fût mort sans avoir éventré quelqu'un, qu'on doutait de son trépas.

Meçaoud, en vaillant djouad, se tenait au premier rang ; et, au contraire d'El-Kouffi, qui ne songeait qu'à un plaisir perdu, il éprouvait, lui, un remord sincère, maintenant qu'il songeait au sort funeste de Mériem.

— Pauvre petite femme, — se disait-il, — elle a été dévorée ! Je l'enlevais à un mari pour la donner à un autre, le mal n'était pas grand. Les maris... qu'importe ! Mais voilà que, au lieu des caresses d'un époux, elle sent la griffe d'une bête fauve, je ne me pardonnerai jamais cela.

Et, tout en faisant ces réflexions, le jeune homme regarda autour de lui.

Les Angades, toujours en ligne, ne bougeaient pas ; ce que voyant le cheik, il leur dit :

— Quoi ! vous n'osez pas vous livrer à la joie et venir avec moi dépecer le cadavre de notre ennemi ? Alors j'irai seul.

— Non pas, mon père, — répondit affectueusement Meçaoud, qui pardonnait bien des défauts à son parent à cause de sa bravoure, — non pas ; il ne convient point à un vieillard d'aller tirer au seigneur à la grosse tête un poil de sa moustache pour voir s'il est bien mort. C'est l'affaire d'un jeune homme alerte.

Et Meçaoud, se tournant vers ses compagnons, leur annonça qu'il voulait vérifier lui-même l'état du lion.

Cette déclaration soulagea le cœur des guerriers.

Ils pensèrent unanimement que la conduite de Meçaoud était sublime ; ce qu'en pensaient leurs femmes, c'est qu'un bien joli garçon allait peut-être mourir...

On suivit d'un œil ému les pas prudents du jeune homme, et, quand il souleva les bords de la tente, le cœur de plus d'une jolie musulmane battit d'une crainte que l'amour inspirait. C'est qu'il était ce qu'en France nous appelons un dandy.

Le beau djouad était adoré, envié, chéri de tous les plus jolis minois du douar. On, ou plutôt elles se le disputaient, le dévoraient des yeux dans les fêtes, le protégeaient contre les rancunes des envieux, et chaque femme, pour attirer un de ses compliments, mériter un de ses sourires, se sentait capable de braver ostensiblement la colère de son époux... Et il méritait bien tout cela.

N'en donnait-il pas la preuve en allant braver seul le lion que pas un n'osait affronter ?

Il avançait avec prudence, l'œil fixé sur la tente, le doigt sur la détente de son fusil, le corps penché en avant.

Toutes les poitrines étaient comprimées par l'émotion ; les regards de celles qu'il aimait se voilaient de larmes ; pauvre Meçaoud ! quelle explosion de sanglots s'il venait à succomber !

Il touche la tente, les craintes redoublent ; il y pénètre, l'anxiété devient poignante.

Au bout d'une minute longue comme une journée, on fut convaincu qu'il n'était pas dévoré ; on respirait enfin, quand soudain on l'entendit rire, mais rire d'une scandaleuse façon.

Que pouvait-il avoir trouvé ?

On se précipita en foule dans la demeure d'El-Kouffi, et l'on aperçut... deux chiens morts et toute la meute de la tribu blottie contre le sol !... Les malheureuses bêtes ne trouvaient pas de coins assez sombres pour se cacher, tant elles étaient effarées.

A ce spectacle, toute la tribu partagea l'hilarité de Meçaoud ; on comprit ce qui était arrivé, à savoir que la tente s'était effondrée sous le poids des chiens du douar.

En effet, ceux-ci, agacés par certaines manœuvres d'El-Chadi le saraq, manœuvres que nous avons racontées tout à l'heure, ceux-ci, disons-nous, avaient grimpé sur le sommet de la tente d'El-Kouffi, afin de voir de plus loin et de hurler de plus haut.

C'est une des habitudes des cerbères arabes ; elle n'est pas sans inconvénients pour les voyageurs européens qui reçoivent l'hospitalité dans un douar, mais les indigènes y sont accoutumés.

A force de monter, de descendre, de bondir et de rebondir, les chiens, enragés contre les bandits qu'ils sentaient, fatiguèrent l'étoffe, usée déjà par la pluie et le soleil.

Pour comble de malheur, un lévrier, appartenant à El-Kouffi, méchant comme son maître et arrogant comme lui, se prit de querelle avec un roquet de bas étage.

Aussitôt la meute se divisa en deux camps : les soulouglis prirent fait et cause pour leur noble camarade ; les *kelbs* ou roquets, opprimés depuis trop longtemps par la race aristocratique des soulouglis, se mirent en tête de secouer le joug.

Le vent était à la guerre ce soir-là...

Il en résulta une mêlée épouvantable sur le toit d'étoffe de la tente où El-Kouffi violentait Mériem sans s'inquiéter du sabbat infernal de la meute.

Des deux côtés on se battait avec un acharnement héroïque, quand une catastrophe inattendue abîma les combattants et les ensevelit tous à la fois sous les débris du champ de bataille, qui s'écroulait sous leur poids.

El-Kouffi eut à subir les reproches de son oncle, les lazzi des mauvais plaisants et les railleries de ses amis.

Mais ce qui lui alla surtout au cœur, ce fut le compliment de condoléance que lui adressa Meçaoud au sujet de Mériem.

Comme la Fleur des Taras avait disparu, le jeune homme lui dit :

— Cousin, tu as voulu cueillir une rose, tu t'es piqué aux épines de la tige pour l'arracher à son buisson, et, quand tu croyais en parer ta poitrine, les feuilles sont tombées éparses sur le sol. Cousin, je te plains !

Sur ce Meçaoud s'en alla, laissant crier les femmes, que l'on ne dérange jamais impunément dans leur sommeil.

Enfin les Angades rentrèrent sous leurs abris de toile, et ceux qui avaient commencé un rêve d'amour tâchèrent de le continuer ; tous ne réussirent pas.

Une demi-heure après, le silence n'était plus troublé que par les chiens, qui recommençaient de plus belle à hurler sans que les indigènes s'inquiétassent de leurs cris, qui sont les mêmes pour une mouche que pour un lion.

Pendant ce temps, Elaï-Lascri attendait le moment d'agir.

X

OU LE SANG COULE.

Quand El-Chadi et ses bandits entendirent toute la scène que nous venons de décrire, l'adroit filou se demanda pourquoi les Angades faisaient tant de bruit.

Le cri : Sbah ! sbah ! lui en apprit le motif.

Comme les Arabes du douar, il crut à une invasion du lion ; un des deux hommes chargés d'attirer les chiens sur la face opposée du village accourut le prévenir que ce n'était pas un lion, mais simplement les chiens qui avaient effondré la tente.

Les brigands s'amusaient beaucoup de l'erreur des Angades, lorsque soudain une forme blanche passa rapide à leur portée.

Les brigands superstitieux eurent peur ; ils pensèrent voir un fantôme ; mais El-Chadi, incrédule comme tous les philosophes, se mit à la poursuite du prétendu revenant, qui se trouva être une fort jolie femme.

C'était Mériem.

Elle aussi avait supposé que le lion était entré par le toit dans la tente d'El-Kouffi, et elle s'était enfuie.

El-Chadi la questionna, mais n'obtint que des réponses incohérentes ; il résolut de la conduire à Elaï-Lascri.

En conséquence, il laissa ses compagnons à l'embuscade, en leur recommandant de veiller avec soin sur le douar, puis il s'achemina vers le point où se trouvait le *brouillard sanglant*.

Mériem cependant se remettait peu à peu des émotions violentes qu'elle avait ressenties. Elle se rendit compte de ce qui lui était arrivé jusqu'au moment de sa fuite, mais elle se demandait avec inquiétude quel pouvait être l'homme étrange qui la conduisait.

El-Chadi, avec ses grandes jambes et son costume par trop primitif, lui semblait un être si mystérieux qu'elle n'osait lui parler.

Bientôt elle aperçut au fond d'un ravin une sombre masse de cavaliers dont l'aspect la fit frissonner.

Un homme se détacha de ce groupe et vint au galop au-devant d'elle et de son guide.

C'était le Roi des Chemins.

— Eh bien ! demanda-t-il avec colère, qu'est-il donc arrivé ? Pourquoi tous ces retards ?

— Voilà une jeune fille qui pourra te l'apprendre, maître, — répondit El-Chadi.

— Qui es-tu, femme ? d'où viens-tu ? — dit le nègre étonné. Mériem se souvint qu'elle avait en vain imploré la pitié du vieux cheik ; elle pensa que ses prières seraient repoussées par cet inconnu ; elle se mit à pleurer.

Contre son attente, le nègre sauta à terre, jeta la bride de son coursier à El-Chadi et prenant doucement une des mains de la jeune femme, lui dit : — Écoute, mon enfant, ma voix est rude, e le t'a effrayée ; mais rassure-toi, je ne veux te faire aucun mal. Tu portes le costume des femmes kabyles et tu es sans doute quelque raison de fuir ce douar maudit. Explique-moi donc pourquoi, toi fille des Traras, tu te trouves à cette heure dans la plaine ?

— Oh ! tu es bon, mon seigneur ! — s'écria Mériem avec effusion, — tu vas me rendre à mon mari, à mon père, n'est-ce pas ?

Et elle couvrit de baisers la main du Roi des Chemins.

— Tu as donc été enlevée ?

— Oui, mon seigneur.
— Quand cela ?
— Cette nuit même.
— Et comment as-tu pu te tirer des mains des ravisseurs ?
— Le lion a sauté dans la tente où je me trouvais.
— Je comprends tout, alors. Mais, dis-moi, ma fille : comment t'appelles-tu ?
— Mériem.
— Et ton mari ?
— Ali.
— Par Allah ! — s'écria le nègre, — le lion est venu à propos. Tu échappes à un grand danger, ma fille ; cette nuit.... — Le nègre allait en dire davantage, mais il se retint, quoiqu'il fût en proie à une agitation visible. Il envoya El-Chadi demander deux hommes, qui vinrent aussitôt. — Je vous confie cette jeune femme, — leur dit-il ; — sur votre tête vous en répondez. Traitez-la comme si c'était une sultane ; mieux, comme si c'était mon épouse. Vous la conduirez au village d'Aïn-Kébira, et vous la remettrez aux mains de son mari. Ce mari se nomme Ali. — Les bandits firent un geste de surprise. — Vous direz à cet homme, — continua Elaï-Lascri, — qu'il ne se dérange pas pour se venger, parce qu'à cette heure j'aurai moi-même châtié ceux dont il a à se plaindre. Allez ! sa femme lui racontera ce que vous ne pourrez lui dire.

Alors Elaï-Lascri fit avancer un cheval sur lequel il plaça Mériem, et il lui dit adieu.

La jeune femme baisait avec transport les mains de son sauveur.

Elaï-Lascri songeait à Fatma et se disait : « Je lui raconterai cela, et demain elle sera heureuse. »

Mériem voulait savoir le nom du nègre, mais il lui répondit qu'il fallait le demander à son mari.

Ils échangèrent un dernier adieu, puis Mériem et ses deux guides partirent au galop.

L'un des bandits la précédait de quatre ou cinq fois la longueur de son coursier ; l'autre, à quelque distance, se tenait prêt à rejoindre son compagnon, en cas d'alerte. Tous deux tenaient leur fusil en travers de leur selle ; leurs pistolets, dégagés des fontes, étaient passés tout armés dans leur ceinture, et leur yatagan pendait à leur poignet.

Mériem croyait rêver ; mais son rêve se dorait d'un espoir qui berçait aussi doucement son imagination que le mouvement régulier de son cheval berçait son corps.

Tout à coup, après avoir dépassé Nédromah, on aperçut le long des flancs de la montagne des lumières qui semblaient descendre vers la plaine.

La jeune femme poussa un cri de joie ; elle comprit qu'elle était sauvée.

En effet, Ali, que son chef avait renvoyé à Aïn-Kébira, n'avait pas trouvé Mériem dans sa petite chambre. Les barreaux de la fenêtre sciés presque au ras du mur, une corde qui se balançait dans le vide et le désordre des meubles, lui firent comprendre la vérité.

Il éveilla son beau-père, lui apprit avec des larmes de rage ce qui s'était passé, puis il courut au fond du précipice sur le bord duquel le village était bâti.

Les Kabyles d'Aïn-Kébira vinrent bientôt l'y rejoindre ; Achoud et Ben-Achmet marchaient en tête.

Sur tous les visages, éclairés par des torches, brillait un désir de vengeance ; une activité fiévreuse animait la foule des guerriers.

Ali avait déjà relevé les traces des fugitifs ; il indiqua la piste, que l'on suivit aussi vite que possible. Mériem était la bien-aimée de la tribu ; la rage grondait dans toutes les poitrines : des imprécations retentissaient à chaque pas.

Trois hommes seulement restaient silencieux, parce que tous trois ils éprouvaient la plus violente des émotions, celle d'un cœur aimant placé entre l'espérance de retrouver un grand bonheur sérieusement compromis et la crainte de perdre une personne passionnément adorée.

De ces trois hommes, l'un était le père de Mériem, qui chérissait son unique enfant avec cette tendresse si vive des vieillards dont la tombe est entr'ouverte et qu'un berceau seul retient à la vie ; l'autre était Ali ; follement épris de cette jolie fleur que l'amour avait fait éclore sur son chemin, il ressentait toutes les fureurs de la jalousie en délire. Le troisième enfin était Achoud, Achoud qui jamais n'avait osé s'avouer que de tout son sang il eût payé un baiser de la Rose des Traras, Achoud que pas un regard, pas un sourire n'avait récompensé d'une passion qu'il se cachait à lui-même, Achoud qui souffrait d'autant plus que son amour était profond comme celui d'un père, respectueux comme celui d'un frère, ardent comme celui d'un amant.

Au détour d'un sentier, ils aperçurent ensemble la robe de Mériem, et le même cri s'échappa de leurs poitrines.

Seulement, tandis que Ben-Achmet et son gendre s'élançaient avec joie vers la jeune femme, Achoud, vaincu par l'émotion, tombait sur la poussière du chemin.

Les Kabyles saluèrent le retour de Mériem par une décharge de leurs fusils qui fit vibrer les échos de l'Atlas, et ils s'empressèrent autour d'elle pour connaître le nom du ravisseur.

Alors parurent deux cavaliers vêtus d'un burnous noir ; l'un deux étendit son bras dans la direction du douar des Angades : un incendie immense illuminait l'horizon.

— Hommes des montagnes, — dit-il, — retournez à vos demeures, les vautours qui ont ravi la colombe n'ont pas d'ailes assez puissantes pour échapper au feu dont leur aire est embrasée !...

Puis tous deux s'éloignèrent à toute bride.

Les Kabyles stupéfaits ne savaient que penser des paroles étranges qu'ils venaient d'entendre.

Mériem raconta en quelques mots ce qui s'était passé ; Ali comprit alors qu'elle s'était trouvée en présence du Roi des Chemins.

— Frères, — dit-il en s'adressant aux Traras, — n'allons pas plus loin. La justice d'Allah s'est appesantie sur le douar des Angades, nul d'entre ces chiens ne pourra se soustraire à la main qui les frappe.

— Mais enfin, — demanda Ben-Achmet, — qui donc a allumé cet incendie ?

— Père, — répondit le jeune homme, — cette nuit, en passant dans la plaine, le hasard m'a fait rencontrer un homme suivi de cent autres. Je me suis caché dans une broussaille, et j'ai entendu une voix qui disait : « Compagnons, j'ai juré qu'avant l'aurore la tribu des Angades serait anéantie. » Et cent voix lui répondirent : « — Maître, ta volonté sera faite. » L'homme était Elaï-Lascri, et les cent autres étaient le *brouillard sanglant*.

— Pourquoi le Roi des Chemins a-t-il protégé Mériem ? — fit Ben-Achmet, étonné de la générosité du bandit.

— Parce que, sans le connaître, je lui ai sauvé la vie, un jour que son cheval effrayé l'emportait vers un précipice. D'une balle j'ai tué le coursier et arraché le cavalier à une mort certaine.

— Vous êtes quittes maintenant, — dit Ben-Achmet. — Il nous faut regagner nos maisons, car le nègre ne fait rien à demi. Allons ! en route, mes enfants, — ajouta le vieillard.

Dans son égoïsme paternel, le marabout prit sa fille dans ses bras, et, la posant devant lui sur sa selle, il savoura le bonheur des pères en déposant sur le front pâle de la jeune femme ses plus doux baisers.

Ali souriait, se promettant de savourer un peu plus tard le bonheur des amants.

Le lendemain, quand l'aurore dora le sommet de l'Atlas, Ali quitta Aïn-Kébira ; son visage rayonnait de bonheur, et, quand il repassa à l'endroit où il avait retrouvé sa femme, il aperçut Achoud, qui, accroupi sur la terre, les coudes sur les genoux, la tête dans les mains, avait passé la nuit, immobile, sans dormir, sans songer, sans penser, sans pleurer.

Le pauvre chasseur était dans l'état étrange d'un homme qui aime sans espoir et qui en a pris son parti ; situation bizarre, où tout plaisir est une souffrance amère, toute réflexion une fatigue, tout désir une amertume, où les rêves sont impossibles tant la tête est lourde, où le repos est difficile tant la douleur est tenace, où la souffrance seule est une volupté, parce qu'elle vient de l'objet aimé.

Pauvre Achoud! Ali, en passant, lui envoya un affectueux bonjour, et le chasseur se crut obligé d'y répondre gracieusement.

Il est vrai qu'il s'y prit à la façon d'un bouledogue qui joue contre un épagneul.

— A quoi pouvait penser Achoud?—se demanda Ali.— A quelque embuscade sans doute, qu'il veut dresser ce soir contre une panthère ou un lion.

Mériem était sauvée, mais Fatma ne l'était pas.

. . . .

Après avoir conduit Mériem à son chef, El-Chadi revint auprès de ses compagnons.

Le calme était revenu parmi les Angades.

El-Chadi et ses compagnons, aussi rapidement que possible, s'introduisirent dans le douar des Angades, et de là parmi les bestiaux, tous réunis dans une enceinte de broussailles.

Il parvint à son but en employant les moyens que nous avons précédemment décrits.

Une fois placé côte à côte avec les bœufs et les moutons, El-Chadi se sentait en sûreté, lui et ses sept camarades.

Tous les animaux ont une corde sensible ; comme nos biches d'Europe, les moutons d'Alger ont la gourmandise.

En Afrique, les voleurs flattent le palais des ruminants en leur présentant du sel. Les gens de cette profession sont toujours munis d'un sac rempli de cette denrée, et El-Chadi n'avait certes pas négligé cette utile provision. Il fit passer son sac à ses amis, qui apprivoisèrent ainsi les animaux que leur voisinage effrayait.

Les filous se couchèrent au milieu d'un cercle de moutons dont les corps devaient les protéger contre les balles, qui n'allaient pas tarder à pleuvoir.

Lorsqu'il avait vu sa ruse sur le point de réussir, El-Chadi avait détaché un de ses hommes auprès du Roi des Chemins pour l'avertir que tout était prêt.

Elaï-Lascri, à l'arrivée de ce message, d'un geste impérieux fit ranger tout son monde autour de lui ; puis, quand il vit ses bandits attentifs et penchés sur leur selle pour écouter ses ordres, il leur dit rapidement, en montrant le douar :

— Les hommes qui dorment sous ces tentes ont juré hier devant leur cheik de nous massacrer tous ; ils se proposent de nous tendre une embuscade où nous serions accablés par le nombre. Ils sont au moins trois cents. Ce matin même, ils devaient se mettre en marche ; j'ai pensé qu'il serait bon de leur fermer si bien les yeux cette nuit que demain ils ne pourraient voir l'aube du jour. Que pensez-vous, camarades, de ces hyènes qui osent s'attaquer à des lions comme nous? Ne croyez-vous pas que nous devons faire un exemple terrible et les exterminer sans merci? — Les Angades ne songeaient en aucune façon à lutter contre le *brouillard sanglant*; mais par ce mensonge Elaï-Lascri voulait exaspérer ses bandits. Un murmure d'imprécations proférées à demi-voix lui prouva qu'il avait réussi. Il continua : — Tous ces chiens ont fait serment de ne pas rentrer auprès de leurs femmes avant d'avoir coupé nos têtes et jeté nos corps en pâture aux vautours ; de leurs cadavres il nous faut faire aux chacals une curée sanglante. Le soleil, en se levant demain, éclairera un tableau si effrayant que jamais les tribus perdront l'envie de nous donner la chasse. Seulement, dans la mêlée, prenez bien garde de frapper le cheik, qui a conçu la pensée de nous faire tomber dans un piége. A celui-là je veux moi-même infliger un châtiment.

— Mais, — demanda Yousouf, l'un des bandits, — comment reconnaîtra-t-on ce cheik?

— Voici mon plan, — répondit Elaï-Lascri. — Toi, Yousouf, tu vas prendre les vingt cavaliers les mieux montés, et tu simuleras une attaque contre le douar. Quand les Angades sortiront du cercle des tentes pour te repousser, tu battras en retraite en combattant très-vivement. Il te faudra tirailler beaucoup et les harceler de tous les côtés à la fois pour leur faire croire qu'ils ont en face d'eux une troupe nombreuse. De cette façon tu parviendras à les attirer fort loin d'ici. En leur absence, avec le reste du *brouillard* je ferai le sac du douar, où il ne restera plus que des fantassins à moitié désarmés, des femmes et des enfants. En quelques minutes nous aurons eu bon marché de ces gens-là. Alors nous nous placerons sur le chemin que devront prendre les cavaliers en revenant de vous poursuivre, et nous les taillerons en pièces. Il va sans dire, Yousouf, que tu les suivras, de façon à leur couper la retraite quand je les chargerai. Quant à la manière de s'emparer du vieux cheik, j'ai un moyen de le faire prisonnier. Ceci me regarde. Vous avez compris, n'est-ce pas?

— Oui, — répondirent les bandits à voix basse.

— Ton plan est magnifique, — ajouta Yousouf, — je vais l'exécuter.

Et avec vingt hommes il s'élança vers le douar, contre lequel il engagea un feu violent.

Cette fois les Angades, entendant la fusillade et le sifflement des projectiles, comprirent qu'un péril sérieux les menaçait. Les guerriers prirent les armes, débarrassèrent leurs chevaux de leurs entraves et sautèrent en selle. Sidi-Embareck les conduisit au combat.

Yousouf, exécutant très-bien les ordres d'Elaï-Lascri, déploya tant d'activité que les Angades crurent avoir de nombreux adversaires à combattre. Par des allées et des venues fort bien conduites, par des mouvements offensifs suivis de retraites précipitées, les bandits parvinrent à attirer les cavaliers fort loin du douar.

Pendant ce temps, le gros de la troupe d'Elaï-Lascri se tenait en embuscade.

Au douar, les gens de bas étage qui ne possédaient pas de chevaux menaient grand bruit avec les femmes et les enfants. Ces gens-là peuvent se comparer aux serfs du moyen âge ; serviteurs infimes, pâtres ou fermiers, c'étaient des personnages qui ne brillaient pas par le courage. Fort mal armés du reste, ils étaient incapables de défendre les tentes.

Cependant, comme ils avaient vu fuir l'ennemi, ils se croyaient en sûreté, et ils comptaient bien voir revenir les guerriers avec les dépouilles des vaincus.

Soudain un galop rapide se fit entendre ; ils crurent que Sidi-Embareck revenait avec les siens, et tout joyeux ils vinrent à sa rencontre. Mais les cavaliers qui accouraient mirent le sabre à la main, et le sang coula à larges flots avant que les Angades eussent reconnu leur erreur.

Bientôt cependant un mot lugubre circula parmi la foule épouvantée : le *brouillard sanglant* !

— Le *brouillard sanglant* ! — répétaient de tous côtés des voix tremblantes.

Et chacun fuyait, sans chercher à lutter contre les brigands ; ceux-ci hachaient sans pitié tout ce qui se trouvait à portée de leur yatagan.

Les Arabes essayèrent de s'échapper en montant sur les chameaux, mais le douar était si bien cerné que pas un de ces malheureux n'échappa ; sans cesse des cavaliers rejetaient la foule au centre, où Elaï-Lascri, avec une rage indicible, se ruait sur ceux qu'il voyait debout et les abattait à ses pieds.

Les bras rouges de sang, il frappait avec une ivresse féroce, sans relâche, sans fatigue.

Il fut si bien secondé qu'il acheva en peu de temps son œuvre horrible de destruction. De tous ceux qu'il venait de surprendre, pas un seul ne survécut à ce massacre acharné, inouï.

De son côté, El-Chadi avait consciencieusement accompli sa mission ; de telle façon que les bœufs et les moutons jonchaient le sol de leurs masses inertes.

Aussi, quand le Roi des Chemins, ne trouvant plus rien à tuer, promena ses regards autour de lui, vit-il de tous côtés des monceaux de cadavres que dépouillaient déjà ses farouches compagnons.

Après avoir apaisé leur soif de sang, ils s'empressèrent de satisfaire leur désir de pillage : pour les tigres, la curée vient toujours après le combat, tandis que le lion ne dévore pas l'homme qu'il a terrassé.

Les brigands allaient de tente en tente, de cadavre en cadavre, s'emparant de tout ce qu'ils convoitaient et achevant avec leurs poignards ceux qui respiraient encore.

Avec une sauvage brutalité, ils coupaient les jambes des femmes afin de leur prendre leurs bracelets ; pour enlever leurs anneaux d'or ils arrachaient les oreilles auxquelles ils pendaient. Souvent, dans les sacs dont ils étaient munis, les bijoux tombaient pêle-mêle avec les membres mutilés qu'ils ornaient.

Quand le pillage fut terminé, Elaï-Lascri rallia sa troupe pour aller à la rencontre du cheik, dont un bruit lointain annonçait le retour.

Il marcha droit à sa rencontre.

Quand les Angades furent à portée de la voix, le Roi des Chemins fit faire une halte à ses hommes.

— Je vais, — leur dit-il, — aborder seul le goum de Sidi-Embareck ; vous vous rangerez de côté, afin de le laisser passer, mais à mon commandement, tenez-vous prêts à faire feu.

Les bandits ne comprenaient pas l'idée de leur chef ; néanmoins ils ne hasardèrent aucune observation, tant ils avaient foi dans son adresse.

Elaï-Lascri, qui distinguait très-bien, grâce à quelques rayons de lune, le cheik Embareck, lui cria :

— Arrêtez, là-bas ! Qui êtes-vous ?

— Arrête toi-même, — dit une voix, — et apprends-nous ce que tu veux ?

— Je me nomme Addar, — répondit Elaï-Lascri, — et j'amène du secours aux Angades, mes alliés ; si vous êtes des ennemis, malheur à vous ! mon goum va vous charger.

Addar était le chef d'une tribu voisine ; quoique un peu éloignée du douar angade, elle pouvait réellement avoir entendu des coups de feu et avoir pris les armes.

Aussi Embareck cria-t-il :

— Ne tire pas, Addar, je suis Embareck.

— Si tu dis vrai, viens seul vers moi, comme je vais vers toi, — répliqua Elaï-Lascri.

Sidi-Embareck lança son cheval au galop ; le Roi des Chemins l'imita, et tous deux abordèrent à deux ou trois cents pas de leurs goums respectifs.

Le vieux cheik tendit sa main à celui qu'il prenait pour un ami, mais le nègre lui lança sur la tête une corde terminée par un nœud coulant. Etranglé par le lasso qui l'enlaçait, le vieillard ne poussa pas un cri, mais il essaya de se dégager. Elaï-Lascri, par un mouvement habile, tourna autour de lui comme pour se placer à sa gauche, et la corde entoura les bras du cheik, qui essaya de sauter à bas de son cheval.

Alors le Roi des Chemins l'étreignit dans ses bras comme pour échanger un de ces embrassements dont les Arabes sont si prodigues, et il acheva de le garrotter tout à fait.

Serré comme il l'était, Sidi-Embareck perdit la respiration, et bientôt après la connaissance. D'une main vigoureuse, son ennemi le maintint en selle.

Pendant ce temps, les deux chevaux marchaient côte à côte.

Les Angades, qui de loin observaient cette scène, ne concevaient aucun soupçon et continuaient d'avancer.

Le *brouillard sanglant* s'était rangé sur leur droite, afin de les laisser passer.

De temps en temps Elaï-Lascri se retournait pour juger du moment propice.

Quand le goum de Sidi-Embareck fut à portée de pistolet de ses bandits, il cria d'une voix stridente :

— Chargez !

Alors une détonation violente retentit, un rideau de flamme se déroula devant le *brouillard sanglant*, qui apparut menaçant et terrible.

Cette première décharge fut si meurtrière, elle déconcerta tellement les Angades, qu'ils donnèrent le temps aux bandits de tirer un second coup de pistolet.

Une confusion inexprimable, augmentée encore par l'obscurité, se mit dans le goum. Des chevaux effrayés se cabraient, désarçonnant les cavaliers ; d'autres, buttant contre des cadavres, s'abattaient lourdement sur le sol. Le râle des blessés, les hennissements des coursiers, se mêlaient aux jurons des braves qui voulaient combattre, aux clameurs des lâches qui cherchaient à fuir.

Ce fut en ce moment que les bandits s'élancèrent.

En vain Meçaoud et quelques vaillants essayèrent-ils de leur tenir tête ; le goum fut mis en déroute et se dispersa comme un troupeau de moutons à l'approche de la panthère.

Mais Yousouf attendait les fuyards en travers du chemin ; et lorsqu'il vit cette masse confuse arriver sur lui, il se jeta avec ses vingt hommes au milieu de la bagarre.

Les nouveaux combattants faisaient rage ; rien n'excite un guerrier comme les escarmouches ; aussi les Angades, refoulés par ce choc violent, cernés, démoralisés, éperdus, demandèrent-ils grâce en jetant leurs armes.

Leurs prières furent inutiles, Elaï-Lascri avait défendu de faire quartier ; il fut si bien obéi que bientôt de ce douar puissant il ne resta plus que quelques cavaliers. Encore ne durent-ils leur salut qu'à leur énergie et à la vitesse de leurs chevaux.

Parmi eux se trouvaient Meçaoud et son cousin El-Kouffi, à qui la peur avait fait faire des efforts surhumains pour sauver sa vie.

De son côté, Elaï-Lascri avait enlevé Sidi-Embareck de sa selle, et il s'était laissé glisser sur le sol avec lui.

Il lui desserra un peu la gorge pour qu'il n'étouffât pas, et il le tint terrassé pendant toute la lutte. Ses hommes après leur triomphe, le trouvèrent un genou sur la poitrine du cheik, et l'œil avidement fixé sur lui.

Sa soif de vengeance était telle qu'il regardait son ancien maître comme le voyageur altéré regarde l'eau qu'on lui présente.

Après tant d'années d'attente il tenait enfin sa victime.

Les bandits crurent un instant qu'il était devenu fou.

Yousouf posa sa main sur l'épaule de son chef ; celui-ci leva la tête ; il ressemblait à l'homme qui sort d'un rêve.

— Maître, — dit Yousouf, — nous avons détruit les Angades ; que faut-il faire maintenant ?

— Dépouiller ce misérable et l'attacher à un arbre, — répondit-il en montrant le cheik.

Cet ordre fut accompli avec précipitation ; la prunelle fauve d'Elaï-Lascri étincelait dans l'ombre et faisait frissonner ses bandits eux-mêmes.

Le cheik, avec cette résignation stoïque si admirable chez les musulmans, se laissa faire sans proférer une parole. Il pensait que les vainqueurs allaient lui infliger le dernier supplice, et il attendait la mort avec un calme superbe.

Elaï-Lascri s'avança lentement vers le cheik, et il fit peser sur lui un de ces regards magnétiques auxquels une passion exaltée jusqu'au délire peut seule donner leur puissance étrange.

Embareck baissa la tête ; il lui sembla qu'un serpent le fascinait avant de l'enlacer de ses anneaux.

— Me reconnais-tu ? — demanda Elaï-Lascri d'une voix à la fois émue et menaçante.

— Oui, tu es le Roi des Chemins.

— C'est ainsi que l'on me nomme aujourd'hui, mais jadis je portais un titre moins noble.

— Je ne t'ai jamais vu.

— Cherche bien !

— Je ne trouve pas.

— Eh bien ! je suis le nègre que tu as exposé aux hyènes. Te souviens-tu maintenant ? — Sidi-Embareck frissonna. — Que ferais-tu à ma place ? — demanda Elaï-Lascri.

— Je tuerais mon ancien maître ! — répondit avec énergie le vieux cheik.

— Eh bien ! moi, je lui donne la vie. Oh ! ne souris pas, vieux chien. Je ne mens pas comme toi, qui renies ta parole pour un douro. Tu vivras, mais tu vivras déshonoré... Tu ne comprends pas ? Tu vas comprendre. Ici, vous autres ! — cria Elaï-Lascri à ses hommes, — et qu'on arrache à ce vieux singe sa barbe qui le gêne !

Une vingtaine de bandits entourèrent le cheik et se disputaient à qui lui enlèverait le plus de poils.

Grossiers, sans âme, féroces par instinct, les compagnons du nègre trouvaient dans cette torture une occasion de s'amuser.

Le vieux cheik rugit de rage.

— Vous devez me respecter. Tuez-moi, si vous voulez, mais ne me déshonorez pas.

— Ah ! vieux chacal, tu te décides donc à aboyer ; tu commences à comprendre ma vengeance, — dit Elaï-Lascri. — Eh bien ! allez, enfants, dépouillez son crâne comme son visage. Tu es djoud, n'est-ce pas ? tu es fier, arrogant, et tu vas ressembler à un lépreux. Qu'on me donne un bâton ! — ajouta le nègre. Puis il continua :

— Tu as eu des esclaves que tu battais ; sois donc frappé à ton tour comme un chien.

Et il le roua de coups.

Ce traitement ignominieux révoltait le cheik, qui se tordait pour briser ses liens.

Il serait resté impassible devant la mort, mais la honte de son supplice lui inspirait une fureur impuissante. Bientôt il n'eut plus la force de remuer, et son bourreau cessa de le battre dans la crainte de le tuer.

Alors il le fit transporter au milieu du douar, toujours garrotté. Les bandits amoncelèrent en face de lui les tentes et tous les débris susceptibles de prendre feu : Sur ce bûcher ils entassèrent les cadavres par centaines, et ils y mirent le feu.

La flamme éclaira au loin la plaine, et, à quelque distance du brasier, Sidi-Embareck fut obligé de contempler ce spectacle lamentable. Il respirait une odeur infecte de chair brûlée, il fixait un œil hagard sur ce brillant foyer, et de ses lèvres descendirent ces paroles amères ; il songeait que les derniers vestiges de ses richesses s'en allaient en fumée ; il sentit de l'humidité sous son corps, et, approchant sa main du sol, il la retira rouge du sang de ses proches.

Alors ce vieux guerrier au cœur de pierre sentit son cœur s'amollir dans sa poitrine, il se mit à sangloter en maudissant son crime.

Un rire sardonique lui fit lever les yeux : le Roi des Chemins était devant lui, témoin de sa faiblesse...

La main du nègre s'entr'ouvrit, laissant tomber un douro, et de ses lèvres descendirent ces paroles amères :

— Sèche tes pleurs, vieux fou, voici ta première aumône.

Puis il s'éloigna, ricanant toujours.

Pendant que le Roi des Chemins accomplissait sa terrible vengeance, Fatma restait seule en face de Ben-Addou ; le misérable s'était glissé dans sa chambre au moment où elle reconduisait son amant.

Grandes furent l'épouvante et la surprise de la jeune femme en l'apercevant ; elle savait le chaouch capable de tout. Ben-Addou, la voyant trembler de tous ses membres, lui dit :

— Eh ! ma fille, serais-tu donc devenue muette ? tu ne songes-pas à me demander ce qui m'amène. Est-ce la peur qui te lie la langue ?

— Non, c'est le dédain, — répondit Fatma.

— N'affecte donc pas une bravoure que dément ta pâleur ! Tu frissonnes, tu as tort, pourtant. Je ne te veux aucun mal. Tu vois devant toi un amoureux, pas autre chose. Si tu es gentille, ma colombe, je joindrai quelques jolis bijoux à ceux que déjà tu possèdes.

— Garde tes présents ; ni promesses, ni menaces ne me décideront à écouter tes propositions. Quand Aïdin vivait, tu fus souvent la cause des persécutions que sa jalousie me faisait subir ; maintenant, tu continues à me poursuivre par des déclarations qui me sont odieuses ; hors d'ici, Ben-Addou, et rappelle-toi que tu n'obtiendras jamais mon amour.

— Quelle superbe assurance ! — s'écria le chaouch en riant d'une façon sinistre. — On l'a dit et on a en raison : les femmes sont des pies, babillant à la légère. Je ne quitterai pas cette chambre sans avoir obtenu des preuves de ta tendresse.

— Tu parles ainsi parce que tu me supposes sans protecteur ; mais tu seras moins audacieux quand tu sauras que demain j'épouse un homme dont le bras est assez fort pour te punir si tu ne te retires à l'instant.

Fatma attendait de cette révélation un grand effet ; elle espérait intimider Ben-Addou.

Mais celui-ci lui dit avec ironie :

— J'avais raison de te comparer à une pie : par tes paroles inconsidérées tu me fais concevoir un dangereux soupçon. Est-ce que par hasard ce bienheureux mari dont tu me menaces, serait le visiteur de tout à l'heure ?

— Quel visiteur ? — murmura Fatma, sans parvenir à surmonter son trouble.

— Mais celui qui sait si bien contrefaire l'hyène, celui qui t'attend dans son repaire, celui que l'on appelle le Roi des Chemins !

— Allah ! Allah ! — s'écria Fatma en tombant à genoux, — il sait tout.

— Oui, tout. Je tiens entre mes mains ta vie ou ta mort ; un baiser peut m'attendrir, une résistance ridicule te perdrait. Choisis !

Et Ben-Addou attendit. Fatma n'hésita pas dans cette horrible alternative ; seulement elle essaya par un dernier effort d'effrayer le chaouch.

— Malheur à toi si tu me touches ! de près comme de loin, la vengeance d'Elaï-Lascri saura te poursuivre. Il est encore temps de te faire pardonner, ma bouche sera muette ; mais, si tu insistes.

— Assez ! — s'écria Ben-Addou, — tu viens de prononcer ton arrêt ; les morts ne parlent pas, tu iras garder mon secret au fond d'une tombe. Je te hais autant que je t'aime ; à cette nuit l'amour, à demain la haine ! — Et le chaouch, malgré ses larmes, malgré ses cris, la saisit dans ses bras. — Va, — lui disait-il, — tu peux pleurer, ta voix serait-elle plus douce que la plainte d'une gazelle blessée, je ne m'attendrirai pas. Une fleur n'est jamais si belle que quand elle est humide de rosée. — Et l'œil du chaouch brillait à la fois du feu des désirs et de celui de la vengeance. Quand à l'aube du jour il quitta la victime, de ces deux passions l'une était satisfaite par d'infâmes violences ; pour assouvir l'autre, il ne lui restait plus qu'à dénoncer sa victime à l'agha... Il résolut de se hâter, car, en longeant le rempart, il aperçut les reflets d'un incendie qui rougissait l'horizon, et il se prit à trembler, non de remords, des créatures aussi lâchement cruelles n'en ont pas, mais de peur. — C'est Elaï-Lascri, — pensait-il, — qui vient de faire une razzia, et s'il savait ce que j'ai osé cette nuit dans sa maison, pendant qu'il égorgeait là-bas, peut-être demain ne trouverait-il pas la forêt de Zebdou assez vaste pour me servir de bûcher... Allons, le plus sûr est de tuer Fatma. — Déjà le misérable retournait sur ses pas, quand une idée subite l'arrêta. — Décidément, — se dit-il, — il vaut mieux faire condamner cette négresse maudite par l'agha; au moins Elaï-Lascri saura à qui s'en prendre. Tandis que, si je poignarde sa fiancée, il fera faire tant de recherches par ses espions qu'il finira par me connaître. Le fils d'Aïdin accusera, mon maître condamnera, un de mes camarades exécutera son jugement, et, si Elaï-Lascri s'attaque à monseigneur, il recevra une leçon. D'un autre côté, si par hasard le Roi des Chemins triomphait, je fuirais loin d'ici, et, en cas de lutte, je prendrais mes précautions à l'avance.

Tel était le prestige d'Elaï-Lascri qu'un serviteur de Ben-Abdallah, agha puissant, presque roi, admettait la possibilité de voir son maître vaincu par le chef du *brouillard sanglant!*

XI

OÙ BEN-ADDOU NE SE LAISSE PAS ATTENDRIR PAR LES PRIÈRES DE FATMA.

Afin d'exécuter son projet, habilement conçu, Ben-Addou s'en fut, quoiqu'il fît nuit encore, frapper à la porte d'Ibrahim, le fils d'Aïdin, dont Fatma avait été l'esclave.

Celui-ci, après avoir laissé longtemps le chaouch ébranler à coups de bâton l'entrée de sa maison, finit par enfin l'ouvrir d'un air furieux, et il reçut le visiteur trop matinal avec une mauvaise humeur qu'il ne se donna pas la peine de dissimuler.

Deux esclaves étaient à côté du jeune homme; le chaouch lui fit signe de les renvoyer.

Ibrahim les congédia; puis il demanda brusquement :

— Que veux-tu ? est-ce que l'on réveille ainsi les honnêtes gens ?

— Voyez un peu ce que c'est que les jeunes gens; on voit bien que tu es marié nouvellement, — répondit insolemment Ben-Addou.

— Que t'importe mon mariage? Dis-moi ce qui t'amène, ou je lâche mes chiens sur toi.

— D'abord, je vais m'asseoir, — fit le chaouch en pénétrant dans la cour. Puis, quand il eut choisi pour siège un banc de pierre, il continua avec un sourire sarcastique : — Tu prétends, Ibrahim, que tes affaires m'importent peu; eh bien ! c'est une erreur. Je connaissais ton pauvre père, je l'aimais beaucoup même; or, je trouve que tu t'occupes trop d'amour et pas assez de vengeance. Les charmes de ta nouvelle épouse ont sur toi tant d'empire que tu oublies la mare de sang dont le champ paternel est encore taché. Entre nous, tu achètes trop de bijoux au juif Jacob; de sorte que tu n'as plus assez de douros pour faire forger un yatagan.

Ibrahim était un jeune homme aussi doux que son père était féroce.

Ne sachant à qui attribuer l'assassinat qu'il devait punir, ne se sentant point au fond du cœur une soif ardente de sang, il avait oublié, au point de ne pas savoir, que le devoir d'un fils est de châtier celui qui lui a ravi l'auteur de ses jours.

Ben-Addou connaissait l'homme qu'il voulait transformer en instrument propre à servir sa haine.

En adressant ces paroles à Ibrahim, son but était de stimuler ce caractère un peu mou, et il le faisait avec d'autant moins de crainte qu'il n'avait rien à redouter de son naturel, sinon pusillanime, du moins faible et sans audace.

Il ne se déconcerta donc pas quand le jeune homme s'écria :

— Tu es bien téméraire de venir m'insulter chez moi; prends garde à tes paroles !

— Tiens, tiens, tiens ! — fit Ben-Addou en graduant le ton ironique de ces trois mots par des nuances que la langue française ne saurait rendre; — tiens, tiens, tiens, voici Ibrahim qui se fâche ! quel prodige ! Pourquoi faut-il prendre garde, mon agneau ?

— Parce que, si tu m'offensais encore, je te ferais sentir le poids de ma colère.

Ben-Addou partit d'un éclat de rire très-sincère.

— Voilà ce que pèse ta colère, mon pauvre Ibrahim,— dit-il quand son hilarité se fut calmée. Et, ramassant dans la cour un fétu de paille qu'il trouva malgré l'obscurité, il souffla dessus.— Comment,—continua-t-il,—tu penses m'intimider quand chacun se moque de toi comme d'un enfant timide; de par la ville on va répétant des propos tels que le dernier des juifs te cracherait au visage si tu le menaçais. Juge un peu de la peur que tu m'inspires, à moi qui ai des pistolets dans ma ceinture et un yatagan sous la main. Je parie un chameau contre un âne que tu n'as jamais déchargé un fusil. Du reste, il ne faut pas m'en vouloir; je viens te rendre un grand service en t'apprenant combien l'on te méprise. Peut-être mes conseils réveilleront-ils ton courage endormi.

Jusqu'à un certain point, le chaouch avait raison; Ibrahim le sentit.

Voulant se disculper de cette accusation portée contre sa bravoure, il s'écria avec une chaleur qui fit plaisir à Ben-Addou :

— J'ai questionné tous ceux qui pouvaient me nommer l'assassin de mon père; aucun n'a su me renseigner. On a tort de suspecter mon courage. Je suis un agriculteur paisible, c'est vrai; mais, si je parviens jamais à connaître le meurtrier d'Aïdin, il périra par ma main, quel qu'il soit.

Le chaouch, ne trouvant pas son homme monté au diapason où il le voulait, lui plongea dans le cœur comme un poignard cette phrase terrible :

— Tous les serments du monde ne valent pas une action. Il y a des médisants qui assurent que ton père te malmenait fort et que tu aspirais à un héritage considérable et à ta liberté.

Cette insinuation perfide obtint tout l'effet que le chaouch en espérait :

— Oh! les misérables ! — gronda le jeune homme avec fureur; — oser exprimer sur mon compte un aussi horrible doute !.... Tu as raison, Ben-Addou, il faut qu'à tout prix je découvre l'auteur de ce meurtre.

Ben-Addou avait enfin touché la corde qu'il fallait faire vibrer pour tendre les ressorts de cette âme sans énergie.

Il résolut d'exploiter habilement l'élan qu'il venait de lui imprimer. Se redressant tout à coup, il posa brutalement au jeune homme cette question :

— Combien donneras-tu à celui qui te révèlera le secret que tu cherches.

— Cent douros ! — répondit celui-ci; — tu le vois, je ne suis pas avare. Que l'on prononce son nom devant moi, on verra si je suis lâche !

— Alors, donne l'argent, je vais parler.

— Quoi ! tu sais ?

— Oui.

Et la main avide de Ben-Addou se tendait.

— Un instant; le secret !

— Jure que tu me payeras, — fit le misérable avec la défiance d'un coquin.

— Va donc ! je suis honnête homme.

— Eh bien ! rasseyons-nous, je vais te raconter ce que j'ai vu ou entendu. — Ils s'assirent tous deux. — Le Roi des Chemins aimait Fatma, — dit le chaouch, — il a su ton maître, il t'a ensuite acheté cette esclave, et il l'a installée dans une maison de cette ville.

— La preuve, je veux la preuve ! — s'écria Ibrahim, qui n'en pouvait croire ses oreilles.

— Mais tu es donc sourd et aveugle ! A qui fut vendue ton esclave ?

— A un étranger, qui m'a envoyé Jacob pour intermédiaire.

— Encore un, — pensa tout bas le chaouch, — auquel je ferai payer mon silence ; décidément cette affaire est un puits d'or. — Puis, tout haut, il ajouta : — Quel peut-être cet inconnu, sinon le Roi des Chemins ? Sans cela, à quoi bon tant de mystères ? Fatma, riche comme une sultane, couverte d'or et de perles, ne peut devoir sa fortune qu'au chef du *brouillard sanglant*. Me crois-tu, voyons, quand j'affirme les avoir vus de mes yeux, entendus de mes oreilles ? Bien sot tu es de n'avoir pas compris cela plus tôt.

— C'est bien ; je suis convaincu. Mène-moi d'abord auprès de Fatma, que je la punisse la première.

— Bon ! — se dit intérieurement le chaouch, — la résolution de cet imbécile supprime le procès ; point n'est besoin du cadi. Dans une heure toute la ville saura qu'il a poignardé Fatma. — Mais, dans le cœur de Ben-Addou, les mauvaises passions étaient tellement nombreuses qu'elles se combattaient l'une par l'autre. Sa cupidité en éveil lui fit songer que l'agha, son maître, pourrait bien donner une forte récompense à qui lui livrerait le moyen de s'emparer d'Elaï-Lascri. Or, tout en laissant Ibrahim accuser à haute voix la mulâtresse, il pouvait, lui, faire observer en confidence à son chef que, par la jeune femme, il serait facile de tendre un piège à Elaï-Lascri. Du même coup il raconterait que l'on devait à son zèle intelligent la révélation de ce secret, et il comptait tirer un grand parti de la reconnaissance de l'agha. Avec une rapidité qui faisait honneur à son imagination, il changea immédiatement ses plans. — La mort de Fatma, — dit-il, — ne te suffit pas ; il te faut aussi la tête de son amant. As-tu réfléchi que tu es bien peu fait au métier des armes pour te mesurer avec un guerrier comme Elaï-Lascri ?

— C'est vrai, — fit Ibrahim, qui avait oublié dans son exaltation le sanglant renom du Roi des Chemins. — Jamais je ne réussirai dans mon entreprise.

Et il poussa un profond soupir de découragement.

— Voilà un soupir qui te coûtera gros, — se dit le chaouch. — Oh ! que si, tu réussiras, — reprit-il ; — mais à te faire brûler à petit feu... Viens donc un peu sur le rempart, tu jugeras ton adversaire par ses œuvres. — Le jeune homme suivit avec une certaine inquiétude son interlocuteur, et il contempla avec effroi l'immense incendie qui dévorait le douar angade. — Eh bien ! qu'en penses-tu ? — demanda le chaouch. Puis, voyant qu'Ibrahim atterré ne soufflait mot, il lui glissa à l'oreille : — Et si je faisais périr ce dangereux ennemi ?

— Fais cela, Ben-Addou, et j'ajoute quatre cents douros aux premiers. C'est la meilleure part de mon héritage, mais qu'importe, si je suis vengé et si l'on ne rit plus de moi !

L'œil de Ben-Addou étincela dans l'ombre à cette promesse ; il prit le bras du jeune homme avec une familiarité dont celui-ci ne s'offensa pas.

Il écoutait avec avidité.

— Quand un chacal est trop faible pour lutter contre une panthère, il doit intéresser un lion dans sa querelle, — dit le chaouch. — Imite le chacal. Dénonce Fatma à l'agha, qui exècre le chef du *brouillard sanglant*. Mon maître fera mourir cette femme. De là une guerre à outrance entre ces deux puissants personnages. Sans doute Elaï-Lascri succombera, et tu suivras tranquillement toutes les péripéties de la querelle sans exposer tes jours.

— Oh ! merci, mille fois merci, mon bon Ben-Addou ! — s'écria le jeune homme en embrassant le chaouch avec transport. — Tu aimais réellement mon pauvre père.

— J'aurais donné mon sang pour lui, — riposta le chaouch, qui trouva à propos une larme hypocrite.

— Attends-moi là, je veux te récompenser de suite.

Et Ibrahim courut à sa maison :

— Est-il niais, celui-là ! — Telle fut la réflexion de Ben-Addou. Quand Ibrahim fut revenu avec son argent, l'adroit coquin se répéta à lui-même : — Cette affaire est un puits d'or ; — mais, toujours ambitieux, il ajouta : — Elle deviendra peut-être une mine de diamants.

Quant au pauvre tisserand, il admirait avec la naïveté d'un honnête homme le génie inventif de celui qu'il appelait son sauveur ; du fond du cœur il se promettait de le réhabiliter aux yeux de ses concitoyens.

Ben-Addou, en palpant ses douros, devinait les intentions d'Ibrahim, et il savourait à l'avance les joies de la popularité.

Fort contents l'un de l'autre, ils se dirigèrent vers le palais de l'agha. Comme les portes en étaient encore fermées, ils entrèrent dans un café-maure, où ils trouvèrent à cette heure matinale une nombreuse société.

De même que nos ouvriers ont l'habitude de boire le matin un verre d'eau-de-vie, les Arabes avaient du café afin de combattre l'humidité de l'air.

Ben-Addou ne pouvait pas trouver un lieu plus commode pour se poser en sauveur de ses compatriotes.

Le café maure, pour les cancans, équivaut à la boutique d'un de nos Figaros de province ; c'est là que se débitent les nouvelles et les médisances.

Assis sur des nattes, au milieu d'une salle à peu près nue, où pour un sou on boit une tasse de délicieux café, les Arabes savourent gravement leur pipe. Ces personnages immobiles, en apparence fort calmes, sont les êtres les plus bavards de la création.

On se fait généralement une idée très-fausse du caractère des Algériens ; il a deux faces. On n'en connaît qu'une. Paresseux jusqu'à la fainéantise, actifs jusqu'à opérer des merveilles de rapidité, indifférents à rendre un Anglais jaloux, pétulants à étonner un Français, rêveurs et bavards, gais et mélancoliques, tels sont les indigènes de race arabe. Ces contrastes tiennent au climat et au caractère. D'un naturel ardent, inquiet, remuant, les Arabes se livrent par intervalles à des accès de passion qui dépassent tout ce qu'on peut imaginer en Europe. Mais, comme toute dépense extraordinaire de force est suivie d'une réaction d'autant plus longue que la crise a été extrême, il en résulte qu'ils tombent dans une apathie profonde. Or, la chaleur excessive de leur ciel, qui en échauffant leur sang a contribué à les exalter tant qu'ils sont restés dans l'état de surexcitation, ajoute encore à l'énervement qui suit de près leur fièvre de colère, d'amour ou de... bavardage.

L'aube venait de poindre au sommet des Traras ; les habitués du café, assis en cercle, n'avaient pas encore secoué la sommeil ; Ben-Addou, entre deux tasses, entama la conversation ; puis, trop prudent pour se compromettre tout à fait, il céda la parole à Ibrahim. Au récit du jeune homme, il y eut à la fois une explosion de rage, de menaces et d'admiration ; de rage contre le Roi des Chemins de menaces contre Fatma, d'admiration pour le chaouch.

— Oui, — répétait Ibrahim, — Ben-Addou est l'œil de Sidi-Mohammet-Ben-Abdallah ; Ben-Addou veille quand vous dormez ; Ben-Addou est un brave que les griffes d'un lion n'effrayent pas. Vous verrez Elaï-Lascri traîné sur la place publique de Nédromah et décapité par lui... vous...

Le chaouch trouvait déjà que la popularité a des inconvénients ; les éloges l'accablaient de peur et de joie, quant tout à coup retentit un grand bruit.

Le bruit qui avait suspendu sur les lèvres d'Ibrahim l'éloge de son ami Ben-Addou était causé par une vingtaine de cavaliers qui arrivaient sanglants, meurtris et pâles comme des hommes qui ont vu la mort sous son plus sinistre aspect.

A leur tête était un vieillard que soutenaient deux guerriers.

— C'est sans doute le cheik du douar que le Roi des Chemins a attaqué, — dit Ben-Addou. Puis, après avoir examiné le vieux chef plus attentivement, il reconnut Sidi-

Embareck. Aussitôt il s'élança vers les portes du palais :
— Ouvrez ! — cria-t-il, — c'est le beau-père de Sidi-Mohammed qui arrive.

Aussitôt les portes roulèrent sur leurs gonds, et des serviteurs nombreux s'empressèrent autour de Sidi-Embareck et de ses compagnons : la foule, avide de nouvelles, suivit les nouveaux venus.

Ben-Adallah, prévenu aussitôt de l'arrivée de son beau-père, se précipita à sa rencontre, et, avec l'exquise politesse des grands seigneurs arabes, il le combla de caresses et de salamalecs.

Le cheik, triste et sombre, l'écoutait sans répondre. Quand il fut parvenu au fond de la cour, il descendit de cheval, et, prenant la main de son gendre, il fit signe à la foule de s'écarter.

L'agha, surpris, remarqua alors le désordre et l'abattement de l'escorte.

— Par Allah ! — s'écria-t-il, — qu'est-il donc arrivé ?

— Hier, — répondit Sidi-Embareck, — ma fille, qui est ta femme, avait des frères, des sœurs, une mère, une famille ; hier, cent tentes étaient rangées autour de la mienne ; je possédais des troupeaux nombreux qui couvraient les prairies de la plaine, des guerriers nombreux et redoutables, des richesses immenses ; hier, Ben-Abdallah, j'étais un chef puissant et vénéré. Aujourd'hui, celui que tu appelles ton père est un mendiant, à qui il ne reste plus qu'un pan de burnous pour se couvrir ; un ruisseau de sang a coulé sur ma tribu, et dans ses flots se sont noyés mes enfants, mes serviteurs, mes femmes et mes trésors ; de ma race il ne survit maintenant que ces quelques cavaliers, dont la terreur a tourné les têtes, et moi, vieillard débile dont l'âge et le chagrin ont usé les forces : pour relever le douar des Angades, reconquérir sa fortune, venger son honneur, il y a quelques fous qui fuient le danger et un vieux chef impuissant...

Un sanglot étouffa la voix de Sidi-Embareck.

La foule muette contemplait à distance, avec un respect religieux, la douleur de ce djouad blanchi par les années, qui, un pied dans la tombe, avait vu mourir avant lui tous les siens.

— Oh ! — gronda l'agha pâle de colère et d'indignation, — quelle tribu a donc osé triompher de la tienne ? Parle, père, parle vite, avant une heure je l'aurai détruite !

— Mon fils, un seul homme au monde a pu nous vaincre ; tout autre que lui serait à cette heure puni de son audace. Mais lui, vois-tu ! c'est un démon qui fascine les guerriers et les désarme d'un regard ; les hommes les plus fermes ne peuvent pas tenir leur âme en sa présence ; ce sont des brebis en face du lion.

— Mais son nom ! son nom !

— Elaï-Lascri !

A cette révélation, Ben-Abdallah sentit une colère formidable s'élever dans sa poitrine. Dans sa fureur il oublia sa dignité, et s'exclama avec des gestes indescriptibles :

— Ce brigand maudit est donc la foudre qui aveugle, le simoun qui brûle, la peste qui tue ! Comment ! les Angades peuvent mettre trois cents cavaliers sous les armes ; ils ont pour protecteur un agha qui commande à tout un peuple, et ils se laissent piller comme des juifs sans courage par des larrons de nuit ! Quelle honte sur mon nom ! Par la barbe de mon père ! je veux exterminer ces hiboux et couper de ma main la tête du vautour qui les guide.

— Ces mots, prononcés avec une véhémence indicible, les lèvres écumantes, l'œil en feu, étaient autant d'insultes. Les larmes de rage jaillirent des yeux du vieillard offensé. Mais Abdallah reprit avec douceur : — Allons, père, calme-toi ; je te vénère et je t'aime. Mes reproches s'adressent aux gazelles qui se sont sauvées, et non au vieux lion qui s'est battu. Je vais mettre des chouafs sur la trace d'Elaï-Lascri, et je t'apporterai sa tête.

— Tu le jures, n'est-ce pas ? — dit solennellement le cheik.

— Oui, père.

— Eh bien ! apprends toute ma honte. J'ai été roué de coups, et cependant mon cœur est plus ulcéré que mon corps. Je n'ai même pas pu combattre. Je suis tombé ignominieusement entre les mains des bandits comme un lion pris au piège. Ils m'ont craché au visage, couché dans le sang des miens, avili, déshonoré. Sans Meçaoud et mon neveu, qui me sont venus en aide après le départ des brigands, je serais mort de douleur là-bas. Le Roi des Chemins veut me laisser vivre pauvre, stigmatisé, flétri ; je vais tromper sa vengeance. Il faut bien montrer à cette génération abâtardie comment on savait mourir jadis. Adieu, Ben-Abdallah !

Et, prenant un pistolet, le vieux cheik se fit sauter la cervelle.

Le suicide est chose rare parmi les Arabes ; aussi l'action de Sidi-Embareck produisit une impression profonde sur les assistants, qui furent pénétrés d'horreur.

Ben-Abdallah, ému jusqu'au fond de l'âme, fit enlever le corps de son beau-père, en recommandant de cacher cette mort à sa femme. Puis, se tournant vers la foule :

— Je promets, — dit-il, — mille douros à qui m'apportera des renseignements certains sur Elaï-Lascri.

A cette nouvelle, Ben-Addou sentit toute crainte s'évanouir dans son cœur ; il s'élança vers son maître et lui dit :

— Dans dix minutes je t'amène, si tu le veux, sa maîtresse, qu'il a visitée cette nuit.

— Eh bien ! va donc, et, si tu dis vrai, je double la récompense.

Ben-Addou partit, suivi d'une multitude furieuse et exaltée.

Les masses sont les mêmes partout : ardentes au bien comme au mal, faciles à entraîner, difficiles à retenir, toujours prêtes à se porter à des excès.

Lorsqu'on leur signale un criminel à punir, toutes les haines, se multipliant l'une par l'autre, exaltent avec une prodigieuse rapidité la fureur de chacun, et, sans réflexion, sans examen, les multitudes déchaînées châtient avec férocité ceux qu'elles croient coupables.

Qu'il s'agisse au contraire d'acclamer quelqu'un, l'enthousiasme grossit démesurément la valeur du grand homme improvisé ; en un clin d'œil le délire ne connaît plus de bornes, et l'on ne trouve pas de piédestal assez haut pour hisser la statue de ce demi-dieu du jour, que le lendemain on jette dans la boue.

C'est pour cela qu'à Rome la roche Tarpéienne était si près du Capitole ; c'est pour cela encore que des bras d'un peuple en délire les héros de 93 passaient sous la hache du bourreau.

La populace suivit Ben-Addou en poussant des clameurs féroces contre Fatma, disposée à l'immoler sans savoir quel crime elle avait commis.

XII

OU JACOB TRAHIT LE ROI DES CHEMINS, COMME JUDAS SON ANCÊTRE TRAHIT JÉSUS.

Après le départ de Ben-Addou, Fatma avait attendu pendant deux longues heures l'effet de ses menaces.

Pour qui voit venir la mort avec la plénitude de ses facultés, chaque minute d'agonie est un siècle ; aussi la pauvre enfant souffrait-elle horriblement.

En proie à la honte et à la douleur que lui avait infligées le chaouch dans cette nuit sinistre, il lui semblait se réveiller d'un songe effrayant pour retomber dans un autre plus terrible encore.

Toutes les infortunes l'accablaient au moment où l'aurore d'une espérance magnifique empourprait l'horizon de son avenir par ses reflets splendides.

L'ange du bonheur, sur son aile radieuse, l'avait emportée d'un enfer de souffrances à un paradis de voluptés, dont les portes s'entr'ouvraient déjà devant elle ; et voilà qu'il lui fallait mourir, après avoir effleuré à peine, du pan de sa tunique, cette terre promise de la liberté et de l'amour. Aux angoisses de son prochain supplice se mêlait l'amer regret des félicités attendues.

Aucune chance de salut ne lui restait, car le chaouch, sachant qu'Elaï-Lascri attendait sa maîtresse, devait faire tout son possible pour hâter son exécution.

En effet, un murmure qui, grossissant peu à peu, se rapprochait de la maison, lui apprit que le moment suprême était arrivé.

Elle vit la populace furieuse, ameutée par Ben-Addou, se précipiter dans sa chambre, et, un instant, elle put croire qu'elle allait être massacrée de suite, tant la foule semblait exaspérée. Une grêle de pierres pleuvait sur son corps, et vingt bâtons levés au-dessus de sa tête la menaçaient d'un coup mortel.

Au milieu de ce torrent humain déchaîné contre elle, la malheureuse femme pliait, triste et résignée, pareille au roseau que courbe le flot d'une inondation. Elle attendait qu'une pierre plus lourde que les autres l'écrasât tout à fait, ou qu'un bâton s'abattît, terminant une vie fatalement vouée au martyre.

Le peuple était acharné contre elle.

Au dire de Ben-Addou, la jeune mulâtresse servait d'espion au Roi des Chemins.

Ben-Addou, cependant, passait pour un être méprisable ; n'importe ! Tous voulaient tuer celle que, de bonne foi, ils considéraient comme une infâme traîtresse.

Personne ne songeait à délier la jeune fille, afin qu'elle pût se justifier ; chacun, au contraire, voulait l'approcher pour la frapper et l'insulter.

Ce qu'il y avait de plus révoltant dans la conduite des habitants de Nédromah, c'est que c'était la lâcheté qui leur inspirait cette rage frénétique contre Fatma. En la torturant, ils torturaient le chef du *brouillard sanglant* ; et ils se sentaient forts, derrière les remparts de leur ville, eux qui, dans la plaine, eussent pris la fuite au seul aspect d'Elaï-Lascri.

Fatma était cependant bien touchante dans sa jeunesse et sa beauté ; si touchante, qu'Ibrahim ne put se décider à la frapper.

Le jeune homme, le poignard à la main, s'était élancé l'un des premiers, mais les doux regards de la jeune femme l'avaient désarmé. Honteux de ce qu'il croyait être une faiblesse, Ibrahim se retira.

Ben-Addou entrait en ce moment dans la chambre. Comme son maître voulait obtenir sur Elaï-Lascri des renseignements qu'il avait promis de payer fort cher, le chaouch tenait à conserver les jours de Fatma. Il fendit la foule avec effort, et se plaçant devant la jeune femme, il cria d'une voix stridente :

— Arrière ! arrière, tous ! Mon maître veut parler à cette femme, et vous avez l'audace de vous opposer à sa volonté ! Sortez, ou malheur à vous !

Ces paroles firent sur les assistants une grande impression ; ils reculaient peu à peu, effrayés de la menace du chaouch, lorsque le juif Jacob, à la grande surprise de Fatma, dit d'un ton dolent et désespéré :

— Le Roi des Chemins nous a dépouillés de nos richesses, et c'est une injustice de nous priver du plaisir de la vengeance.

Cette hardiesse du juif donna de l'énergie à ses voisins.

— Oui, — cria un tisserand, — Jacob a raison. Elaï-Lascri m'a ruiné en m'enlevant un convoi de soieries que j'expédiais à Ousda, je veux l'en punir dans cette drôlesse. Fais place, Ben-Addou !

— Moi, — hurlait un orfévre, — j'ai eu mes bijoux ravis par lui dans un marché, qu'il a attaqué en plein jour.

— Il m'a pris mes moutons ! — vociférait un berger.

— Et à moi, — grondait un forgeron, — il a enlevé cinq cents fusils.

Et les cris, les reproches recommencèrent de plus belle, se terminant par une clameur générale :

— A mort, la mulâtresse !

Ce qui surtout désolait Fatma, c'est que Jacob et un homme qui paraissait son ami se montraient plus agressifs que les autres.

Le juif prétendait avoir perdu toute sa fortune par le fait d'Elaï-Lascri. Quant à son voisin, il résumait les griefs de tous dans sa longue et maigre personnalité.

A toutes les accusations lancées contre le *brouillard sanglant*, il répondait d'une voix aiguë :

— A moi aussi, les bandits ont ravi pareille chose.

Heureusement Ben-Addou, qui tenait à gagner la récompense promise, ne se laissa pas intimider. Il tira ses pistolets de sa ceinture, et jura qu'il tuerait quiconque avancerait. Il se fit un grand silence, dont Jacob profita pour murmurer :

— Puisque l'on ne peut pas obtenir du sang, je m'en vais chercher de l'or, il doit y avoir un trésor caché ici.

Et il fit mine de s'éloigner.

Se doutant que le juif entretenait des relations avec le *brouillard sanglant*, Ben-Addou le retint par le bras :

— Comment as-tu appris qu'il y a des richesses dans cette maison ? — demanda-t-il tout bas.

Jacob répondit très-haut :

— Un nègre est venu un jour m'échanger des douros contre des lingots ; or, Elaï-Lascri est nègre ; cette demeure lui appartient, et je pense que j'ai eu affaire à lui. Sans doute il a déposé mes lingots dans quelque trou. Lâche-moi donc, Ben-Addou, je vais chercher la cachette.

On recueillit avec avidité les paroles du juif, et à peine eut-il achevé, que la foule se dispersa rapidement dans les appartements, fouillant avec avidité les endroits les plus secrets de la maison.

Ben-Addou et Jacob se trouvèrent seuls en présence.

Le chaouch, qui en savait plus long que les autres, dit à Jacob :

— Tu sers de receleur à Elaï-Lascri, j'en suis certain. Ne nie pas. C'est toi qu'il a chargé de racheter Fatma ; si je t'accuse, tu es perdu. Tu as su te débarrasser de ceux qui étaient ici, afin de pouvoir t'emparer d'un trésor que sans doute tu connais. Si tu veux me révéler ton secret, je garderai le silence sur ce que tu as fait.

— Je connais ta fourberie, — répondit Jacob, — tu me livrerais quand même.

— Imbécile ! si je te trahis, ne pourras-tu pas révéler à l'agha que je me suis emparé de richesses immenses qui lui reviennent de plein droit.

— Entendons-nous bien, — objecta Jacob, qui n'avait pas perdu son sang-froid ; — je veux partager par moitié.

— J'y consens...

— Viens, alors ; notre fortune est assurée, une immense fortune !

Le chaouch, oubliant Fatma, suivit le juif. En comparaison de ce qu'il espérait, la récompense promise par l'agha était bien mesquine.

A peine Jacob eut-il entraîné le chaouch à sa suite, que Fatma vit bondir son compagnon ; cet homme s'empressa de couper ses liens, lui jeta un burnous sur les épaules, l'entraîna vers la porte, et il lui aida à se placer sur un coursier qui se trouvait là.

Lui-même en enfourcha un second, et ils partirent au galop.

El-Chadi, car c'était lui, chargé de ramener la maîtresse de son chef, ne l'ayant pas trouvée au rendez-vous, avait instruit Jacob de ce retard. Tous les deux, en grande hâte, s'étaient dirigés vers la demeure de Fatma au moment où la foule l'envahissait. Avec un sang-froid admirable et une grande habileté, ils avaient combiné leur plan de délivrance. Il ne faut pas s'étonner qu'il ait si bien réussi : il sortait du cerveau d'un juif et de celui d'un filou.

Tous ces événements qui se précipitaient avec une si effrayante rapidité avaient troublé le cerveau de Fatma; elle allait, l'œil hagard, le visage effaré, sans comprendre qu'elle était délivrée.

En traversant les rues de Nédromah, son cheval renversa un homme qui se releva en criant contre elle.

Elle n'y prit pas garde, quand El-Chadi lui dit :
— Par Allah ! tu viens de jeter à terre Ibrahim, et cet imbécile nous a reconnus. Hâtons-nous, ou nous sommes perdus !

Excités par El-Chadi, les deux chevaux redoublèrent de vitesse.

Une fois hors de la ville, Fatma fut rappelée à la réalité par le mouvement de sa monture; un soupir s'échappa de sa poitrine oppressée, la mémoire lui revint, et elle questionna son compagnon :
— Qui es-tu ? — lui demanda-t-elle.
— Un ami d'Elaï-Lascri ; c'est moi qu'hier au soir tu as vu sur la muraille. J'ai tâché de te sauver ; mais voilà un nuage de poussière derrière nous, et je crains bien de n'avoir pas réussi.

Fatma se retourna avec inquiétude et vit en effet une troupe de cavaliers qui lui donnaient la chasse. C'étaient les cavaliers angades que Ben-Abdallah conduisait lui-même à la poursuite des fugitifs.

Ibrahim, comme l'avait dit El-Chadi, ayant reconnu Fatma, s'était élancé vers le palais de l'agha pour l'avertir de son évasion.

Le jeune homme, un instant ému par la touchante résignation de la jeune fille, s'était éloigné, honteux de ne pas se sentir la force de venger son père. Il aurait volontiers livré la mulâtresse au cadi ; mais la tuer lui-même lui répugnait.

Cependant il se repentit vite de ce bon mouvement; il lui sembla entendre la voix de son père lui reprochant sa faiblesse, et, comme il arrive à tous ceux qui reviennent sur une résolution prise, il se fit, en lui une réaction violente.

Il retourna sur ses pas, résolu à poignarder Fatma ; c'est alors qu'il la rencontra.

Il bondit vers le palais en criant :
— Alerte ! alerte ! le Roi des Chemins enlève sa maîtresse !

Ibrahim se trompait, il prenait El-Chadi pour Elaï-Lascri, le renard pour le tigre.

L'effet de son appel n'en fut pas moins magique.
— Qu'y a-t-il ? — demanda Mohammed-Ben-Abdallah en accourant vers lui.
— Je viens de voir Elaï le Maudit se sauver avec Fatma, — répondit Ibrahim. — Hâte-toi, mon seigneur, tu peux les rejoindre.

L'agha n'en attendit pas davantage, il fit seller son cheval au plus vite, prit ses armes, ordonna aux Angades dont les chevaux étaient tout prêts de le suivre ; puis il piqua des deux, interrogeant sur son chemin ceux des habitants qu'il trouva à portée de sa voix.

Bientôt il fut sur la trace des fugitifs, qu'il aperçut à une demi-lieue devant lui.

Au bout de quelques temps, les chevaux des Angades, épuisés par le combat de la veille, ne purent soutenir cette allure ; l'agha leur fit signe de ralentir un peu leur galop, et, enfonçant ses éperons dans le ventre de son cheval, il devança son escorte, gagna une énorme avance sur ceux qu'il voulait atteindre.

L'agha croyait réellement avoir à lutter contre Elaï-Lascri, et il fallait beaucoup d'audace pour oser l'affronter seul.

Si c'eût été le chef du *brouillard sanglant*, Ben-Abdallah eût sans doute payé son audace de sa vie. Mais le pauvre El-Chadi n'avait pas assez de force pour se mesurer avec un cavalier, quel qu'il fût.

Bientôt Abdallah ne fut plus qu'à une une portée de pistolet des fugitifs.

Quand Fatma se vit retombée aux mains de ses persécuteurs, elle s'évanouit ; si la selle arabe, où l'on se trouve assis comme dans un fauteuil, ne l'eût retenue, elle aurait roulé sur le sol.

L'agha, sans se préoccuper de ce détail, fit feu sur El-Chadi, dont le coursier reçut la balle destinée à son maître. L'animal s'abattit et le cavalier sauta à terre avec la légèreté d'un oiseau.

L'agha allait tirer sur lui un second coup de pistolet, quand il reconnut qu'il n'avait pas affaire à un nègre ; de plus, son adversaire, dans la plus humble posture, lui demandait grâce pour lui.

Néanmoins il le tint en joue jusqu'à l'arrivée de son escorte.

Alors il ordonna à deux des Angades de garrotter le prisonnier, de lui amener la jeune femme, qui avait repris ses sens.

Un des cavaliers prit par la bride le cheval de Fatma, qui, plus tremblante, plus désespérée que jamais, attendit qu'on l'interrogeât.

— Femme, répondis, — demanda rudement l'agha, — n'es-tu pas Fatma, la maîtresse d'Elaï le Maudit ?
— Oui, mon seigneur, — répondit-elle.
— Et cet homme ? — la jeune femme garda le silence, — Pourquoi te tais-tu ? — demanda l'agha.
— Tu m'as questionnée sur moi, j'ai répondu la vérité ; tu veux savoir qui est celui dont je suis accompagnée, je dois lui laisser le soin de parler s'il le veut, de cacher son nom si cela lui convient.

L'agha jeta à la jeune femme un de ces regards étonnés qui, dans un ennemi, prouvent sinon la pitié ou l'affection, du moins l'estime.

Ben-Abdallah était surpris de la fermeté de Fatma. Il fit signe de conduire près de lui El-Chadi.

Celui-ci paraissait en proie à une indicible frayeur.
— Ton nom ? — demanda l'agha.
— Je suis El-Chadi, *sidi* ; je sers d'espion à Elaï-Lascri, et si tu veux me faire grâce de la vie, je te donnerai le moyen de le prendre vivant.
— Connais-tu son repaire ?
— Oui, sans doute.
— La vie et cinq mille douros si tu m'y conduis de suite ! — s'écria l'agha, dont le regard brilla de joie et d'espérance.
— Un instant, *sidi* ; la vie, c'est beaucoup ; mais cinq mille douros, c'est cinq mille fois plus, puisque l'on expose souvent ses jours pour un douro. Or, je tiens beaucoup à la vie, énormément aux douros. Pardonne si je suis défiant, mais j'ai souvent reçu du Roi des Chemins des coups de matraque au lieu de la récompense promise.
— Parle, chien ; quand je promets, je donne.
— *Sidi*, — insista El-Chadi, branlant la tête d'un air de doute, — si je n'ai pas de toi un serment solennel, je ne parlerai pas.
— Eh bien ! je jure par le Prophète.
— Par son nombril, — insista El-Chadi.
— Par son nombril ! — répéta l'agha impatient.
— Alors, écoute bien... — El-Chadi, en commençant cette phrase, jeta un regard vers Fatma, dans l'intention d'échanger avec elle un regard d'intelligence. — Alors, écoute bien, — reprit-il, — le repaire du bandit est situé...

Le malheureux n'acheva pas, une détonation retentit et il s'affaissa sur lui-même.

Tous les regards se tournèrent vers l'endroit d'où le coup était parti, et l'on vit Fatma un pistolet encore fumant à la main.

Incapable de répandre une goutte de sang pour se défendre elle-même, la vaillante enfant avait puisé dans son amour le courage de tuer le traître qui allait livrer son maître.

Le voyant sur le point de révéler le secret de son repaire, elle avait cherché des yeux une arme, pour arrêter par la mort cette révélation fatale, et dans les fontes même de sa selle, elle avait trouvé deux pistolets chargés.

— Pourquoi tuer cet homme? — cria Ben-Abdallah, pâle de colère.

— Parce qu'il allait lâchement trahir un homme que j'aime.

L'agha était trop furieux pour être touché par cette fière réponse.

— Ah! chienne maudite, tu crois donc, — dit-il, — que je ne saurai pas par toi où est l'immonde refuge de ce lâche Elaï!

— Oui, sidi, je le crois.

— Pied à terre. mes enfants! prenez-moi vos baguettes de fusil et flagellez cette impertinente esclave jusqu'à ce qu'elle se soumette. Allons, vengez-vous!

Sauf Meçaoud qui regardait la jeune femme avec admiration, les Angades descendirent de cheval et se mirent en devoir d'exécuter les ordres de leur agha.

Fatma fut dépouillée de ses vêtements, et, avec une sauvage férocité, les Angades la flagellèrent comme avait été flagellé leur cheik.

La jeune femme se tordait sans pousser une plainte; le sang jaillit, la douleur devint intolérable.

Meçaoud, révolté de ce spectacle odieux, résolut d'y mettre fin.

Il avait envie d'enlever la jeune femme, de tuer l'agha et de fuir avec elle; mais, comme il armait son fusil, Fatma, craignant d'être vaincue par la souffrance, se précipita sur un poignard passé dans la ceinture d'un des Angades et se le plongea deux fois dans le sein.

Meçaoud descendit de cheval et courut à elle. Elle était à terre dans une mare de sang et ses bourreaux frappaient encore.

Meçaoud saisit l'un deux par le bras et lui asséna sur la tête deux ou trois coups de la crosse de son pistolet.

L'homme perdit connaissance: c'était El-Kouffi!...

— Arrière, lâches! misérables chaouchs! — gronda Meçaoud. — N'avez-vous pas honte de vous acharner ainsi sur une femme?

— Les bandits n'ont pas eu de pitié, pourquoi en aurions-nous? — répondit un Angade.

— Parce que vous ne devez pas être comme eux des vautours sans entrailles, des hyènes sans noblesse. Allons, relevez cette jeune femme et emportez-la à Nédromah. — Puis, Meçaoud, le front haut, le regard assuré, se posa fièrement en face de l'agha : — Ben-Abdallah, tu ne t'es pas conduit en djouad; je suis pauvre, mais pour cent mille douros je ne voudrais pas avoir une tache comme celle-là à mon nom.

Meçaoud était d'aussi noble tente que l'agha; il disait vrai, et ce vrai il le disait bien.

Ben-Abdallah étouffa sa colère, ne répondit rien et donna le signal du retour.

— Que faut-il faire des prisonniers?

— Le femme à Nédromah, — fit l'agha, — l'homme en pâture aux hyènes.

— Tu lui as promis la vie et cinq mille douros, — dit Meçaoud, — il faut voir s'il a rendu le dernier soupir. S'il respire encore, tu lui devras tous les soins possibles, afin de le rétablir, et son argent après sa guérison. Voyez s'il vit, mes autres, — ajouta Meçaoud. Les Angades tâtèrent El-Chadi pour la forme; les membres raidis du pauvre homme les convainquirent de son trépas. — C'est fâcheux qu'il soit mort, — fit observer Meçaoud; — lui seul nous aurait renseignés sur le *brouillard sanglant*.

— Et cette femme donc? — lui dit l'agha.

— Elle ne parlera jamais.

— C'est ce que nous verrons lorsqu'elle sera guérie.

— Il serait prudent pour moi de ne pas rentrer à Nédromah, — pensa Meçaoud; — l'agha m'y ferait un mauvais parti.

Et Meçaoud avait raison en faisant cette judicieuse réflexion.

Cependant, il n'avait pas commis d'autre faute que de protéger une pauvre victime que l'on violentait. Mais, malheureusement, cette action d'un cœur généreux contrariait le caprice d'un homme tout-puissant, dont un signe faisait tomber les têtes. C'est là une des tristes conséquences des Etats gouvernés autocratiquement. Si bon que soit un prince absolu, il est toujours un despote, quand il n'est pas tyran.

Meçaoud, intelligent, guerrier, comprit fort bien sa position. Il résolut de se tenir prêt à parer aux éventualités qui pourraient survenir.

Sur l'ordre de Ben-Abdallah, les cavaliers remontèrent à cheval, et ils regagnèrent Nédromah, emportant Fatma.

Meçaoud les laissa gagner un peu d'avance sur lui.

El-Kouffi, remis de l'étourdissement causé par les coups de crosse de Meçaoud, se tenait à côté de l'agha, et il lui parlait vivement. Il est à croire que ce n'était pas en faveur de son cousin. Mais quand la troupe rentra à Nédromah, tous deux tournèrent la tête et ils virent Meçaoud au haut de la montagne des Caroubiers. Le jeune homme poussa le cri de combat, déchargea son fusil et disparut. C'était une déclaration de guerre.

XIII

OU IL EST PROUVÉ QUE LE PROVERBE : A BON CHAT, BON RAT, EST CONNU EN AFRIQUE.

Ben-Addou suivit Jacob dans les fossés des fortifications, avec le soin jaloux d'un vieux mari qui surveille une jolie femme.

Ce n'est pas qu'il eût pour lui la moindre affection; loin de là. Ben-Addou s'aimait d'abord, et après lui il ne jugeait personne digne de son amitié. Mais Jacob connaissait la cachette où se trouvaient enfouis les trésors d'Elaï-Lascri, et de ce pas ils allaient les déterrer tous deux; il avait bien peur que son associé ne le trompât, et il faisait bonne garde.

Ebloui par des espérances magnifiques, il oubliait, et la jolie mulâtresse et les promesses de l'agha, et jusqu'à sa poltronnerie habituelle; car il supposait que la fortune ensevelie par le bandit devait être splendide.

Il marchait confiant derrière le juif, qui, poussé sans doute, lui aussi, par la cupidité, précipitait ses pas de façon à faire envie à un jeune homme.

— Toi, vieux singe, — pensait Ben-Addou, — tu n'irais pas aussi vite si tu pouvais deviner le sort qui t'attend. Ah! tu crois que je vais t'abandonner la moitié du trésor; non pas, je te laisserai en gage à la place, et Elaï-Lascri se payera sur ton squelette, s'il le veut.

Puis il calculait, tout frémissant d'espoir, le nombre de lingots qu'il pourrait emporter, les pierreries que devaient contenir les coffres, et il se frottait les mains, ce qui est un signe de joie partout, aussi bien en Afrique qu'en Europe. La crainte reprenait parfois son empire sur son âme vile et basse; mais il se rassurait avec le raisonnement suivant : — Personne ne se doute de rien; je vais, pliant sous le poids de mes richesses, m'emparer du meilleur cheval de l'agha; je couple le jarret aux autres, je passe au Maroc, et là je suis en sûreté contre la rancune de mon maître et contre la vengeance du Roi des Chemins.

Et dans ses rêves dorés, il lui semblait déjà entendre les pièces d'or tinter joyeusement, agitées par

le galop de son cheval. — Arrivons-nous ? — demanda-t-il ; — le chemin me semble bien long.
— Patience ! — répondit le juif ; — nous touchons au but. Mais il faut nous arrêter ici.
— Et pourquoi cela ? — fit le chaouch impatient.
— Parce que je veux prendre mes précautions contre toi. Tu es armé et tu passes pour être peu loyal ; or, il pourrait fort bien advenir que, tenté par la part de gain que je réclame, tu voulusses me brûler la cervelle.
— Ce serait un moyen tout comme un autre de me constituer un bel héritage sans lien de parenté ; mais rassure-toi, mes intentions sont honnêtes.
— Les paroles ne prouvent rien ; je ne fais pas un pas de plus si tu ne cèdes pas à ma prière.
— Que veux-tu ?
— Tes pistolets, ton poignard et ton sabre.
— Par Allah ! c'est un peu fort ce que tu exiges là ; j'irais me livrer pieds et poings liés à un homme assez rusé pour me supposer des idées aussi abominables que celles-là. Non, non, Jacob ; si tu es capable de te défier d'un guet-apens pareil, tu es capable aussi de l'exécuter.
— Tu refuses de faire ce que je demande ?
— Oui.
— Alors je ne te montrerai pas la cachette.
Et le juif s'assit à terre, mit sa tête dans ses mains et attendit avec une impassibilité parfaite.
— Ah ! tu crois que je n'ai pas le moyen de te faire retrouver tes jambes ; attends, vieux brigand ! — s'écria Ben-Addou.
Et il arma un pistolet dont il le menaça.
— Tire, — dit Jacob avec une froide assurance qui intimida le chaouch ; — tu perdras une magnifique occasion de t'enrichir, voilà tout.
Ben-Addou réfléchit quelques instants ; il tenait essentiellement à conserver ses armes ; mais, d'un autre côté, Jacob s'obstinait dans sa prudente exigence, et le temps s'écoulait. Le chaouch trouva un moyen terme ; il proposa de jeter ses pistolets et le reste de son arsenal offensif et défensif, afin de rassurer son allié, qui accepta. La convention fut scrupuleusement exécutée, et le juif passa un examen minutieux sur la personne de Ben-Addou, pour voir s'il ne conservait rien sous ses vêtements. Puis, à l'aide d'une pierre, il cassa la lame du sabre et celle des poignards, et il brisa les crosses du fusil et des pistolets.
— Va, vieux chacal ! — pensait le chaouch, — j'ai encore mes deux mains pour t'étrangler tout à l'heure.
Sans doute, Jacob ne songea pas à ces armes naturelles, car il lui fit signe de le suivre de nouveau. Au bout de cinq minutes il s'arrêta court, et il s'orienta quelques instants. En face de lui était la muraille de la ville, et les pierres disparaissaient sous un rideau épais de mousse et de lierre. — Eh ! voyons, y sommes-nous ? — demanda le chaouch.
— C'est là, — répondit Jacob en désignant un point du mur ; — aide-moi à soulever ces feuilles qui nous cachent l'entrée, car je suis débile et vieux.
Ben-Addou écarta quelques branches, et il poussa un joyeux cri en voyant, dans une pierre énorme, une petite excavation profonde qui était sans doute le trou d'une serrure singulière.
— La clef, la clef ! — demanda-t-il avec un accent fébrile.
— Fais place, — dit Jacob.
Et il tira de sa poche une énorme clef, qu'il introduisit dans la serrure ; les ressorts jouèrent en rendant un bruit sec ; un pan du mur s'ouvrit, laissant apercevoir une galerie souterraine, dont l'air frais et humide vint frapper Ben-Addou au visage.
— Oh ! — fit-il, — le Roi des Chemins est un habile homme, et ce lierre aux larges feuilles qui tapisse cette porte la dissimule admirablement. Seulement, je m'étonne que tu n'aies pas songé à t'approprier plus tôt ces richesses, — ajouta-t-il avec méfiance.

LE SIÈCLE. — XXXV.

— J'ignorais leur existence. Hier seulement Elaï-Lascri m'a confié cette clef, et il m'avait caché l'existence de son trésor. En cas de danger, je devais faire sortir sa maîtresse par le souterrain. Je me suis douté que sa richesse était là, et cette nuit j'ai cherché si bien que j'ai fini par trouver.
— De sorte que, après avoir possédé la femme d'Elaï-Lascri, je vais m'emparer de ses trésors. La chose est curieuse ; moi, un chaouch me jouer ainsi du Roi des Chemins !
— Et moi un juif ! j'allais faire mieux, mais le temps m'a manqué. Dans deux heures le bandit saura tout et viendra ici au plus vite ; or, il faut soulever une énorme pierre pour s'emparer du trésor, et mon fils n'est pas là pour m'aider. J'ai pensé que, plutôt de tout perdre en attendant son retour, qui peut être long, il valait mieux partager avec toi.
— Tu as donc déjà visité la cachette ?
— Sans doute ; hier, mon fils m'a prêté le secours de ses bras robustes, et, sous un bloc énorme, nous avons trouvé un trou profond où l'on descend jusqu'aux genoux dans les pièces d'or. J'ai envoyé mon enfant à Tlemcen pour préparer notre fuite ; mais, puisqu'il faut agir sans lui, hâtons-nous.
— On n'y voit pas.
— Avance toujours, je vais allumer une torche un peu plus loin.
En effet, après quelques pas, Jacob battit le briquet, et un flambeau de résine, qu'il avait pris dans un lieu connu de lui, jeta une clarté douteuse sur le caveau.

. . . .

C'était une espèce de silo, qui jadis avait servi aux habitants à cacher leurs richesses ; car, sous le despotique régime des Turcs, chacun tremblait pour sa personne et pour ses biens, et chaque maison possédait son silo. Elaï-Lascri, voulant pénétrer à son gré dans Nédromah et sachant que ce souterrain, par excès de prudence de la part des anciens possesseurs, se trouvait en communication avec la campagne, n'avait pas hésité à en devenir l'acquéreur.
Il pensait à bon droit qu'un jour ou l'autre il aurait besoin de ce passage.
Dans cette affaire, Jacob lui avait servi de prête-nom ; et, jusqu'au jour de l'installation de Fatma, cette demeure était restée déserte.
Ben-Addou regardait avec attention les plus petits recoins de ce lieu sombre ; impressionné malgré lui, il pensait que l'endroit choisi par Elaï-Lascri pour enfouir le fruit de ses rapines ressemblait beaucoup à un tombeau.
En effet, la lumière que tenait le juif ne parvenait pas à dissiper les ténèbres, tant l'air était humide et lourd ; la flamme rougeâtre de la torche formait des ombres étranges lorsque ses rayons étaient interceptés par les piliers, et elle faisait étinceler de mille reflets bizarres les parcelles de salpêtre que l'eau, tombant goutte à goutte, avait déposées comme une brillante draperie moirée d'argent le long des murailles.
Il semblait même que le juif s'était transformé ; Ben-Addou lui trouvait un air sardonique et farouche qui lui inspirait une vague inquiétude ; toute son assurance était tombée.
Le remords accompagne souvent la peur ; aussi, le chaouch, à cet instant d'angoisse qui s'était soudain emparé de lui, sentit ce que pèse un crime sur la conscience d'un homme. Le souvenir de ses forfaits passa rapide devant ses yeux, et il revit comme dans une vision fantastique son passé souillé de sang et de bave impure ; il tremblait, il frémissait ; à chaque instant il s'attendait à voir le spectre de Fatma se dresser devant lui, et au-dessus d'elle le glaive du Roi des Chemins.
Pour opérer cette transformation, il avait suffi que le misérable se trouvât seul et désarmé, loin de toute protection, en face d'un homme qui lui semblait redouta-

ble, quand jusqu'alors il l'avait cru timide; au milieu d'un souterrain nu et ténébreux, lorsqu'il s'attendait à déterrer un trésor en plein air.

Il était là, indécis, hébété, regardant d'un œil hagard, quand celui-ci lui dit :

— Eh ! mais, qu'as-tu donc ? es-tu devenu fou ?

— Non, — répondit le chaouch, se remettant un peu de son trouble, — j'attendais que tu m'indiquasses ce qu'il y avait à faire.

— Rien de plus simple, mon brave chaouch, — fit Jacob plus ironique, plus provoquant que jamais, — quand on tient dans un piège une bête aussi immonde que toi, on s'empresse d'aller chercher ses amis pour la tuer en commun.

En terminant ces mots, le juif, d'une main vigoureuse, frappa Ben-Addou au visage avec le flambeau, lui appliquant sur la chair le bout qui était allumé.

Celui-ci, poussant un cri terrible, fit un bond en arrière en fermant les yeux, et, quand il les ouvrit, la lumière était éteinte et Jacob avait disparu...

Ben-Addou était resté seul dans le caveau.

La main vigoureuse du vieux juif lui avait appliqué la torche brûlante sur le visage, et le chaouch, fou de douleur et aveuglé par la résine bouillante, se mit à pousser des cris sauvages et à bondir comme un lion qu'un taon poursuit de ses piqûres.

Dans une de ces gambades, qu'El-Chadi lui-même eût regardées d'un œil envieux, le chaouch se heurta le front à l'angle d'un pilier ; cette nouvelle blessure lui fit l'effet du coup de massue qui assomme un bœuf.

Il tomba lourdement sur le sol humide du caveau.

Une demi-heure après, il reprit connaissance et il se traîna comme il put vers l'issue par où il était entré.

Quand il y fut parvenu, il acquit la triste certitude qu'il était prisonnier, et pourtant le juif n'avait pas fui par là.

En vain il sonda le terrain, les murs, les piliers ; au milieu de l'obscurité il ne sut rien trouver. Il attendait avec une terreur profonde que le Roi des Chemins vint lui-même venger Fatma.

Ben-Addou savait très-bien ce dont le chef du brouillard sanglant était capable, et Ben-Addou se demandait s'il ne valait pas mieux prévenir ses cruautés, en se fracassant la tête sur les murs que de tomber entre les mains du nègre.

Mais la couardise formait avec l'avidité le fond de son caractère. Il était de ceux qui ne savent pas se procurer un trépas relativement doux et prompt, quand un supplice effrayant les menace. A l'aspect de la mort, ces poltrons perdent la tête, et de deux maux ne savent choisir le moindre.

Ben-Addou se fit accroire à lui-même qu'il serait toujours temps de se tuer quand les bandits entreraient, et il écouta avec angoisse, pour surprendre le bruit de leurs pas.

Le chaouch ne possédait pas, comme les mahométans honnêtes, cette fataliste croyance qui les fait se soumettre aux lois du destin en espérant le paradis du Prophète. L'orgueil même, qui fanatise certains grands criminels marchant à l'échafaud d'un pas assuré, n'exerçait aucun empire sur cette âme basse ; à laquelle l'appât du gain seulement inspirait de l'énergie.

Aussi, quand le chaouch entendit grincer au-dessus de sa tête les gonds d'une trappe qui s'ouvrait, quand il vit descendre deux hommes le long d'un escalier que jusqu'alors il n'avait pas encore aperçu, n'eût-il pas le courage de se suicider.

C'étaient Jacob et son fils qui venaient s'emparer de lui et le conduire à Elaï-Lascri.

L'instinct de la conservation lui inspira cependant une ruse habile : il se dissimula le mieux qu'il put derrière un pilier, et, quand ses ennemis eurent quitté la dernière marche, il s'élança pour fuir.

Déjà il se trouvait au sommet de l'escalier, il criait au secours; il se croyait sauvé, quand une main de fer le saisit à la gorge et étouffa sa voix.

Jacob et son fils remontèrent tranquillement, aidèrent leur troisième acolyte à garrotter le chaouch ; puis ils le placèrent sur une mule, après l'avoir roulé dans une natte comme un paquet de marchandises. Jacob prit la mule par la bride, et les deux autres suivirent par derrière.

A peine furent-ils hors de la ville que le juif s'arrêta et dit :

— Où est ton cheval, Yousouf ?

— Dans ce ravin, à gauche, — répondit le bandit, car c'était lui.

— Va le chercher, il est temps. — Quelques instants après, Yousouf était en selle et plaçait l'infortuné chaouch en travers de son coursier. — Tu raconteras comment tout s'est passé à ton chef, et, si Fatma n'est pas sauvée, qu'il sache que ce n'est pas ma faute ! — lui dit Jacob.

— Sois tranquille, et qu'Abraham te protège !...

Et Yousouf piqua des deux.

Jacob, comme on le pensa bien, s'était échappé par l'escalier que Ben-Addou ne connaissait pas ; il était allé chercher son fils, qui n'était pas parti le moins du monde pour Tlemcen, et en même temps il avait trouvé Yousouf, qu'Elaï-Lascri, inquiet, venait d'envoyer aux informations.

Grâce à son adresse, le vieux juif s'assurait l'impunité d'abord, car le chaouch aurait parlé, la reconnaissance du Roi des Chemins, ce qui n'était pas peu de chose ; enfin il se donnait la satisfaction de se venger, ce qui est un plaisir, même pour un juif... quand il n'en coûte pas un douro.

Et la vengeance fut terrible.

Yousouf, en retournant au repaire d'Ali, fut fort étonné de voir, au détour d'un sentier, deux hommes qui semblaient, eux aussi, se diriger vers la mer.

— Seraient-ce des chaouchs ? — se demanda Yousouf. Et aussitôt il attacha son coursier à un arbre, mit pied à terre et se hâta de faire un circuit, afin de dépasser les inconnus. Une fois arrivé à quelques centaines de pas en avant d'eux, il crut reconnaître El-Chadi. Yousouf ne fut pas le moins du monde surpris en retrouvant vivant le saraq, dont on lui avait déjà annoncé la mort. El-Chadi en était à sa cinquième résurrection. Mais ce qui l'étonna c'est que son camarade causait amicalement avec un cavalier que mille raisons faisaient supposer être un ennemi du brouillard sanglant. — Qu'Allah me prive de ma part de paradis si je ne vois pas de mes yeux Meçaoud, le cousin d'El-Kouffi ! — se dit Yousouf.

— Voilà une occasion de lui allonger un coup de yatagan en échange celui qu'il m'a porté.

Dans la nuit précédente, il avait en effet reçu une blessure, assez légère il est vrai, de la main du djouad.

Voulant d'abord prévenir El-Chadi de sa présence, Yousouf poussa le hurlement de l'hyène ; mais il imita ce cri en le modulant si singulièrement qu'il semblait venir de fort loin.

El-Chadi dressa l'oreille.

Les hyènes ne sortent guère que la nuit ; aussi Meçaoud dit-il :

— As-tu entendu ?

— Oui.

— C'est assez étrange, n'est-ce pas ?

— Sans doute.

— Je suppose que c'est un signal de quelqu'un de la bande.

— Bien, très-bien ! — fit El-Chadi ; — tu as une sagacité admirable. Tu seras un de nos meilleurs compagnons.

— Attends, — continua Meçaoud, — je vais répondre.

Et, formant à son tour un entonnoir du creux de ses deux mains, il aboya à la façon des chacals, en reproduisant l'effet lointain du premier cri.

El-Chadi semblait ravi. Yousouf ne savait que penser ; il restait dans sa cachette ; mais comme les deux cavaliers approchaient de plus en plus, il sortit de son buisson.

— Le bonjour pour toi, — lui cria El-Chadi, — tu te trouves là fort à propos pour conduire ce nouveau camarade au kébir (chef).

— Reste à savoir comment El-Sbah, — nom que les bandits donnaient à Elaï-Lascri, — l'accueillera.

— Tu lui montreras ta joue, et tu lui diras que c'est Meçaoud qui y a mis son cachet. A propos, voilà la première fois qu'un homme te marque ; et c'est une bonne lame, que celle par laquelle ta peau a été entamée. El-Sbah ne demandera pas d'autre preuve de courage et d'adresse à notre nouveau camarade. Maintenant, Meçaoud, donne une accolade fraternelle à Yousouf, et sois sûr qu'il ne te garde pas rancune.

En effet, Yousouf embrassa selon la mode arabe, sans arrière-pensée, celui qui cherchait à le tuer la veille. Puis il demanda à El-Chadi comment s'était passée son affaire.

— Oh ! c'est simple, — fit le saraq. — Soit dit sans offenser Meçaoud, les Angades ne sont pas des chacals pour la ruse. La petite, croyant que j'allais trahir le kébir, m'a lâché un coup de pistolet. Je lui faisais signe du coin de l'œil que je mentais, mais elle ne comprenait pas. Quand j'ai vu le pistolet entre ses mains, je me suis laissé tomber, la balle ne m'a pas atteint, et j'ai fait le mort. On s'occupait beaucoup plus de la petite que de moi, de sorte que j'ai pu facilement lui trouer la poitrine avec la pointe de mon poignard. Quand les Angades revinrent, mon haïque était plein de sang ; ils me laissèrent et me trouvèrent raide comme un piquet d'entraves. Je crois même que l'un d'eux assura que j'étais froid. On me laissa, et me voilà ! Quant à Meçaoud, c'est une autre histoire. Il a voulu défendre Fatma, l'agha lui en tient rancune, et de la haine d'un agha à la mort, il y a juste la longueur du yatagan d'un chaouch. En homme sage, Meçaoud pensa à mettre une distance plus considérable entre lui et le trépas. Il fuyait quand je l'ai rencontré. Tu connais mon éloquence, Yousouf ? — demanda El-Chadi en s'interrompant tout à coup.

— Oui, — fit Yousouf surpris de la question.

— Eh bien ! mon fils, j'allais improviser un discours splendide, un discours comme jamais marabout n'en a fait, pour convertir ce garçon-là à notre cause. Au premier mot, que dis-je ! au premier geste, il m'arrête court. Et devines-tu ce qu'il me demande ?

— Non.

— Où est le repaire d'Elaï-Lascri ? J'ai étouffé un soupir de regret, et nous nous sommes mis en marche. Mais te voilà, et je vous quitte.

— Pourquoi faire ?

— Pour avoir des nouvelles d'un certain chaouch.

— Ben-Addou ?

— Tiens, tu le connais !

— Certainement, il est à cent pas d'ici.

— Montre-le-moi vite, — s'écria El-Chadi ; — le scélérat, il est donc pris !

— Comme un rat dans une souricière.

— Qui a fait le coup ?

— Jacob.

Et Yousouf raconta de quelle façon le juif avait su faire Ben-Addou prisonnier.

— Il a une tête à épouvanter une négresse, ce fils d'Israël, — fit El-Chadi joyeux ; — mais la première fois que je le verrai, je lui sauterai au cou. Je l'avais chargé d'épigner le chaouch, il a eu l'adresse de le prendre, tant mieux.

— Oh ! oui, tant mieux, — dit aussi Meçaoud, — un misérable de cette espèce doit être cruellement châtié.

— Sois tranquille, il le sera.

Et les trois cavaliers allèrent retrouver Ben-Addou, toujours garrotté et bâillonné.

El-Chadi le plaça sur son cheval, alluma une pipe et s'amusa à faire tomber la cendre brûlante sur la peau du prisonnier. Et pourtant El-Chadi n'était pas cruel par nature... mais il exécrait cordialement Ben-Addou.

— Le Roi des Chemins sait-il que sa maîtresse est captive ? — demanda Meçaoud.

— Oui, j'ai envoyé pour le prévenir un de nos hommes qui m'accompagnait.

— Il doit être exaspéré ?

— Tant pis pour l'agha.

— Mais la jeune femme, que deviendra-t-elle ?

— La petite, — fit El-Chadi en secouant sa pipe sur Ben-Addou, — la petite fera tourner la tête à son geôlier. Une fois sa rage passée, l'agha va l'adorer. Ça nous donnera du temps.

Et, en terminant cette phrase, El-Chadi pinça fortement Ben-Addou, qui cherchait à remuer.

Une heure après, ils entraient tous quatre dans le repaire du *brouillard sanglant*.

Pendant la nuit qui suivit cette journée, lorsque le muezzin chantait pour la quatrième fois du haut de la mosquée son mélancolique appel à la prière, un homme, enveloppé d'un long burnous, se glissait à travers les arbres de la forêt des Caroubiers.

Les pâles rayons de la lune ne pouvaient éclairer sa marche à travers les épais fourrés de ce bois touffu, et ses yeux faisaient de vains efforts pour percer l'obscurité.

Fatigué sans doute de chercher en vain, il se cacha dans une touffe de caroubiers, et il se mit à pousser un cri de ralliement particulier au *brouillard sanglant*.

De trois points différents, des voix lui répondirent, et quelques instants après trois hommes entourèrent le fourré où il se tenait accroupi.

Ces personnages, le fusil en main, l'œil au guet, prêts à fuir ou à combattre, attendaient avec une certaine inquiétude que celui dont ils avaient entendu l'appel se montrât.

Enfin il sortit de sa cachette d'un air craintif.

— Allons, poltron, — dit l'un des trois hommes, — tu es bien long à montrer ton museau de civette !

— La prudence est la mère nourrice de la vie ; Allah donne l'existence, les bonnes précautions la conservent.

— Tu as tort d'appeler Jacob poltron, — dit une voix grêle ; — il a fait preuve d'une grande résolution ce matin. Chacun a sa bravoure, Yousouf.

— Merci, El-Chadi, — fit Jacob ; — mais, dis-moi, le kébir est-il là ?

— Me voilà, juif !

Et Elaï-Lascri, qui se tenait à l'écart, s'avança vers Jacob.

— Si El-Sbah se trouve près de moi, les panthères peuvent venir, — fit ce dernier, — je suis rassuré.

— Sache-le bien, juif ; pour toi, si tu tombais par trahison aux mains de l'agha, je ferais ce que demain je ferai pour Fatma, ma maîtresse. Donc, ne tremble jamais quand il s'agit de mon service. On peut mourir pour moi, mais on est sûr d'être vengé.

En disant cela, le Roi des Chemins ne mentait certes pas ; il était capable de se faire tuer pour sauver un des siens.

Cependant la certitude d'être vengé après son trépas souriait fort peu à Jacob.

Il faisait très-sombre ; dans les ténèbres, on ne pouvait lire sur son visage, mais El-Chadi comprit très-bien ce qui se passait dans son cœur.

— Tu lui parles de vengeance, — dit-il, — il vendrait le droit de poignarder un ennemi pour un douro. Le douro, c'est le dieu des juifs ; leurs ancêtres ont adoré un veau d'or. Annonce à Jacob que tu lui donnes deux cents pièces d'or pour ce qu'il a fait ; promets-en autant pour ce qu'il fera, et compte sur lui. Entre le son d'une pièce de monnaie et le râle d'un ennemi mourant, le fils d'Israël entend le premier, l'enfant d'Ismaël écoute le second. Maintenant, Jacob, raconte ce que tu sais ; le kébir a soif de détails.

— J'ai vu Fatma ; elle n'est pas dangereusement blessée, elle a la fièvre, elle est abattue, mais ce ne sera rien.

— Comment as-tu pénétré jusqu'à elle ?

— Un rabbin d'Espagne est venu visiter notre pays ; il connaît la médecine, et il m'a laissé des remèdes avec la manière de m'en servir. Entre autres choses, il m'a cédé au poids de l'or un remède qui guérit la fièvre. L'effet de cette liqueur est merveilleux ; l'agha m'a fait demander, et il m'a consulté sur la blessure de ta femme. Sous ce rapport, tu peux être tranquille, je réponds d'elle. Ben-Abdallah en est amoureux. — Elaï-Lascri poussa un blasphème terrible. — Calme-toi, dit Jacob, — je suis là. D'ici à huit jours, Ben-Abdallah ne pourra songer à autre chose qu'à rappeler la malade à la santé. Je lui ai donné à entendre qu'elle n'avait plus que le souffle.

Le Roi des Chemins respira.

— Écoutez-moi bien tous les trois, — dit-il, — je veux sauver Fatma et la venger. Je sais que demain il y aura une grande fantasia, où toutes les tribus accourront. Après la fête, les cheiks doivent s'entendre avec Ben-Addou pour nous traquer. Il faut par un coup d'audace terrifier toute la contrée. Il y a de notre tête à tous, d'abord ; de plus, si Fatma est délivrée, je vous récompenserai magnifiquement. Juif, à toi de l'or tant que tu en pourras porter. Ali sera libre, et il emportera ma part du butin que nous recueillerons ; Yousouf succédera à Ali dans son commandement et dans ses priviléges. Quant à toi, El-Chadi...

Elaï-Lascri s'arrêta ; il ne connaissait au pauvre garçon aucune ambition. Il n'aimait ni l'or, par philosophie, ni les femmes, par tempérament, ni les honneurs, par paresse.

Dans ce singe arabe, il y avait quelque chose de la sagesse, de la malice et de la bonté de l'Ésope grec.

— Va, — dit-il à son maître, — je te suivrai partout où tu iras. Tu es fort, tu me protégeras. J'aurai du bonheur à amuser tes enfants, quand Fatma t'en donnera.

— Merci, — dit Elaï-Lascri ému, — ton cœur est un diamant.

— Tu as mis dix ans à t'apercevoir que je t'étais dévoué, et pour te faire croire à l'amitié d'un homme, il a fallu l'amour d'une femme.

Ali, Yousouf et Jacob se regardèrent surpris ; cette parole profonde les avait saisis.

— Décidément, — murmura Ali entre ses dents, — je ne suis pas seul à penser que l'amour est tout-puissant.

— Il y a un sentiment plus fort, — répliqua El-Chadi.

— Lequel ?

— C'est la haine.

— Et pourquoi ?

— Parce qu'elle exalte les facultés du cerveau, sans le troubler par des désirs qui rendent imprudent. Un amoureux est impatient ; l'homme vindicatif sait attendre. Ensuite on ne saurait aimer toujours ; on peut haïr sans cesse. Le miel qui remplit la coupe de la volupté se vide rapidement sous l'avide aspiration des lèvres ; tandis que l'outre gonflée par le fiel de la vengeance ne le laisse échapper que goutte à goutte.

— Assez de mots inutiles ! — s'écria Elaï-Lascri d'un air sombre.

— Inutiles seraient mes mots s'il n'en sortait une conséquence.

— Quelle est-elle ? hâte-toi.

— Cette conséquence est précisément de ne pas se hâter ; amoureux comme tu le parais, tu vas commettre quelque folie. Déjà, grâce à un oubli, tu as laissé ouverte la porte par où un traître est entré ; tu pourrais bien, ce soir, fermer celle par laquelle Fatma sortirait.

— Mais je n'ai encore arrêté aucun plan.

— A tes yeux qui brillent, à ta main qui se crispe, à ton corps qui frissonne, je suis certain que tu médites quelque violence maladroite.

Le Roi des Chemins sentit la justesse de cette observation ; il passa sa main sur son front brûlant, médita quelques instants, puis, se redressant soudain, il dit :

— Tu as raison ; mais je veux redevenir le Roi des Chemins, ce n'est plus un amoureux qui parle, El-Chadi, c'est un chef. Regarde plutôt.

Et calme, solennel, Elaï-Lascri exposa nettement la situation, sa voix était lente et ferme ; l'esprit avait triomphé du cœur.

— Que proposes-tu, Ali ? — demanda-t-il quand il eut terminé son explication.

— Attaquer l'agha pendant la fête et le tuer.

— Mauvaise idée, — fit El-Chadi ; — avec ta manie d'aborder de front tes ennemis, tu te feras sottement tuer quelque jour sans avoir réussi. Tu imites les allures du lion, qui brave en face les chasseurs ; il en égorge vingt et il périt sous la balle du dernier. C'est une glorieuse sottise.

— A toi, Yousouf, — dit Elaï-Lascri.

— Se mêler à la fantasia comme des Arabes de la plaine ; la quitter au plus beau moment, pénétrer dans la ville et enlever Fatma.

— Elle sera gardée par les chaouchs de l'agha, — observa encore El-Chadi ; — ils se défendront derrière les murs du palais. Au bruit de la lutte, on accourra ; nous serons cernés, pris et massacrés.

— Juif, quel est ton projet ?

— Gagner à prix d'or un des chaouchs, et faire évader Fatma sous un déguisement.

— Ceci est mieux ; mais on ne peut jamais entièrement compter sur un traître.

Et, après ces remarques successives, El-Chadi, croyant avoir beaucoup fait, regardait son maître :

— Tu n'as pas développé ton plan, — fit ce dernier.

— Dans le cas où ce que tu tenteras demain échouerait, j'essayerais d'un moyen extrême.

— Lequel ?

— Un enterrement.

— De qui ?

— De Fatma.

— Tu es fou !

— Non pas. Je suis déjà mort plusieurs fois, et j'ai toujours ressuscité. Le juif endormirait ta femme avec de l'opium ; il réclamerait le droit de l'ensevelir lui-même ; à sa place, il substituerait une morte et cacherait Fatma, après l'avoir réveillée par quelque remède. Puis elle fuirait sous un déguisement. Mais, pour accomplir tout cela, il faut absolument que je sois transformé, moi aussi, en savant rabbin. De plus, il est nécessaire d'avoir le cadavre d'une jeune fille.

— Chose facile à se procurer, — dit Elaï-Lascri.

— N'importe ! je crois que, avant d'user cette corde de salut, il vaut mieux essayer des autres.

— Soit ! Mais retournons tous au repaire ; la nuit porte conseil ; vos idées ont du bon, je les combinerai, et j'en formerai un plan qui réussira. Je méditerai pendant que vous dormirez. Trois heures avant l'aurore vous partirez chacun de votre côté, munis de mes instructions.

— A la bonne heure ! — dit El-Chadi, — tu es sage ; mais, songes-y bien, la violence est comme la poudre. Trop de poudre, et un fusil éclate ; trop de violence, et une entreprise échoue. Dans les deux cas on risque sa vie.

— Maintenant, où est Ben-Addou ? — demanda Elaï-Lascri. — Yousouf, amène-moi cette hyène immonde. — Yousouf s'éloigna et revint bientôt, tenant sur ses épaules un homme garrotté. Il le jeta à terre sans précaution ; il eût été difficile de reconnaître le chaouch, tant la peur défigurait son visage. — Délie-le, — commanda le nègre.

— Il va crier.

— Est-ce que l'oiseau use de sa voix quand le serpent le fascine ? Délie, délie, Yousouf.

Elaï-Lascri avait raison, le chaouch, débarrassé de ses liens, n'osa pas faire un mouvement.

— Je vous ai consultés sur la conduite à suivre pour sauver Fatma, je vais encore vous demander d'inventer un supplice digne de son meurtrier. J'ai une torture toute préparée, mais peut-être m'indiquerez-vous mieux.

Le juif interpellé opta pour faire mourir le prisonnier de faim et de soif.

Ali conseilla de le faire manger par les mouches.

Le jeune homme était cruel parce qu'il pensait à Mériem qu'il avait failli perdre.

El-Chadi, lui, soutint que le mieux était de placer Ben-Addou sur une planche hérissée de verres brisés et de l'empêcher de dormir.

— Est-ce que l'on meurt de cela?

— J'ai vu périr ainsi mes deux frères, et c'est épouvantable.

— Moins encore que ma torture, reprit le nègre farouche. Elaï-Lascri ordonna d'aller chercher une outre qui se trouvait attachée à sa selle; quand il l'eut, il fit tirer les poignards de ses deux compagnons et leur enjoignit de l'imiter. Il creusa dans le corps du chaouch des trous profonds. Celui-ci ayant proféré des cris douloureux fut de nouveau attaché et bâillonné. Puis le nègre battit le briquet, alluma une torche dont il était muni, et cicatrisa les plaies en les brûlant. Dans les cavités qu'elles formaient, il versa l'huile que contenait la gourde; du cordon en poil de chameau qui ceignait sa tête il prépara des mèches qu'il fit flamber avec la torche. Il contempla pendant quelques minutes le spectacle horrible que présentait cette lampe vivante. Quand il eut satisfait sa soif de vengeance, il trancha la tête du chaouch et donna le signal du départ. — Etait-ce bien trouvé? — demanda-t-il.

— Trop bien, — dit une voix.

C'était celle d'Ali!

XIV

OU L'ON ASSISTE A UNE FANTASIA.

Le lendemain, dès que le soleil étincela sur la cime de l'Atlas, les environs de Nédromah présentèrent un aspect étrangement pittoresque.

De tous les sentiers qui déroulent leurs circuits sur le flanc des montagnes, de tous les chemins qui serpentent à travers les ravins de la plaine, du nord au midi, de l'est à l'ouest, de près comme de loin, d'en haut et d'en bas, de partout, accouraient des caravanes joyeuses, des groupes animés, de longues files de piétons, des pelotons de cavaliers, une foule immense enfin, qui débouchait sur le vaste plateau où Nédromah s'élève.

La fantasia, mot magique, qui peint si admirablement les jeux guerriers et passionnés que l'Orient seul a pu créer, et dont nos tournois ne furent qu'une pâle copie; la fantasia réunissait toutes les tribus, même les plus ennemies, en une seule assemblée, laquelle n'avait qu'une idée, un but, une voix, un désir: voir et admirer le splendide spectacle promis par l'agha Mohammet-Ben-Addallah.

Cette multitude formait un grand cercle à cinq portées de fusil au moins des remparts, et cependant on y entendait la rumeur puissante qui, s'élevant au-dessus du champ de course, passait en grondant dans l'air.

Mais personne n'était là pour recueillir le bruit sourd et terrible qui se dégage des grandes foules; bruit pareil au tonnerre annonçant au marin que l'orage s'amoncelle à l'horizon; foules semblables aux vagues brisant le navire, après en avoir amoureusement caressé la carène.

Les citadins, désertant leur foyer, couraient aussi au lieu de réunion, avides de jouir des émotions que promettait cette fête.

Pour le moment, chacun faisait trêve à ses haines; les rancunes s'oubliaient, les colères s'assoupissaient; pourtant, toutes les races si diverses et si hostiles l'une à l'autre, qui peuplent le nord de l'Afrique, se rencontraient face à face.

Mais le plaisir, ce mobile si puissant, le plaisir espéré, attendu, demandé avec une impatiente frénésie, tenait suspendues les vengeances et les menaces; après la fête, les rixes pouvaient éclater à l'aise, mais avant, ne fallait-il pas contempler la fantasia?

Et les nations rivales s'observaient sans échanger de provocations.

Trente mille personnes étaient là, se coudoyant, se poussant et se heurtant; pas une dispute ne résulta de cette cohue.

Chaque tribu formait un groupe à part qui se distinguait de son voisin.

Les Kabyles se reconnaissaient à leur chachia de laine blanche et à leur figure moins anguleuse que celle des autres peuplades. Les Arabes se distinguaient facilement à leurs traits allongés et à leur burnous en poil de chameau. Puis venaient les Maures, vêtus à la mode turque; les juifs à la calotte dorée; les Marocains au fez rouge C'était enfin une masse énorme de peuplades diverses. dont les costumes variés et pittoresques offraient des contrastes saisissants.

L'ordre régnait parmi tout ce monde, parce que chaque village se groupait autour de son cheik.

Celui-ci, comme nos seigneurs du moyen âge, se tenait à la tête de son goum (troupe armée), vêtu avec ce luxe oriental dont les tableaux d'Horace Vernet peuvent donner une idée.

Auprès de chacun des djouads se tenaient deux ou trois serviteurs, portant sur le poing les faucons du maître.

C'est là encore un des traits qui rapprochent l'Algérie d'alors de notre France féodale; ce privilége d'élever des faucons est réservé seulement aux chefs, qui sont extrêmement jaloux de cette prérogative.

Dans des palanquins, les femmes riches, cachées sous des rideaux de soie, pouvaient voir sans être vues; autour d'elles, les cavaliers formaient un cercle protecteur. Puis venaient les prolétaires, la plèbe de la tribu, ceux qui ne possédaient ni chameau, ni cavale, ni ânesse; ce jour-là ils oubliaient leurs misères: ils allaient voir la fantasia!

En ce moment, tous les yeux se tournaient vers l'agha, le pressant de donner le signal attendu. Monté sur un superbe coursier, Ben-Abdallah faisait face à la ville; il portait un costume splendide, et son escorte resplendissait d'or et d'argent.

Il possédait des richesses fabuleuses; ses troupeaux couvraient les pâturages; les cavales et les mules encombraient ses écuries; sur les douars de la plaine, il prélevait un tribut considérable, et les Kabyles eux-mêmes, pour vendre leurs marchandises dans ses marchés, versaient un impôt entre ses mains.

Enfin, voyant les signes d'impatience de la foule, l'agha promena sur elle un fier regard qui fit baisser bien des têtes; puis, se tournant vers son goum, il lui donna le signal.

Trois cents guerriers environ s'élancèrent, et ils inaugurèrent cette journée de plaisir par une fantasia brillante.

Les Arabes excellent dans les jeux guerriers; leur imagination de feu sait improviser des épisodes émouvants qui captivent l'attention des spectateurs.

Les guerriers se séparèrent en deux troupes et simulèrent un combat, qui commença par une fusillade si vive et si nourrie qu'un rideau de fumée enveloppa bientôt les combattants. Alors retentit le cri de guerre arabe, clameur rauque comme l'aboiement du chacal, puissante comme le rugissement du lion ; c'est en poussant ce hurlement sauvage que les deux partis se chargèrent avec impétuosité. Ils étaient magnifiques à voir, passant rapides au milieu des nuages de poussière soulevés par leur course folle, le yatagan au poing et le burnous flottant au gré du vent.

Le choc fut d'un effet superbe. L'éclair des détonations illuminait la scène, et les sabres, en se rencontrant, lançaient des étincelles.

Imitant admirablement les phases diverses d'une lutte, des cavaliers se penchaient sur la selle, comme si un coup mortel les eût atteints, et leurs chevaux les emportaient loin de la mêlée ; d'autres se prenaient corps à corps, cherchant à se désarçonner et à se frapper de leur poignard.

Dans les fantasias, un grand triomphe pour un guerrier c'est d'enlever dans ses bras un adversaire et de fuir avec lui. Deux fois déjà le fils de l'agha avait exécuté cette manœuvre hardie, et son père était radieux de son succès.

Quoique le sang ne coulât pas, la bataille n'en était pas moins acharnée ; ce qui ajoutait encore à l'illusion, c'est que les coursiers, échauffés par l'odeur de la poudre et le cliquetis des armes, se cabraient avec fureur et prenaient part au combat avec l'ardeur et l'instinct admirables des chevaux arabes ; la crinière hérissée et les naseaux sanglants, ils se déchiraient par des morsures cruelles. Il fallait à leurs maîtres une adresse incroyable pour maîtriser leur rage.

C'était un magique spectacle, que la foule contemplait muette d'admiration. Pas un seul habitant n'était resté dans Nédromah, excepté cependant les chaouchs de l'agha.

Dans les rues désertes de la ville marchait péniblement un vieux nègre. Il semblait courbé par l'âge et la misère, et il paraissait si fatigué que, quand il fut en face de la demeure de l'agha, il s'assit sur les marches du portique.

Comme tous les bâtiments qui servent de résidence aux chefs musulmans des cités, l'habitation de Ben-Abdallah tenait de la forteresse et du palais.

On pouvait à la fois s'y défendre contre une émeute et protéger la foule ; c'était une citadelle au petit pied, d'où il était facile de braver les ennemis du dehors et ceux du dedans.

Étendus nonchalamment sur des nattes, les chaouchs veillaient à l'entrée. Quand ils virent le nègre se reposer sur l'escalier de marbre, ils firent un geste de dégoût et de mépris, l'un d'eux même se leva pour le repousser du pied :

— Va, — lui dit-il, — va porter ailleurs tes guenilles et ton affreux visage. Crois-tu que nous te laisserons souiller par ta présence l'entrée de ce palais ?

— Je suis venu de la montagne pour apporter à ton maître des remèdes dont une femme qu'il aime a le plus grand besoin, répondit le nègre. — Un messager a visité hier ma solitude pour me prévenir, et j'ai promis d'être ici aujourd'hui avec des herbes bienfaisantes ; mais, puisque vous me chassez, je pars !

— Vous ne voyez donc pas que c'est le vénérable Sidi-el-Hadji-Ben-Kemour ? — s'écria tout à coup un des chaouchs.

Ce nom appartenait à un marabout de race nègre, célèbre par les guérisons qu'il obtenait grâce à ses prières et à sa science médicale. Personne n'avait entendu dire, parmi les serviteurs de l'agha, que celui-ci eût fait mander Ben-Kemour ; mais, puisqu'il venait, il avait dû être averti.

Tous s'empressèrent à l'envi ; on le conduisit dans l'intérieur du palais, et en l'absence du maître les chaouchs s'excusèrent de ne pouvoir lui offrir la diffa.

— Mes enfants, — leur dit-il, — je ne veux qu'une chose, guérir la malade. Quant à vous, la figure tournée vers la ville sainte, priez, afin que le Prophète m'éclaire lorsque que vous aurez récité trente fois l'oraison du salut, la personne à laquelle s'intéresse votre maître ne souffrira plus.

Les chaouchs, pour obéir à ce vénérable marabout, se mirent à genoux. Ils étaient dans la cour du palais, et, afin de faire face à la Mecque, ils furent obligés de tourner le dos à la porte d'entrée ; mais, se préoccupant peu de ce détail, ils entonnèrent à haute voix le Credo.

En ce moment, Ben-Kemour se faisait conduire par Fatma par le chaouch qui l'avait reconnu, et il lui disait :

— Tu as vu Jacob, et il t'a tout dit.
— Oui, maître.
— Eh bien ! vite, où est Fatma ?
— Dans la chambre qui te fait face.
— Cela suffit ! va ouvrir la porte du palais à mes gens, qui se tiennent cachés dans la rue voisine, et fais le signal convenu.
— J'obéis, maître.

Et le chaouch, se glissant vers le seuil du palais, donna le signal.

Ses compagnons, tout à leurs oraisons, n'y prirent garde ; ceux qui ont entendu la prière juive dans une synagogue peuvent se figurer le bruit dont la cour retentissait.

Une cinquantaine de bandits s'élancèrent dans le bâtiment, et les chaouchs de Mohammet Ben-Abdallah passèrent de vie à trépas, sans pouvoir opposer la moindre résistance.

Elaï-Lascri, pendant ce temps, cherchait la chambre de Fatma.

Il la trouva pâle, inquiète, à demi couchée sur un sopha ; un cri de joie délirante s'échappa de son sein quand elle aperçut son amant.

Celui-ci, l'entourant de ses deux bras, lui donna un brûlant baiser ; puis, découvrant sa poitrine, il vit ses blessures ; une larme humecta ses yeux.

— Ne pleure pas, — dit Fatma, — je ne souffre presque plus ; quoique je ne puisse marcher d'un pas bien ferme, je ne me sens pas trop malade. Te voilà près de moi, je suis guérie.

Elaï-Lascri répondit à cette douce parole par une étreinte passionnée.

Mais l'heure n'était pas propice aux amoureuses caresses ; Elaï-Lascri avait payé trop cher son imprudence pour en commettre une nouvelle.

— Tu es sauvée, — dit-il, — à la condition que nous ne perdrons pas une minute. Je vais te confier à une escorte qui te conduira dans un village kabyle où j'ai des amis. Jacob t'a sans doute avertie.

— Oui, — répondit-elle en pleurant, — je dois encore me séparer de toi !

— Pour quelques heures seulement ; allons, viens !

Et, la prenant dans ses bras, il la porta dans la cour, où les chaouchs gisaient baignés dans leur sang.

Telle est la force de l'amour que Fatma ne s'occupa même pas des cadavres ; seulement elle répétait :

— Sauvée ! sauvée ! quand j'allais te perdre ; oh ! merci, mon seigneur, d'avoir exposé tes jours pour une pauvre fille comme moi.

— Enfant, — lui dit Elaï-Lascri, — n'as-tu pas montré un admirable courage ? Fatma, ma bien-aimée, je voyais en toi une maîtresse adorée ; aujourd'hui, tu es une reine que j'admire. Ta vaillance m'a rendu fier de toi ; tu es la digne compagne du Roi des Chemins. — Et il la mit en selle avec des précautions maternelles. — Embrasse moi encore, — ajouta-t-il quand elle fut bien assise, — sois brave comme hier, et tout ira bien.

— Je tâcherai, — fit-elle en souriant à travers ses larmes de reconnaissance et d'inquiétude.

— Je te promets de te visiter demain. Voilà dix de mes plus vaillants cavaliers qui vont t'accompagner... Allons, à bientôt !

Et ils échangèrent un dernier baiser, après lequel elle prit, guidée par son escorte, le chemin de la montagne.

Yousouf, avec le reste du *brouillard sanglant*, gardai l'unique porte de Nédromah. Quand Fatma passa, les bandits la saluèrent respectueusement.

Parmi eux, elle entrevit El-Chadi, auquel elle fit signe d'approcher.

Heureux d'être reconnu, celui-ci accourut en bondissant, et il entendit ces mots :

— Pardonne-moi si j'ai cherché à tuer El-Chadi, je croyais que tu trahissais ton maître.

— Pour te prouver combien j'admire ta conduite, laisse-moi te donner un bijou comme les sultanes en désirent souvent et n'en possèdent pas toujours, — lui dit le saraq.

— Qu'est-ce donc?

— Le collier de perles destiné au vainqueur des courses. Je l'ai dérobé à Mohammet-Ben-Abdallah.

Les bandits qui l'entouraient poussèrent une exclamation de surprise et d'enthousiasme.

— Comment as-tu fait? — demandèrent-ils.

— Je me suis glissé dans la ville avant qu'il fût parti; comme il montait à cheval, je lui ai offert deux tourterelles, qu'il a acceptées avec plaisir, parce que c'est un signe de bonheur ; puis j'ai tenu l'étrier pendant qu'il enfourchait son coursier. Cela m'a suffi pour accomplir mon coup ; ils sont si vains, ces grands seigneurs, qu'ils ne se méfient pas. Du reste, j'étais déguisé en mendiant, il ne pouvait me reconnaître.

— Le collier ! le collier ! — exclamèrent les bandits.

— Tenez, et voyez !

El-Chadi tira de sa ceinture la parure la plus riche qu'aucun bandit eût encore admirée, et il la donna à Fatma.

Si la prudence n'avait pas modéré les transports de ses camarades, on eût entendu leurs cris de triomphe jusqu'au champ de course.

Fatma, émue, laissa tomber sur le pauvre El-Chadi un de ces regards de tendresse comme en ont les mères pour leurs enfants disgraciés par la nature. Ce remercîment muet fut plus sensible au saraq que la bruyante ovation du *brouillard sanglant*.

— Je ne puis rien te donner en échange de ton présent aujourd'hui, — dit Fatma. — Plus tard, je tâcherai de m'acquitter.

— Je serais heureux, — répondit El-Chadi, — si tu m'offrais l'anneau que tu portes au doigt.

La jeune femme hésitait.

— Oh ! sois tranquille, — fit El-Chadi avec un triste sourire, — une bague est un gage d'amour pour un autre, mais pas pour moi. Elaï-Lascri ne sera pas jaloux.

Fatma lui tendit l'anneau, qu'il prit en frémissant involontairement. Puis la jeune femme s'éloigna rapidement avec son escorte.

Une fois qu'El-Chadi fut perdu parmi ses compagnons, il pressa avec bonheur contre ses lèvres l'anneau d'or qui avait touché la main de la jolie mulâtresse. L'aimait-il ? Il l'aimait de cet amour sans désirs qu'un pauvre être difforme éprouve pour tout ce qui est beau, grand et noble ; il l'aimait comme on aime le soleil et les fleurs ; il eût repoussé, comme une monstruosité, l'idée de la posséder comme femme.

Il avait raison, Elaï-Lascri ne pouvait être jaloux !...

Quand Fatma fut partie, le Roi des Chemins ordonna à ses brigands de fouiller le palais, de s'emparer des femmes et de les placer, bien garrottées, au milieu de la rue. Ensuite il donna l'ordre du pillage ; en un clin d'œil, les quarante hommes qu'il avait gardés avec lui eurent rassemblé dans la cour les objets précieux que contenait la demeure de l'agha Ben-Abdallah. Puis ils regardèrent leur chef pour attendre ses ordres.

— Il y a des mules et des chevaux dans les écuries, n'est-ce pas ? — dit-il.

— Peu de chevaux et beaucoup de mules.

— Ça ne fait rien ; chargez ces animaux du butin !

L'ordre fut exécuté, et les bandits attendirent encore.

— Vingt hommes vont prendre la direction de ce convoi, — commanda le nègre ; — ils se dissimuleront autant qu'ils le pourront, en longeant les fossés de la ville, puis ils gagneront la grotte au plus vite. Nous ferons en sorte, ici, qu'ils ne soient pas poursuivis. Quant à ceux qui restent, ils vont barricader la rue en face du palais, puis viendront me rejoindre à la porte de la ville ; seulement, qu'ils n'oublient pas de laisser un passage pour deux chevaux au moins dans le centre de la barricade, et que ce trou puisse être fermé facilement par quelque grosse poutre. — Cela dit, le Roi des Chemins s'en alla trouver Yousouf, dont les bandits toujours à cheval se tenaient derrière la porte de la ville. — Allons, pied à terre ! — cria Elaï-Lascri ; — on doit apercevoir la fantasia du haut des murs, montons-y. — Et, donnant l'exemple, il grimpa sur le rempart, s'installa tranquillement, les jambes pendantes, au-dessus du fossé, alluma sa pipe et fuma comme s'il eût été dans son repaire. Quelque habitués que fussent les bandits aux témérités de leur chef, ils firent entendre quelques légères exclamations de surprise. Le Roi des Chemins se retourna, et de seul froncement de ses sourcils fit taire ceux qui commençaient à murmurer. — Il faut que vous soyez stupides comme des outardes, ou lâches comme des hyènes, pour ne pas profiter du spectacle que nous avons devant les yeux. Est-ce bien vous, mes vieux compagnons, qui n'avez plus confiance en moi ? Je vous ai fait pénétrer sans brûler une amorce dans le palais de l'agha, que vingt hommes auraient pu défendre contre mille ; un convoi chargé d'un butin énorme se dirige vers notre grotte ; jamais expédition conduite par moi n'a manqué, et vous semblez étonnés parce que je veux m'amuser un peu à une fête. Ne comprenez-vous pas qu'il faut à nos amis le temps d'arriver au bord de la mer ?

— Oui, mais la retraite ! — exclamèrent quelques hommes.

— Dis donc, El-Chadi ; ils s'inquiètent de la retraite ! — fit Elaï-Lascri avec un dédaigneux sourire.

El-Chadi exécuta une joyeuse gambade et s'écria :

— La retraite sera facile et amusante ; je n'ai peur que d'une seule chose, c'est de trop rire pour me tenir à cheval.

Yousouf, qui était dans le secret, s'associa à la gaieté d'El-Chadi ; si bien que les bandits, un peu décontenancés par les railleries de leurs chefs, prirent le parti de s'asseoir pour regarder les courses.

Ils se placèrent de façon à voir sans être vus ; en ce moment Ali, le bras droit d'Elaï-Lascri, se dirigeait vers le groupe formé par les Traras. Ceux-ci le saluèrent comme avec un air impatiemment désiré ; la veille, il avait fait prévenir son beau-père qu'il assisterait aux courses et qu'il en disputerait le prix.

Les bandits ne surent que penser de cet accueil ; ils commençaient à comprendre cependant que leur chef pourrait bien se tirer d'affaire.

Quant à Ali, Ben-Achmet, son beau-père, l'embrassa tendrement, et il le conduisit auprès d'un palanquin dont les rideaux s'entr'ouvrirent, laissant paraître une jeune femme d'une beauté ravissante.

C'était Mériem.

Elle secoua sa blonde chevelure, dont en se penchant elle avait fait tomber sur son front les boucles ondoyantes, et elle fixa sur Ali un regard passionné, attendant qu'il l'interrogeât.

La femme musulmane attend toujours que son mari lui adresse la parole.

— Mériem, ma bien-aimée, — dit-il d'une voix douce et harmonieuse, — j'ai prié ton père de t'amener ici, parce que je veux gagner pour toi le prix de cette course.

— Je te suis reconnaissante, mon seigneur, — répondit-elle, — et je me parerai de ta gloire plus encore que des perles du collier. Mais tu as bien tardé à venir, depuis trois jours que tu n'as pas paru parmi nous ?

— Tu sais combien je t'aime ! Si d'impérieux motifs ne m'avaient pas retenu loin de toi, je serais venu chaque soir admirer celle que l'on a surnommée la Fleur des Traras. Ne me reproche donc pas mon absence, car je souffre assez quand je suis séparé de toi.

— Pardonne-moi d'avoir voulu pénétrer ton secret, Ali ; mais, depuis notre union, je meurs d'inquiétude chaque fois que tu nous quittes. Quand donc auras-tu ton foyer parmi nous ? Je respecte ta volonté, — continua la jeune femme d'une voix triste ; — mais songe, Ali, que, si l'on m'a surnommée la Fleur des Traras, tu es mon soleil à moi. Lorsque je ne vois pas luire ton regard, mon cœur est sombre ; prends garde, la rose se fane loin des rayons du jour.

— Ma bien-aimée, — répondit Ali profondément ému, — encore quelques jours de patience et nous serons unis comme la vigne et l'olivier de nos jardins.

— Fasse le Prophète que ce soit bientôt ! — s'écria-t-elle joyeuse de cette assurance ; — mais permets, seigneur, que je laisse tomber ces voiles, car tous les regards contemplent celle qui n'aime que toi.

Mériem laissa retomber les rideaux du palanquin, et Ali sentit une main assez lourde qui se posait sur son genou ; c'était celle d'Achoud.

Le pauvre chasseur, plus sombre, plus triste que jamais, causait rarement à Ali ; sans le haïr, il ne l'aimait pas ; il le fuyait parce que sa présence lui rappelait son bonheur perdu, sa passion sans espoir, sa vie désormais sans but. Mais, cette fois, l'orgueil national l'emportait sur tout autre sentiment ; les Kabyles avaient toujours su garder leur indépendance contre les prétentions du chef arabe de Nédromah ; ils vivaient sur le pied de paix avec les tribus de la plaine ; le besoin d'échanger sur les marchés les productions de leur sol et de leur industrie forçait les deux peuples à observer les traités. Cependant ils se détestaient et se jalousaient si bien que les Traras attachaient un prix énorme au triomphe d'Ali. Achoud, le plus vaillant guerrier de son village et qui adorait ses montagnes, aurait donné sa vie pour voir les cavaliers arabes humiliés, et Ali venait de promettre une victoire.

— Frère, — lui dit-il, — les Traras sont descendus en grand nombre des cimes de l'Atlas pour contempler un de leur fils disputant aux esclaves de l'agha le prix d'une course. Si nous succombons, comme il nous faut un triomphe aujourd'hui, une bataille acharnée s'engagera ; tous mes compagnons sont décidés à prendre une revanche en cas de défaite.

— Cela est vrai ! — dirent les amins qui entouraient Ali, et parlaient au nom de plusieurs milliers de Kabyles dont les regards ardents, fixés sur leur champion, lui apprenaient que la décision était connue de tous.

— Si tu es vainqueur, — continua Achoud, — nous bénirons ton nom, et nos ancêtres, qui dorment là-haut, tressailleront de joie dans leur tombe. Frère, il est temps encore de renoncer à cette lutte ; car il faut triompher, vaincre ou mourir.

— Dans une heure, la Rose des Traras se parera du collier de perles, — répondit Ali avec assurance.

— Dépêche-toi, alors ! — s'écria Achoud joyeux ; — voilà le fils de l'agha qui se dispose à le disputer le prix.

Parmi les chefs qui venaient prendre part à la lutte, le fils de Ben-Abdallah se faisait remarquer par sa bonne mine et l'éclat de ses deux triomphes dans la dernière fantasia. Tous ses rivaux étaient nobles ; tous étaient célèbres par des victoires signalées, remportées dans des circonstances solennelles.

L'un d'eux même, Sidi-el-Aïda, avait obtenu le grand prix de Mostaganem.

Chacun prit le rang que le sort lui assigna ; Ali était si sûr de lui-même et de sa monture qu'il ne voulut pas courir les chances d'un hasard favorable. Quand tous les cavaliers furent placés, le jeune homme s'avança dans l'arène. Tous les yeux se levèrent sur lui. Il laissa tomber son haïque blanc, et la foule accueillit par un murmure flatteur le plus beau cavalier qui eût jamais paru dans une fête.

Ali portait un costume turc d'une richesse inouïe. Sa *sédria* (veste), si gracieuse que nos femmes l'ont adoptée, était tissue d'or et de soie ; ses épaules élégantes se dessinaient admirablement, grâce à la coupe de ce vêtement coquet, sous lequel la taille révèle ses contours sans être étranglée ; celle d'Ali, moelleusement maintenue par un cachemire roulé en ceinture autour des reins, eût fait envie à une jeune fille.

Sur ses bottes marocaines, son *sorroual* descendait en plis majestueux, dont les ondulations suivaient harmonieusement les mouvements du coursier.

A son turban blanc, poétique coiffure que rien ne saurait égaler, brillait un magnifique diamant ; au flanc de sa monture pendait un yatagan dont la poignée était ciselée avec art, et en travers sur ses épaules il avait jeté un long fusil aux garnitures d'argent.

Les Arabes, si connaisseurs en beaux chevaux, trouvaient sa noire jument digne du cavalier qui la montait. Elle était tachée au front par une étoile, et une couronne de poils blancs ornait ses jambes nerveuses et fines, au-dessous des sabots. A des signes infaillibles, les spectateurs la reconnaissaient de la race la plus pure.

Ali la dirigeait avec une aisance et une grâce parfaites. En passant devant l'agha, il le salua, non comme un inférieur offrant à son chef une preuve de respect, mais comme un égal échangeant avec son hôte une marque de courtoisie.

Ben-Abdallah, quoique ne connaissant pas ce jeune homme, dont le luxe égalait au moins le sien, répondit à son salut avec une déférence courtoise, ne doutant pas que ce ne fût un personnage d'une haute distinction. Quand Ali eut pris la dernière place, il donna le signal du départ.

Les coursiers s'élancèrent ; ils devaient faire deux fois le tour de l'arène. D'abord ils se maintinrent à la même hauteur, puis peu à peu le fils de l'agha prit la tête de la course et la conserva pendant toute la durée du premier tour.

Les spectateurs penchés en avant retenaient leur souffle pour mieux voir, quand un étrange incident vint leur arracher un cri de surprise. Ali avait arrêté subitement sa belle jument en face des Traras, et il avait déchargé son fusil en l'honneur de Mériem.

La main de la jeune femme était sortie du palanquin et avait agité un foulard de soie. Désormais il semblait impossible qu'Ali pût regagner le terrain perdu, et le fils de l'agha, qui avait une avance considérable sur tous, parut devoir remporter le prix.

Les Kabyles furieux brandissaient leurs yatagans, et les bandits du haut des murailles poussaient l'imprudence jusqu'à se lever tout droits pour savoir ce qui pouvait retarder le vainqueur ; car, à cette distance, ils ne distinguaient pas parfaitement.

— Allons, le feu au palais ! — s'écria tout à coup Elaï-Lascri, — sur mon âme ! Ali est fou, et il se fait battre. Vite, dix hommes pour allumer l'incendie !

Les dix hommes s'élancèrent ! En ce moment, la jument d'Ali, se relevant, bondit sous l'éperon et dévora l'espace avec une rapidité vertigineuse ; à chaque élan de son galop furieux et échevelé elle rasait le sol de son poitrail. Elle emporta son cavalier, qui passa comme un trait devant tous ses rivaux, et qui arriva le premier au but, aux acclamations frénétiques de la multitude.

Intérieurement froissé de la défaite de son fils, l'agha n'en vit pas moins féliciter le vainqueur, et il lui remit le bracelet. Quant au collier, il le chercha en vain. El-Chadi s'en était emparé.

Alors, pour ne pas avoir mauvaise grâce, l'agha s'excusa

de ne pas trouver le prix promis, et il pria le jeune homme d'accepter en échange un superbe brillant monté sur une bague.

Ce diamant valait au moins les perles.

Ali remercia gracieusement, et, à son tour, il tira de son doigt un anneau fort simple en apparence, et il dit :

— Permets-moi de te donner un souvenir en échange de ton présent ; ce bijou te sera cher quand tu sauras qu'il a touché le tombeau du Prophète.

L'agha sourit, car il songeait que le présent était d'une mince valeur ; il semblait en effet n'être autre chose qu'un anneau de verre fort commun.

Voulant humilier un peu celui qui venait de ravir un triomphe à son fils, il tendit son cadeau aux chefs qui s'empressaient près du vainqueur, et leur dit :

— Vous ne serez pas fâchés, je pense, de baiser un objet sacré.

Il cherchait à ridiculiser Ali, en montrant ce pauvre objet qu'il avait l'audace d'offrir à lui, prince riche et glorieux.

Mais Ben-Achmet, qui se trouvait lui aussi parmi les chefs, prit la prétendue bague de verre et la laissa tomber comme par mégarde. Aussitôt il se précipita à terre, la ramassa vivement, et, remontant en selle, la rendit à l'agha, en lui disant :

— Garde bien ce diamant, Abdallah, il est d'un prix inestimable.

— Quoi ! — s'écria l'agha, — cette bague a été taillée dans un diamant ?

— Oui, — répondit simplement Ali.

Une seconde fois, l'agha l'examina, se convainquit, et faisant peser sur Ali son regard, lui dit avec solennité :

— Si tu es le fils du sultan, pourquoi nous l'avoir caché, monseigneur ? tu nous exposais à ne pas te témoigner tout le respect que nous te devons.

— Je suis le gendre de Ben-Achmet, — répondit assez sévèrement Ali, — et c'est là un titre qui me suffit pour obtenir toute la considération de ceux qui vénèrent les serviteurs du Prophète. Du reste, l'hôte de Mohammet-Ben-Abdallah est toujours dignement traité, j'en suis sûr.

L'agha s'inclina en se mordant les lèvres. Il était impossible de recevoir une leçon plus impertinente et plus polie.

Alors tous les chefs s'empressèrent autour du jeune homme qui venait de faire une réponse si fière et si habile, et ils lui adressèrent les plus vifs, sinon les plus sincères compliments.

XV

OÙ LE ROI DES CHEMINS EST ASSIÉGÉ DANS NÉDROMAH.

Tous les chefs arabes se sentaient heureux de voir le fils de l'agha humilié ; de plus, ils préféraient que ce fût un étranger, un inconnu, qui eût gagné le prix de la course qu'un de leurs amis.

La gloire voisine de notre médiocrité fait d'autant plus ressortir notre impuissance. Elle nous fatigue, elle nous écrase. C'est pour cela que les génies ne sont aimés sur un piédestal qu'après leur mort ; c'est aussi pour cela que *nul n'est prophète dans son pays*. Amère parole du plus doux des hommes.

Les bruits les plus contradictoires circulaient dans la foule au sujet du vainqueur.

Au dire des uns, il descendait en ligne directe de la fille du Prophète ; pour d'autres, c'était le fils du sultan ; les uns le voulaient Touareg ; beaucoup le prétendaient parent du dey de Maroc.

Mais voilà qu'au milieu des bravos, des conjectures et du bruit, le cri Au feu ! au feu ! retentit tout à coup.

Une colonne de feu montait au-dessus du palais de l'agha, et de longs jets de flamme qui s'élançaient du sommet de la terrasse ne permirent plus de douter qu'un incendie ne dévorât la ville.

Ben-Abdallah s'élança vers sa demeure en feu, et derrière lui tous les habitants. Ceux-mêmes qui étaient étrangers à Nédromah se dirigèrent vers la ville, attirés par la curiosité.

Quant à Ali, profitant du désordre, il courut au palanquin de sa femme ; Mériem, à son approche, se pencha vers lui.

Il la saisit avec amour et lui passa aux bras les bracelets, au doigt le brillant, donnés par Mohammet-Ben-Abdallah.

— Comme tu étais beau, mon Ali ! — lui dit la Rose des Traras, — il me semblait voir le Prophète volant vers le ciel sur son cheval ailé.

Et, l'enlaçant de ses deux bras mignons, elle frissonnait sous ses baisers.

Ali, pressé d'échapper aux regards de la foule, lança sa monture au galop ; le sourire du vieux marabout accompagna ses deux enfants.

Pendant la route, Ali pressait sa femme sur sa poitrine en murmurant à son oreille :

— Tu es belle comme les houris célestes, tu es le paradis sur terre !

C'est dans une étreinte passionnée, les yeux sur les yeux et les lèvres amoureusement pressées, qu'ils arrivèrent au village d'Aïn-Kébira. Ils entrèrent dans leur case, et derrière eux retomba la lourde porte de chêne, qui ne s'ouvrit que le lendemain, quand, au lever de l'aurore, retentit le chant de la fauvette.

Il était environ deux heures de l'après-midi quand éclata l'incendie. La brise de mer qui s'était levée passait sur la ville, courbant les flammes au-dessus des maisons et menaçant Nédromah d'un embrasement général.

Les habitants accouraient pour sauver leurs propriétés, et un désordre inouï s'était mis dans la foule. Une cité en feu présente un spectacle majestueux et terrible ; les âmes les plus fermes sont toujours impressionnées par la sombre poésie de ce tableau. Mais lorsque l'intérêt se joint à la terreur, l'émotion monte à son paroxysme, et c'est ce qui arrivait pour les sujets de Mohammet-Ben-Abdallah.

Ils se pressaient à sa suite pour lutter au plus vite contre le fléau ; l'air retentissait d'imprécations ; les femmes poussaient leurs inutiles gémissements, et les enfants jetaient leurs cris aigus au milieu du tumulte.

Les Traras, que le malheur des citadins ne touchait pas le moins du monde ; les Arabes de la plaine, qui payaient un impôt à l'agha, et par conséquent le détestaient, tous ceux qui avaient assisté aux courses enfin, s'avançaient derrière les habitants d'un pas un peu plus tranquille.

Ces étrangers étaient, poussés par la curiosité d'abord, puis par une joie envieuse qu'ils ne dissimulaient point, et même dans certains regards brillants de cupidité. Un observateur habile, El-Chadi, par exemple, aurait vu poindre l'espoir d'un pillage général en faveur du désordre.

Mais soudain l'agha et sa puissante escorte de cavaliers s'arrêtèrent ; derrière eux la masse du peuple se vit forcée de faire halte, et, comme les derniers rangs poussaient les premiers, il y eut une oscillation pareille à celle du remous qui suit le choc d'une vague contre une falaise.

Toutes les têtes se levèrent pour connaître la cause de ce temps d'arrêt ; et soudain Elaï-Lascri apparut sur le rempart, au sommet duquel sa silhouette se détacha, imposante et sombre.

Il leva lentement sa main vers la multitude, une détonation retentit, chaque créneau s'illumina d'un éclair, et la fumée de la poudre monta enveloppant le Roi des Chemins d'une auréole à demi transparente, que des décharges successives empourprèrent bientôt par les reflets du salpêtre enflammé.

Les fusils arabes envoient des projectiles à des distances énormes; les cavaliers de l'agha qui se trouvaient les plus avancés essuyèrent des pertes considérables. Cette attaque imprévue leur fit tourner bride, malgré les efforts de Mohammet-Ben-Abdallah; ils subissaient l'ascendant de ce bandit étrange, dont l'aspect, comme celui du lion, terrifiait les plus braves.

— C'est lui! c'est lui! — répétaient-ils avec égarement.

Lui! c'est-à-dire l'ennemi dangereux par excellence, le Béou qu'on ne peut combattre.

Le goum opéra une retraite rapide, sans s'inquiéter des piétons que foulaient les sabots des chevaux.

A l'extrémité de la foule on n'avait rien vu qu'un incendie, on ignorait ce qui se passait; des coups de feu avaient vibré dans l'air, mais on croyait à un nouvel épisode de la fantasia, à quelque surprise couronnant la fête.

Alors on se précipita pour jouir du coup d'œil; on chercha à pousser en avant.

Par la double pression qui en résulta, le centre fut comprimé avec une irrésistible force; si bien que, pour ne pas étouffer, il fallut y tirer les couteaux et éventrer ses voisins.

Les raisons qui suspendaient les colères n'existaient plus; l'exaltation produite par le combat simulé durait encore; en pareille circonstance, la moindre dispute prend des proportions colossales.

C'est ce qui arriva.

Les Kabyles, refoulés par les Arabes de Nédromah, répondirent aux coups de couteau par des coups de yatagan. Une lutte furieuse s'engagea. Les goums de la plaine avaient autant de haine contre les Kabyles que contre les Maures de Nédromah; ils restèrent quelque temps impassibles. Mais l'impatience les gagna bientôt, l'occasion était si belle!

Ils chargèrent tout à coup avec impétuosité les deux partis à la fois, taillant et hachant à l'aventure. La mêlée devint effrayante: pour échapper à la mort les plus lâches allaient au cœur. En peu d'instants, tous les partis se trouvèrent confondus dans un désordre épouvantable.

Les cavaliers faisaient bondir leurs coursiers au milieu des piétons; ceux-ci cherchaient à couper les jarrets des chevaux, qui s'abattaient avec fracas; les fusils servaient de massues, broyant les crânes; les poignards se brisaient sur les os; le sang coulait de mille blessures, et des vociférations effrénées sortaient des poitrines que froufait l'acier des armes.

Les blessés tombaient dans une boue rougeâtre; sur leurs corps mutilés les combattants piétinaient, puis ils glissaient à leur tour sur le sol détrempé.

Pour ajouter à l'horreur de cet atroce massacre, l'incendie prit une extension formidable par la chute d'une terrasse; ses rauques sifflements se mêlèrent aux mugissements de bêtes fauves que poussaient les hommes en s'égorgeant, et comme les bras des guerriers enlaçaient les corps dans des étreintes furieuses, de ses ailes dévorantes le feu enveloppa le palais tout entier.

Sur cette multitude folle de rage, ivre, échevelée, qui se tordait à ses pieds dans un sanglant délire, Elaï-Lascri faisait pleuvoir une grêle de balles qui tombaient sans relâche au plus épais des groupes.

— Voyez ces chiens, — disait-il au brouillard sanglant, — ils voulaient faire une curée de nos corps et ils se dévorent entre eux. Trois balles par fusil, maintenant; visez plus haut! — Puis il ajouta: — C'est beau à voir comme un orage. Oh! la belle fête, la belle fête! Ils tombent comme les épis sous la faucille!... Fatma sera bien vengée.

Il leva la tête vers les montagnes, et il aperçut un groupe de cavaliers qu'il reconnut pour être l'escorte de la jeune femme. Rassuré désormais sur son sort, il fit un signe à El-Chadi, qui s'éloigna sur-le-champ.

Cependant l'aveugle fureur qui animait les gens de la montagne et de la plaine diminua d'intensité.

Chaque parti, disséminé par les entraînements de ce combat désespéré, éprouva le besoin de se compter et de serrer ses rangs.

Une trêve volontaire eut lieu, pendant laquelle Arabes et Kabyles comprirent enfin qu'Elaï le Maudit se tenait enfermé dans Nédromah, et de là les bravait, lui avec cent hommes... c'est-à-dire presque seul; eux avec des forces imposantes de cavalerie et d'infanterie... une véritable armée.

Mais que faire?

Tenter un assaut, on n'avait pas d'échelles; briser la porte, on manquait de haches; répondre aux balles par des balles, celles des bandits semaient la mort, celles des Arabes s'aplatissaient sur les murailles.

Et l'incendie grondait toujours, et ses sifflements aigus semblaient railler la multitude impuissante.

Les chefs s'assemblèrent pendant que les peuples s'observaient en silence; des monceaux de cadavres couvraient la plaine, mais il ne s'agissait ni de récriminations superflues, ni d'explications inutiles.

Il fallait prendre le Roi des Chemins mort ou vif.

On discuta sur les moyens à adopter pour s'emparer du brouillard sanglant ou l'anéantir; mais on ne trouvait que des plans impossibles à réaliser, lorsque Ben-Achmet proposa d'aller déposer auprès de la porte des branches d'olivier, d'y mettre le feu et de s'ouvrir ainsi un passage.

L'agha et les autres chefs approuvèrent cette idée; ordre fut donné au goum de couper des branches d'olivier et d'aller au grand galop des coursiers les entasser à l'entrée de la ville.

Les cavaliers eurent bientôt arraché et lié en paquets des rameaux extrêmement inflammables; alors Mohammet-Ben-Abdallah se mit bravement à leur tête, et il s'élança entraînant son goum derrière lui.

Le feu des bandits avait cessé; Elaï-Lascri était descendu du sommet des remparts; les guerriers crurent que le brouillard sanglant était en fuite.

A cent pas de la porte, pas un coup de fusil n'avait encore retenti; l'agha demeura convaincu que les bandits effrayés cherchaient à s'échapper en sautant dans les fossés à l'autre extrémité de la ville.

Il commanda à son fils de faire le tour de Nédromah avec deux cents cavaliers, afin que personne ne pût trouver un salut dans cette tentative désespérée.

Mais, au moment où ce détachement allait s'éloigner, une fusillade terrible éclata et se continua avec une intensité telle que l'on dut croire qu'un contingent nombreux d'ennemis inconnus s'était joint au brouillard sanglant.

L'agha lui-même, voyant tomber tout son monde, ordonna de s'éloigner à toute bride; ses guerriers n'avaient pas attendu le commandement.

Les Kabyles, en voyant le retour précipité du goum, poussèrent un cri de triomphe.

Ben-Abdallah furieux laissa ses guerriers hors de la portée des fusils des bandits, et il courut droit à Ben-Achmet.

Les tribus de la plaine, sans oser manifester leur joie de l'échec essuyé par les Nédromiens, n'en étaient pas moins disposées à prendre parti pour les Kabyles plutôt que pour l'agha.

Les cheiks vinrent entourer le vieux marabout de la montagne, en abordant ce groupe de chefs, Mohammet-Ben-Abdallah essuya un affront sanglant. Sur presque toutes les bouches se dessinaient des sourires railleurs.

Il sentit combien sa position était critique; d'un côté l'incendie dévorait son palais et sa ville, de l'autre les populations soumises à son joug semblaient prêtes à se révolter.

Il lui fallut dévorer sa colère.
— Ton plan n'a pas réussi, Ben-Achmet, — dit-il, les brigands ne sont pas seuls. Il y a au moins mille combattants dans Nédromah.

— Si ton goum n'avait pas eu peur, — répondit fièrement le marabout, — il serait déjà dans la ville. Le *brouillard sanglant* a trouvé dans les maisons et dans ton palais des fusils en grande quantité ; ces armes, chargées à l'avance et disposées le long des murailles, ont permis aux bandits de tirer sans relâche. Mais ils ne sont pas nombreux. J'ai compté les créneaux occupés, il n'y en avait pas soixante, et c'est pitié de voir une poignée de scélérats nous tenir ainsi en échec.

L'agha se mordait les lèvres avec rage, mais il ne savait que répondre.

Cependant la circonstance était pressante.

Il jeta vers la ville un regard désespéré et il murmura.

— Que faire ?

— Rien ! — répondit le marabout, — car je vais lancer mes Kabyles contre le *brouillard sanglant*. Ben-Abdallah, retourne vers les tiens et regarde-nous à l'œuvre ! — Le vieux marabout assembla les amins des villages, puis il fit signe aux Traras de se grouper autour de lui. C'était un spectacle imposant de voir ce peuple écoutant religieusement la voix de son patriarche. L'œil étincelant d'orgueil patriotique, le geste inspiré, Ben-Achmet s'écria : — Fils des Traras, le Prophète vous a choisis pour montrer à ces esclaves ce que valent des hommes libres. Un bandit les brave dans leur cité, les flammes dévorent leur maison, et ils n'osent pas s'ouvrir un chemin pour arriver à celui qu'ils peuvent rendre captif aujourd'hui et qui les rançonnait hier ! Leurs femmes sont témoins de leur lâcheté ; elles, rougissent de leurs maris ; leurs enfants ont sous les yeux l'exemple de leur poltronnerie, ils ont honte de leurs pères ! A vous, guerriers, de me suivre et d'éteindre le feu des bandits sous le vôtre ! A vous, femmes, d'incendier cet obstacle de bois qui arrête des milliers d'Arabes ! Il faut prouver à ces pauvres passereaux des vallées que nous sommes les puissants aigles de l'Atlas !

A ce discours énergique, une clameur enthousiaste répondit. Electrisés par leur chef, les Traras, disséminés en tirailleurs, s'élancèrent vers la ville.

Habiles à la guerre d'embuscade, profitant du moindre abri, tireurs adroits, ayant à protéger leurs femmes, ils firent merveille.

Ils surent viser avec tant de sûreté que les balles criblèrent les créneaux, gênant les brigands, en tuant quelques-uns et ralentissant leur feu.

Peu à peu ils gênèrent tellement la défense qu'ils purent se rapprocher, s'installer jusque dans les fossés, et de là, en toute sûreté, envoyer par ricochet des projectiles dans les embrasures.

Le *brouillard sanglant* cessa de combattre.

En ce moment, les femmes préparaient un bûcher immense, malgré quelques balles qui sifflèrent à leurs oreilles.

Achoud, qui un des premiers s'était jeté dans les fossés, en sortit ; il versa de la poudre sur le bois et il y mit le feu avec l'amorce d'un pistolet.

L'olivier s'enflamma rapidement ; la porte de chêne incendiée tomba bientôt : le passage était libre ; la bataille était gagnée !

Alors la foule voulut se précipiter pour éteindre l'incendie ; l'agha se hâtait aussi pour faire main-basse sur le *brouillard sanglant*.

Mais Ben-Achmet et ses Kabyles l'arrêtèrent.

— Qui t'a fait cette route ? — demanda le marabout.

— Toi, — répondit Ben-Abdallah.

— J'ai donc le droit de la tenir fermée.

— Que veux-tu dire ?

— Nous n'entrons sur les marchés qu'avec une clef d'or, nous te payons impôt pour vendre nos denrées ; eh bien ! tu feras du même moyen avec nous, je te livre cette porte moyennant vingt-cinq mille douros.

— C'est une trahison ! — gronda l'agha, en lançant sur son goum un regard que surprit Ben-Achmet.

— Prends garde, — dit celui-ci, — si tu en appelles aux armes, je me jette dans ta ville et tu n'y rentreras jamais.

— Soit ! je te donnerai ce que tu exiges.

— Ce n'est pas assez. Nous, hommes vaillants, nous réclamons ici, le fusil en main, le droit de circuler librement dans tous les marchés. Il n'appartient pas aux gazelles de rançonner les lions. Si tu ne jures pas par le Prophète d'accomplir ces conditions, tu ne passeras pas.

L'agha sentait s'amonceler dans sa poitrine une formidable colère, mais son goum, vaincu déjà, ne semblait pas disposé à faire son devoir. Il fallut jurer. Il le fit à la condition que les Kabyles se retireraient immédiatement.

Alors Ben-Achmet le laissa entrer en lui disant :

— Songe au Roi des Chemins !

— Oh ! il payera pour tous, celui-là ! — dit l'agha.

Les Kabyles s'éloignèrent après avoir ramassé leurs morts et leurs blessés. Tout joyeux de leur victoire, ils firent à leur vieux marabout une ovation délirante.

Il y avait bien parmi les rires quelques soupirs et quelques larmes ; mais la gloire se paye toujours avec du sang et des pleurs.

Débarrassé des Traras, l'agha plaça un poste pour défendre aux étrangers l'entrée de sa ville, et il se mit en quête des brigands. A la hauteur de son palais, il trouva une barricade qu'il fallut démolir et qui prit quelque temps.

Tout à coup une grande explosion retentit ; on se hâta, on se pressa, et, l'obstacle enlevé, on aperçut une large brèche faite aux remparts ; puis, au loin, les bandits qui fuyaient !...

Sur leurs burnous noirs se détachaient les blanches tuniques des femmes de Ben-Abdallah.

Toute la nuit celui-ci resta sombre et désolé, assis sur une pierre calcinée, au milieu des ruines encore fumantes de son palais.

Il entendait de là les hurlements des hyènes, et des chacals qui dévoraient les cadavres dont la plaine était couverte.

Il avait été convenu que Fatma, le lendemain de sa délivrance, recevrait la visite d'Elaï-Lascri.

La jeune femme, grâce aux soins d'Ali, avait reçu l'hospitalité dans une case appartenant à une vieille négresse sur la discrétion de laquelle il pouvait compter.

Cette négresse, nourrice de Mériem, l'avait bercée tout enfant sur ses genoux ; elle comprenait d'instinct l'ardent amour d'Ali pour celle qu'elle chérissait comme sa fille ; aussi lui était-elle entièrement dévouée.

— Nanouss, — lui avait dit Ali, — je compte sur ta discrétion et ton amitié, pour me rendre un grand service. J'ai une sœur mariée à un cheik marocain dont le douar est à deux journées d'ici. Les Beni-Snassen ont fait une razzia contre mon beau-frère, et ma sœur a été blessée en cherchant à fuir. Son mari est mort, il faut qu'elle trouve un asile, à l'insu de Mériem et de tout le douar. En voici le motif : ma sœur a été élevée dans la religion chrétienne par sa mère, une captive que mon père avait achetée aux pirates du Riff (côte du Maroc). Quoique j'aie une autre mère qu'elle, je l'aime beaucoup et je serais désolé qu'on la persécutât ; ton maître est mahométan zélé pour son culte. Mériem est jeune et étourdie ; il faut donc se taire sur la présence d'une infidèle ici. Tu la nourriras, tu en auras bien soin, et aussitôt que je le pourrai nous lui trouverons un asile.

Et la bonne négresse avait consenti avec empressement.

Nanouss possédait près de la maison d'Ali une petite case bâtie récemment, à son grand chagrin. Les amoureux n'aiment pas les témoins ; les femmes, par la pudeur charmante qui les rend si gracieuses et si touchantes ; les hommes, parce qu'ils sont trop orgueilleux pour montrer leurs faiblesses. Les niais, ils rougissent quand on les surprend aux pieds d'une maîtresse, et c'est la place où ils se plaisent le mieux ! Nanouss eût gêné quelque peu et même beaucoup le couple nouvellement uni ; de sorte qu'on lui avait construit une habitation à portée de la petite voix de Mériem, qui pouvait toujours réclamer les services de sa nourrice.

Quand Ali partait, Mériem retournait habiter sa chambre de jeune fille chez son père.

Fatma, un peu souffrante, plus inquiète encore, s'était donc vu recevoir à son arrivée par la vieille Nanouss ; instruite du rôle qu'elle devait jouer, la jeune mulâtresse répondait avec assez d'adresse aux questions de la négresse, qui s'étonnait un peu de son teint légèrement bistré. Mais Nanouss, très-ignorante, et très-naïve, se figura que c'était la couleur particulière aux chrétiens, et même elle se souvint à propos qu'une cantinière française pendant la guerre avait précisément la figure aussi bronzée.

Ni les prévenances, ni les attentions respectueuses ne firent faute à Fatma ; se voyant si bien traitée, la belle enfant commença à se rassurer beaucoup.

Elle passa une nuit presque tranquille ; et, le lendemain, quand elle vit entrer un beau jeune homme qui lui assura que le soir même Elaï-Lascri viendrait la distraire, elle se sentit heureuse et consolée.

Lorsque l'on attend une personne aimée, le meilleur moyen d'abréger les heures est de s'occuper d'elle. Fatma questionna donc Ali sur le Roi des Chemins ; mais celui-ci, craignant d'être surpris par Mériem, se contenta de faire un très-court récit des événements de la veille, puis il se retira en promettant de revenir à la tombée de la nuit.

Quand il ouvrit la porte de sa maison, il trouva sa chère petite femme parée et souriante, qui lui sauta au cou avec la pétulance d'un enfant.

— Tu me restes aujourd'hui, n'est-ce pas ? oh ! je le veux !

Et, dans la crainte que la réponse ne fût mauvaise, elle l'arrêta par deux baisers sur les lèvres d'Ali.

— Puisque tu le veux, je serai ton prisonnier, fit Ali en riant, quand il eut la facilité de répondre et de rire.

— Méchant ! dit Mériem avec une moue charmante, — cette chambre où je suis si heureuse quand je t'y vois te semble donc un silo ?

— Tu sais bien que non, — répondit Ali en homme qui a trop bien prouvé son amour pour qu'on puisse en douter.

— N'importe, pour te punir, tu vas me conduire promener à travers la montagne, et...

— Et tu monteras avec moi sur ma jument, comme le jour où je t'ai rencontrée.

— Du tout, mon seigneur ; en ce temps-là, j'étais une petite sotte qui ne se doutait pas du pouvoir de vos yeux noirs et de vos manières câlines. Je prendrai la mule.

— Monture ombrageuse qui te fera rouler dans l'herbe au premier caprice ; puis, comme j'aurais honte d'être à cheval et toi à terre, je descendrai et alors...

— Voilà qui vous apprendra à faire rougir votre petite femme, mauvais sujet.

Nanouss, aux écoutes, entendit le bruit d'un soufflet suivi d'un joyeux éclat de rire.

La vieille nourrice faillit être surprise par les deux jeunes gens, qui couraient aux écuries.

Elle les regarda partir tous les deux avec un regard d'affection maternelle : longtemps elle les contempla ; elle sautillante et étourdie, lui souriant aux taquineries dont la mutine enfant le tourmentait avec une grâce provoquante ; leurs voix fraîches et sonores s'étaient perdues déjà au milieu des refrains dont les alouettes faisaient retentir les lauriers-roses que la nourrice écoutait encore.

En ce moment, le soleil venait de percer le voile dont le couvraient les brumes matinales, et il dorait de ses rayons radieux les cimes de l'Atlas.

XVI

OÙ LE ROI DES CHEMINS VEUT DEVENIR ROI DE TLEMCEN

Le soir, après une tiède journée, quand le soleil empourpra les flots de la Méditerranée de ses feux mourants, la négresse vint à la rencontre de ses enfants. Ali et Mériem revenaient à pied : lui la soutenant de son bras enlacé sous sa taille, elle se laissant mollement bercer par une marche dont elle n'avait pas conscience. Elle était tout à ses souvenirs, à sa tendresse ; la malice pétillante de son regard s'était éteinte dans une douce langueur, et aux soupirs de la bise qui commençait à agiter faiblement les feuilles des citronniers se mêlaient les aspirations étouffées de sa poitrine, agitée par une délicieuse sensation.

Elle s'arrêta pour désigner avec un geste plein d'abandon le village qui venait de se découvrir à eux, poétiquement embelli par les splendides reflets du soleil couchant, et elle murmura :

— C'était là !...

Là, en effet, pour la première fois son cœur avait battu ; là son amour s'était révélé subit, puissant, irrésistible ; là enfin avait sonné pour elle la première heure d'une vie nouvelle, d'une félicité sans bornes. Et son Ali, son amant, lui aussi, disait avec un accent passionné :

— Mériem, te souviens-tu ? C'était là !

Depuis ce jour, Ali avait été si admirablement dévoué, si passionnément épris, si jaloux de la rendre heureuse, qu'un sentiment d'ardente reconnaissance s'empara de l'âme de la jeune fille. Elle joignit ses deux petites mains, qu'elle tendit vers lui dans un élan d'adoration exaltée, tremblante, éperdue, succombant sous le poids d'une émotion surhumaine, les yeux noyés dans une extase d'amour, elle se jeta dans ses bras en lui disant avec une ineffable et délirante ivresse :

— Ali ! oh ! Ali, je t'aime ! — Puis son corps frémit, se tordant sous un frisson de fièvre, la voix expira sur ses lèvres blêmies, elle tomba évanouie sur le sein de son mari. Celui-ci, inquiet, effrayé, la porta sur le bord d'un ruisseau qui murmurait sous l'herbe, et il parvint à la rappeler à la vie. Quand ses yeux s'ouvrirent, elle se mit à pleurer ; aux questions désolées d'Ali elle répondit : — Ce sont des larmes de joie, laisse-les couler, car le bonheur m'étouffait.

— Bien vrai ? demanda-t-il, — bien vrai ?

— Oh ! oui. — Puis, par un de ces revirements subits si étranges, si inexplicables pour qui ne connaît pas le cœur des femmes, elle ajouta : — Et pourtant, j'ai peur que tu ne m'abandonnes un jour ; cette pensée me tue.

— Enfant, je t'aime, n'ai aimé et n'aimerai jamais que toi.

— Dis-tu vrai ? d'autres femmes n'avaient jamais attiré ton regard avant moi ? d'autres mains que celles-ci n'avaient jamais pressé les tiennes ?

— Non !

— Tu es si beau ! fit-elle d'un air de doute.

— Sur mon âme, je le jure !

Le visage de Mériem rayonna de plaisir à cette déclaration.

— Voilà pour le passé, mais l'avenir ?

— Oh ! Mériem, comment peux-tu douter ?

— Je doute parce que je suis jalouse, jalouse à en devenir méchante, — ajouta-t-elle, honteuse de cet aveu.

— Hier, pendant la fête, toutes les femmes te regardaient

avec envie; hier, toutes leurs têtes étaient tournées vers toi, et tous ces regards me perçaient le cœur; hier, j'ai entendu près de moi mes amies d'enfance qui proclamaient ta beauté, et les frères, les pères, les maris même, personne ne trouvait cela mauvais, excepté moi que torturaient tes succès. Elles étaient toutes fascinées, c'est pourquoi j'ai peur de te perdre.

Ali se releva cette fois, tendit la main vers la Mecque et fit ce serment solennel :

— Par le Prophète, par Allah qui m'entend ! je n'aurai d'autre femme que toi, je ne vivrai que pour toi, pour toi seule au monde. Si tu mourais, je mourrais aussi.

— Et moi, — dit Fatma, — je te donne sans réserve tout ce qu'un cœur de femme peut contenir d'affection et de dévouement. Ali, mon seigneur et mon maître, je veux t'adorer à moi seule autant qu'elles pourraient t'aimer toutes ensemble.

Un long baiser scella ce pacte de fidélité.

La vieille négresse avait tout entendu sans oser se montrer; elle s'éloigna bien vite pour les recevoir à l'entrée de leur maison.

Une heure après, Ali se trouvait assis sur une natte à côté de Fatma, qu'il entretenait des exploits du Roi des Chemins. La jolie mulâtresse écoutait avec cette attention que les femmes apportent seulement à la voix qui parle de l'objet aimé.

La certitude de revoir bientôt Elaï-Lascri, son admiration pour les merveilleux coups de main racontés par Ali, donnaient à sa figure une expression d'intérêt très-vif pour le beau narrateur; de plus, de temps à autre, elle observait la porte comme une amante qui craint une surprise.

Cependant elle ne songeait qu'à l'arrivée impatiemment attendue d'Elaï-Lascri.

— Il est longtemps sans venir? — dit-elle en interrompant le récit d'Ali. — Hélas! peut-être mes malheurs ne sont point finis!

— Il te faut chasser ces sombres idées, — répondit Ali; — le hibou des nocturnes volontés ne viendra plus attrister ton cœur; tu ne dois plus désormais entendre que le doux chant de la colombe qui salue l'aurore des journées d'amour.

— Puisse ton souhait s'accomplir, et...!

Fatma n'acheva pas, un cri étouffé lui fit lever la tête, ainsi qu'à son compagnon.

Ils aperçurent tous deux une femme pâle comme une de ces mortes que l'on expose dans nos églises avant l'inhumation; la lumière de la lampe qui éclairait la case jetait sur ses traits la clarté blafarde des cierges funéraires, et sa longue tunique semblait un linceul.

C'était Mériem ! mais Mériem effrayante à contempler; elle semblait sortir d'un tombeau, drapée dans un suaire. Par un mouvement convulsif ses lèvres s'entr'ouvrirent, laissant tomber ce seul mot : *parjure!*

Fatma restait muette de surprise et d'effroi; Ali, atterré, ne trouvait ni un mot à dire, ni un geste à faire. La main de Mériem montait à ses lèvres, elle les touchait déjà!

La raison d'Ali était si troublée qu'il ne songeait pas à arrêter cette main. Et cependant elle contenait une petite fiole remplie d'opium.

La Rose des Traras allait mourir quand une voix sonore retentit derrière elle, lui disant :

— Femme, tu te trompes; ton Ali n'est qu'à toi, cette jeune fille est mon épouse. — Et le Roi des Chemins, car c'était lui, marcha vers Fatma, sur le front de laquelle il déposa un baiser. Alors de la prunelle de Mériem jaillit un éclair dont son visage resplendit; elle bondit vers Ali comme une lionne qui retrouve le lionceau qu'on lui avait ravi, et, folle de joie, elle le couvrit de ses baisers, le dévora de ses caresses, l'étouffa de ses embrassements; puis, quand ses transports furent calmés, elle s'enfuit toute confuse, comme une gazelle effarée qu'un chasseur

a surprise. — Je suis venu fort à propos, il paraît? — dit Elaï-Lascri avec un sourire bienveillant.

— En vérité, pareille jalousie me fait mal, — répondit Ali d'un air triste.

— Ali! — murmura au dehors une voix de femme.

— Va donc à qui t'appelle, — fit le Roi des Chemins, en poussant doucement le jeune homme vers la porte. Celui-ci sortit, et Elaï-Lascri resta seul auprès de Fatma.

— Elle l'aime bien! — dit-il avec un soupir.

— Elle n'aime pas plus que moi, — lui fut-il répondu avec un charmant sourire.

Quant à Mériem, dès qu'elle fut dans la maison de son mari, elle se jeta à ses genoux pour implorer le pardon de ses doutes et de son indiscrétion. La pauvre petite, timide maintenant comme une enfant prise en faute, n'osait lever la tête. Ali, le sourcil froncé, le laissait dans sa posture de suppliante; elle s'enhardit jusqu'à saisir sa main, et à lui dire:

— Mon bien-aimé, pardonne-moi !

Celui-ci, brusquement, comme un homme qui fait un violent effort, la releva, l'assit sur ses genoux, et lui dit :

— Je t'ai caché mon passé, mais tu vas tout savoir. Je veux te révéler un secret qui a causé ce malentendu; si tu le peux, tu me retireras ton affection, après cette confidence.

— Et moi, — répondit-elle, — avant de rien écouter je veux obtenir ma grâce, car j'ai commis une grande faute.

— Le suppliant, c'est moi.

— Alors, tu ne m'en veux pas ; bien vrai ?

— Non, ma Mériem chérie ; mais permets-moi de t'expliquer...

— A quoi bon ! Garde tes mystères, mon Ali ; cette terrible épreuve m'a guérie de ma jalousie et de ma curiosité. Une femme doit s'abandonner aux bras d'un homme comme toi, avec la confiance d'un enfant pour sa mère. — Puis elle ajouta : — Surtout, oublie ce qui s'est passé dans cette case.

— Je veux m'en souvenir toujours, au contraire, afin d'éviter toute occasion de te faire souffrir.

— Tiens, tu es trop bon, — lui dit-elle en l'embrassant avec effusion.

Et ce fut sa dernière parole, mais non son dernier baiser.

Le lendemain matin, Ali et le Roi des Chemins étaient réunis tous deux au sommet des Traras, précisément au point où ils s'étaient abordés au début de cette histoire.

Ils causaient depuis quelques minutes sur l'éternel sujet de la conversation des amoureux : la femme aimée.

Tout à coup le voile de vapeurs qui couvrait la plaine se déchira sous les premiers rayons du soleil, et Nédromah apparut resplendissante de lumière.

Ce spectacle changea brusquement l'allure de la causerie.

Elaï-Lascri demanda à Ali d'un air profondément sérieux :

— Pourrais-tu, dans ton village, me trouver un homme auquel je pourrais me fier entièrement ?

Ali réfléchit pendant quelque temps ; puis il dit :

— Moyennant mille douros, j'ai ton affaire. C'est un pâtre, beau garçon, brave, adroit, mais pauvre et amoureux. Ce jeune homme aime à la folie une cousine de Mériem ; le père de cette jeune fille exige une dot de cinq cents douros. Le malheureux est depuis plusieurs mois plongé dans un désespoir profond; il est aimé par la jeune fille ; il se donnerait corps et âme à qui lui fournirait ce dont il a besoin pour posséder l'objet de sa passion.

— Eh bien ! tu lui offriras deux mille douros seulement, après qu'il aura fait, il ne pourra pas retourner à son douar. Il lui faudra donc se marier dès demain ;

reste à savoir si, après avoir été payé, il fera sa besogne.

— C'est un Kabyle ! dit fièrement Ali.

— Par Allah ! tu deviens susceptible à propos de tes nouveaux compatriotes, s'écria en riant le Roi des Chemins. N'importe ! je le verrai, et je l'interrogerai moi-même ce soir, prépare-le à cette entrevue. Si je le juge capable de fidélité et d'adresse, je lui confierai mon plan. De ton côté, souviens-toi que Ben-Achmet, ton beau-père, sera compromis dans cette affaire ; mais si tu suis bien à la lettre mes recommandations, il se tirera du péril sain et sauf. — Ali fronçait déjà le sourcil, et il allait sans doute se refuser énergiquement à mêler Ben-Achmet dans une aventure où le brouillard sanglant devait jouer un rôle. — Ne juge donc pas à l'avance, dit Elai-Lasri, qui comprit les répugnances du jeune homme. Tu ne sais pas ce que je veux, et déjà tu me blâmes. Je te jure que ni la vie ni l'honneur du père de Mériem ne seront menacés. Bien mieux ; en le prévenant, je le sauve d'une mort certaine.

— Mais, enfin quel est donc le but que tu cherches à atteindre ?

— Regarde ! — Et le Roi des Chemins montrait Nédromah. — Dans quelques jours, je serai l'agha de cette ville.

— Et pourquoi cette ambition nouvelle ?

— Mohammet-Ben-Abdallah a mis ma tête à prix ; malgré la terrible leçon qu'il a reçue, il veut me faire une guerre acharnée. Il a lancé tous ses chouahs en campagne ; il cherche à recueillir tous les renseignements possibles sur le brouillard sanglant, et, dans quelques jours il rassemblera une nuée de cavaliers avec lesquels il fouillera la province jusqu'à ce qu'il me trouve. Quitter ce pays c'est m'avouer vaincu, perdre mon prestige, accepter une honte. Tu le vois, à tout prix il me faut devenir le chef de cette ville où j'ai couru ma perte. Une fois maître de Nédromah, je consoliderai mon autorité en faisant de mes compagnons le noyau d'un goum redoutable ; j'imposerai un tribut à tous les douars de la plaine, si un jour ils s'insurgent, je les ferai rentrer dans le devoir.

— Tu appelles la soumission à tes ordres un devoir ?

— Sans doute ; pourquoi l'homme obéit-elle à l'homme ? parce qu'elle est la plus faible. Pourquoi l'enfant est-il soumis à son père ? parce que l'enfant est chétif, débile ; pourquoi l'esclave est-il sous le joug ? parce qu'il a été vaincu. Pourquoi l'homme enfin, prosterné devant Dieu, l'adore-t-il humblement, même quand ce Dieu le frappe ? c'est que l'homme n'est rien dans la main d'Allah, qui le pulvériserait d'un regard. Eh bien ! de même qu'aujourd'hui à Ben-Abdallah, agha de Nédromah, ses sujets doivent le respect, ils me devront la soumission, demain, parce que j'aurai asservi leur seigneur.

— Mais, avec ce raisonnement, on peut justifier toutes les tyrannies et tous les crimes.

— Et je les justifie aussi, — s'écria Elai-Lasri emporté par la fougue de ses idées. — Le règne de la force est écrit en lettres rouges au livre de la nature, par la main de Dieu lui-même. Comme il a donné à l'aigle des serres pour saisir sa proie, des dents au lion pour dévorer la sienne, il m'a donné à moi l'énergie et l'audace pour dompter les hommes.

Le cœur d'Ali se révoltait contre les raisonnements sauvages du nègre ; il fut heureux de trouver une objection.

— Les chacals égorgent une poule, mais ne se dévorent pas entre eux, — dit-il, — un homme qui en tue un autre est un fratricide.

— Allons donc ! — répliqua le nègre, avec un rire sinistre, — n'ai-je pas vu les chacals se déchirer à belles dents pour une femelle. Depuis le petit insecte jusqu'à l'on, ces luttes sont communes à tous les animaux de même espèce. Du reste, si les marabouts n'ont pas menti, qu'importe la forme de la chair ? Puisque toutes les créatures sortent, au dire du Coran, de la même boue, et ont été pétries de la même main, elles sont sœurs. Tiens, Ali, il me semble moins cruel d'envoyer une balle à un ennemi hideux, qu'on exècre, qu'à une jolie gazelle qui ne vous a rien fait. Qu'en penses-tu ?

— Je ne sais que répondre ; tu es plus éloquent se matin qu'El-Ghadi, le beau parleur, mais j'ai, là, une voix qui me crie : « Ceci est bien ou ceci est mal ». J'écoute cette voix. Si Ben-Achmet, mon beau-père, t'entendait, il te prouverait par le Coran que tu as tort. Moi je n'aurai pas recours au livre saint pour te réduire au silence ; je n'ai qu'un seul mot à prononcer.

— Oh ! — fit le Roi des Chemins en riant, — ce mot est donc bien terrible ?

— Non, il résonnera à ton oreille aussi doux que le chant de l'alouette.

— J'écoute.

— Eh bien ! c'est Fatma. — Le Roi des Chemins, à cette invocation, parut embarrassé. — N'avais-je pas raison ? reprit Ali. — Cette femme, vois-tu, sera ton bon génie. Si tu condamnes un malheureux, elle te demandera sa grâce à genoux ; tu ne sauras pas résister. Si tu commets une injustice, elle te suppliera d'accorder réparation, et tu te laisseras fléchir. Tu te sens convaincu, tu gardes le silence, Elai-Lasri, tu seras bon ; l'amour a triomphé. — Ali, d'instinct, sans autre guide que son cœur, venait de trouver cette grande loi, qui est le principe de tout bien, l'amour. L'amour, sans lequel Elai-Lasri aurait eu raison ; l'amour, sans lequel les rapports de la créature au Créateur ne seraient qu'une crainte servile d'une part, une oppression inique de l'autre. Supprimez la tendresse et la sollicitude de Dieu pour l'ouvrage de ses mains, et la révolte de Satan contre Jéhova devient une audace sublime, au lieu d'une ingratitude coupable. Que la sympathie des créatures l'une pour l'autre disparaisse, et le chaos renaît sur cette terre ! Ali n'avait envisagé cette question profonde et multiple de l'amour que sous une seule face, mais cela lui avait suffi pour répondre victorieusement au Roi des Chemins. Ali continua. — Tu chercherais en vain, maintenant, à fermer tes yeux à la vérité ; tu distingues le bien du mal. Tu renonceras à tes ambitieuses idées, tu chercheras le calme. Il était convenu que tu gagnerais une ville du Maroc pour y passer le reste de tes jours en citadin paisible ; c'est là que le repos, l'amour et le vrai bonheur t'attendent.

Le Roi des Chemins, pensif, avait écouté avec une attention profonde les paroles d'Ali.

Un violent combat se livrait en lui.

— Écoute, Ali, — dit-il, — s'il était en mon pouvoir de suivre ton conseil, je le ferais. Mais tu vas avouer toi-même, que j'aurais tort en agissant ainsi. Il m'est impossible d'habiter une cité sans avoir la puissance de me défendre contre l'agha, le bey ou le sultan qui en sera le maître. Que cet homme soit un vieillard avare, d'un geste il m'enverra mourir sous le sabre d'un chaouch, afin de s'emparer de mes richesses ; que ce soit un jeune homme amoureux, et pour m'enlever Fatma il me jettera aux serpents de quelque silo immonde. Végéter ainsi, trembler sans cesse, se courber humble et flatteur pour éviter le courroux du despote, c'est là une existence que peut supporter Jacob à Nédromah, mais que le Roi des Chemins n'acceptera jamais.

— Ce que tu dis est vrai, — répondit Ali ; — il faut en ce monde être le chef ou l'esclave.

Il y eut entre les deux cavaliers une pause assez prolongée. Ils réfléchissaient tous deux à cette étrange nécessité qui poussait fatalement un homme résolu à revenir au bien dans la voie du mal.

Déjà Mecaoud, le djouad, s'était vu forcé de devenir bandit ; il était impossible au bandit de se faire honnête homme.

Triste terre que celle où il fallait être mangeur ou

mangé, voleur ou volé, victime ou bourreau ! Et telle était l'Algérie avant l'arrivée des Français.

Nous insistons sur ce point, parce que nous avons écrit la première partie de cette histoire dans le but de faire connaître les véritables mœurs des États barbaresques, certain que nous étions de justifier par ce tableau, vrai dans ses plus horribles détails, la conquête de la France, choisie par Dieu pour cette noble mission civilisatrice.

Ali rompit enfin le silence.

— Fais-toi Kabyle, — dit-il, — et tu seras libre.

— Libre ! — répéta le nègre indécis.

— Certes, oui, libre comme l'oiseau dans l'air. Qu'as-tu encore à objecter ?

— Rien. Seulement, tant que l'agha de Nédromah ne sera pas mort, je n'aurai pas été vengé. — Ali jeta un long regard sur le Roi des Chemins, puis il haussa les épaules. — Au coup d'œil que tu m'as lancé, à ton mouvement de désapprobation, je vois que tu n'approuves pas ma résolution, — dit Elaï-Lascri. — Dois-je donc laisser la vie à mon ennemi ? La dette de la haine n'est elle plus sacrée ?

— Le Prophète, — répliqua le jeune homme, — a ordonné de rendre œil pour œil, dent pour dent. Or, tu as délivré ta femme et livré les favorites de ton ennemi à nos compagnons, qui les ont déshonorées et vendues comme esclaves. Déjà tu dépassais le but ; en agissant ainsi, de plus, tu as incendié un palais, versé des flots de sang, causé un désastre immense. Mais Allah semble t'avoir pardonné ces excès. Aujourd'hui, insatiable comme une panthère altérée de meurtre, tu médites un plan ambitieux, qui coûtera la vie à bien des hommes. Tu conserves une haine qui devrait être éteinte. A ta place, je m'en tiendrais là. Une nuit, tu as voulu anéantir toute une tribu pour punir un seul crime ; et cette nuit-là un grand malheur est venu t'atteindre. C'est un avertissement qu'Allah t'a donné. Tiens ! — s'écria Ali avec un accent inspiré qui frappa le Roi des Chemins, — il me semble lire dans le livre de l'avenir. Crois-le, si tu ne cherches pas à vivre désormais paisible, dans un asile tranquille, tu seras brisé par quelque catastrophe.

Elaï-Lascri demeura quelques instants rêveur ; la voix d'Ali avait une inflexion si vraie qu'il se sentait ému.

Mais il surmonta l'hésitation qui s'était emparée de son âme, et il s'écria avec une sombre énergie :

— Non, pas de pardon, pas de pitié, pas de faiblesse. Je l'avais bien dit jadis à cette même place : la femme est mauvaise au cœur des braves, comme la rouille à l'acier des armes. Pour amollir mon courage tu m'as parlé de Fatma ; si je t'écoutais, le Roi des Chemins serait bientôt l'objet des risées de la province. J'ai déjà honte de moi-même, — puis il s'exalta encore, il continua avec force. — Ben-Abdallah mourra, Nédromah me saluera pour chef, je soumettrai Tlemcen, je serai tout-puissant, je veux devenir le sultan du Tell. Nous verrons alors si Fatma ne préférera pas ma couronne de diamants au fez misérable d'un montagnard des Traras.

Ali comprit que désormais toute parole serait inutile pour combattre la décision d'Elaï-Lascri ; mais il voulut séparer sa destinée de la sienne.

— Tu as juré, — dit-il, — que tu me rendrais la liberté ?

— Oui, — dit le nègre.

— Eh bien ! désormais il n'y aura plus rien de commun entre nous. La terre présente est solennelle ; pèse chacune de mes paroles. Je suis un chemin, toi un autre ; mais dans le voyage de la vie nos deux voies peuvent se croiser. Il est bon d'établir à l'avance la conduite que nous comptons tenir. Nous déchirerons-nous comme deux chiens se disputant le même os, ou passerons-nous fièrement, en nous saluant de l'œil avec la courtoisie de deux lions qui se rencontrent en dehors de leurs domaines de chasse ?

Et Ali attendit.

— Pourquoi peu probable ? — demanda...

En vain son compagnon essaya-t-il de retenir le jeune homme parmi les membres du brouillard sanglant ; il fut inflexible.

— Eh bien ! — dit enfin Elaï-Lascri, si nous ne sommes pas amis, ne soyons pas ennemis. Ne levons jamais nos yatagans l'un contre l'autre. Je te demanderai cependant avant notre séparation un dernier service. Tu m'as parlé d'un Kabyle qui pourrait me servir, je désire que tu me mettes en relation avec lui. En échange, je te donnerai les moyens de sauver Ben-Achmet d'un massacre où périront presque tous les chefs de la contrée.

— Soit ! — dit Ali — mais je te préviens à l'avance que je répudie toute solidarité dans cette expédition, où je jouerai un rôle malgré moi.

— C'est convenu ; à ce soir, aux rochers des Deux-Frères, — répondit Elaï-Lascri, — amène le pâtre.

— Il y sera et moi aussi.

— Dieu te garde, Ali.

— Dieu te sauve, Elaï-Lascri.

Et ils se séparèrent.

Deux jours après, vers la quatrième heure de la matinée, un jeune kabyle, nommé Lagdar-el-Asiz, abordait l'agha de Nédromah au moment où celui-ci se rendait à la mosquée.

Mohammet-Ben-Abdallah, depuis le malheur qui l'avait frappé, était devenu méconnaissable. Il avait perdu à la fois ses femmes, son palais et sa gloire ; il était en proie à une sombre mélancolie. Fidèle à ses serments, il avait payé aux Kabyles la somme promise, mais il les exécrait. A la vue du pâtre, il détourna la tête en grondant quelques menaces ; mais le montagnard ne s'intimida pas.

— L'agha de Nédromah, — dit-il, — détourne sa face de moi parce que je suis un Trara, et il a tort, car ce Trara lui apporte dans les plis de son burnous un souffle d'espérance recueilli au sommet de l'Atlas.

— Que dis-tu ? — demanda l'agha en tressaillant.

— Je dis que pour Mohammet-Ben-Abdallah l'heure de la vengeance est proche ; je dis qu'il tient dans sa main le brouillard sanglant. Libre à lui de tenir cette main ouverte ou fermée.

— Parle, parle vite ! qu'as-tu vu ? que sais-tu ?

— Je suis un pâtre du village d'Aïn-Kébira ; je faisais pâturer mes chèvres sur un plateau de l'Atlas, quand un cavalier survint et me demanda une jatte de lait, que je lui donnai avec empressement. Cet homme aperçut dans mon troupeau un agneau qui parut lui convenir, il me dit de le lui apporter. Pensant qu'il voulait me l'acheter, je l'élevai à la hauteur de sa selle et lui en réclamai le prix ; mais lui, éperonnant son cheval, s'enfuit en riant avec mon agneau. J'appartiens à la tribu des Traras ; mon amin se nomme Ben-Achmet. C'est un chef énergique qui punit l'injustice et protège ses sujets. Je me mis à suivre les traces du voleur, afin de savoir à quel douar il appartenait, pour le dire à Ben-Achmet et obtenir une vengeance. Longtemps je marchai sur la piste de cet homme, et enfin je parvins dans un lieu solitaire que tu connais peut-être, et que l'on appelle le vallon Sans-Eau. C'est un plateau situé au sommet de l'Atlas et entouré de montagnes inaccessibles. Pour y entrer, comme pour en sortir, il n'y a d'autre passage qu'un défilé étroit, que quelques hommes peuvent facilement défendre contre les efforts d'une troupe nombreuse. Aucune fontaine n'arrose cette vallée, et à ma grande surprise, j'y aperçus une centaine de cavaliers qui étaient campés. A leurs burnous noirs, je reconnus le brouillard sanglant. Sans doute le Roi des Chemins a choisi cette retraite pour braver les efforts des bandes qu'il va le traquer bientôt, et il a choisi ce lieu pour en faire sa casbah. Je suppose que, dans les rochers, les bandits ont pratiqué quelque sentier par où ils pourraient fuir, en cas d'une défaite peu probable.

— Pourquoi peu probable ? — demanda l'agha avec colère.

— Parce que cinquante hommes peuvent défendre facilement le défilé contre le goum le plus redoutable. Tu penses que je ne suis pas assez habile pour comprendre les ruses d'un homme aussi fin qu'Elaï-Lascri. C'est Ben-Achmet, notre grand marabout, qui m'a expliqué cela. Il m'a envoyé vers toi pour t'avertir de ce qui se passait; il t'offre en outre le secours de son bras et de son escorte de cavaliers. Elle n'est pas nombreuse, car, nous autres Kabyles, nous sommes fantassins. Ben-Achmet a ajouté qu'il fallait te hâter, rassembler en secret et au plus vite des cavaliers bien montés, marcher toute cette nuit et surprendre demain matin les brigands. Le marabout croit qu'ils n'ont pas eu encore le temps de se fortifier complétement.

— C'est bien, — répondit l'agha, — je remplirai ton burnous de douros si tu dis vrai ; je te ferai pendre la tête en bas, jusqu'à ce que le sang t'étouffe, si tu mens. Que l'on surveille cet homme, et que des courriers partent pour prévenir les vingt tribus les plus voisines que j'attends leurs chefs et leurs guerriers avant ce soir ; que l'on avertisse surtout l'amin des Traras que je désire lui parler le plus tôt possible.

Les ordres de l'agha furent promptement exécutés, et des cavaliers s'éloignèrent dans toutes les directions, au grand galop de leurs chevaux.

Quelques heures après, Ali et Ben-Achmet, servis par Mériem, prenaient le repas du soir dans la maison du vieux marabout.

Celui-ci racontait à son gendre que bientôt il allait se mettre en route pour une excursion nocturne.

— Quel est le but de ce voyage ? — demanda Ali.

— Une chasse à l'hyène, — répondit Ben-Achmet en souriant.

— Mais, père, les hyènes ne sont pas loin d'ici. Il ne faudrait pas faire mille pas dans les environs pour en rencontrer. Du reste, c'est un gibier dont je fais peu de cas.

— Celle-là est dangereuse, c'est Elaï-Lascri.

— Ah ! le fameux chef de brigands ! — fit le jeune homme d'un air surpris ; — si je me nommais Mohammet-Ben-Abdallah, il y a longtemps que ce misérable aurait servi à fumer mes jardins.

— L'agha est brave, ne le dédaigne pas ; mais Elaï-Lascri est difficile à rencontrer. Les Français, qui sont puissants et adroits, puisqu'ils nous ont forcés à reconnaître leur autorité, n'ont pu en venir à bout. Je déteste cet homme, surtout depuis le jour où il a troublé ton triomphe, après la fantasia donnée par l'agha. Un de mes pâtres a découvert sa trace, et je l'ai envoyé prévenir Mohammet-Ben-Abdallah, qui va convoquer les guerriers et lui faire la chasse.

Ali connaissait mieux que le vieillard tous les détails de l'entreprise ; néanmoins il affecta un vif enthousiasme pour l'expédition probable dont son beau-père lui proposait de faire partie.

En entendant son mari approuver le projet du caïd, Mériem se mit à pleurer, et ses beaux yeux suppliaient Ali de détourner son père de sa résolution.

Insensible aux larmes qui tombaient des cils noirs de la jeune femme, Ali lui ordonna de sortir de la case. Comme elle hésitait, il lui dit, d'une voix dure et les sourcils froncés :

— Mériem, la fille d'un chef et la compagne d'Ali doit savoir cacher ses pleurs et sourire au départ des guerriers. Laisse-nous seuls et va préparer nos burnous de voyage.

C'était la première fois que son mari la regardait avec colère ; c'était aussi la première fois qu'il lui parlait en maître.

Le cœur brisé par ses reproches, Mériem vint se jeter à ses pieds, en s'écriant :

— Oh ! mon seigneur, calme ton courroux et pardonne à ma tendresse ; je vous aime tant tous deux que mon cœur a parlé plus haut que ma raison.

Et, la tête baissée vers le sol, la pauvre enfant n'osait plus lever les yeux, dans la crainte de rencontrer encore le regard qui l'avait effrayée.

Ali la releva tendrement, et, la pressant sur son cœur, il murmura à son oreille :

— Ne tremble pas ainsi et sois moins triste ; j'accompagne ton père pour le sauver. — Puis il ajouta à haute voix : — Allons, sèche tes pleurs, et va surveiller les préparatifs de notre départ.

La jeune femme sortit consolée, et elle attendit patiemment qu'Ali pût lui expliquer quels étaient les dangers qui menaçaient son père et comment il comptait les prévenir.

XVII

OU ELAÏ-LASCRI DEVIENT AGHA.

Pendant toute la scène que nous venons de raconter, le vieux marabout avait conservé une impassibilité apparente ; mais, après le départ de son enfant, il pressa la main de son gendre et lui dit :

— Tu es digne de moi, mon fils. Tu viens d'épargner à ma tendresse de père une leçon que la faiblesse de ma fille méritait ; mais, crois-le, Mériem à le cœur aussi fier que moi ; elle saurait mourir pour nous sauver ; son amour l'égarait.

— Père, — répondit Ali, — tu m'as cédé un trésor que je sais apprécier ; la colère était sur mon front et la pitié dans mon âme quand j'ai parlé à ma femme.

En ce moment entra le courrier de l'agha.

Après avoir salué Ben-Achmet et son gendre avec une déférence qui témoignait de la haute estime qu'éprouvait son maître pour eux, il annonça au vieillard que Mohammet-Ben-Abdallah l'attendait.

— Je me tenais prêt à partir, — répondit Ben-Achmet ; — tu diras à ton maître que je lui amène aussi mon gendre, le vainqueur des dernières courses.

— L'agha te fait demander si c'est bien toi qui as envoyés lui Lagdar-el-Aziz.

— Oui, et je désire que l'on traite ce pâtre avec beaucoup d'égards ; nous lui devons une découverte précieuse.

— C'est bien ; je vais rejoindre celui qui m'a envoyé, et le prévenir de ton arrivée.

Le courrier repartit dans la direction de Nédromah ; Ali quitta le vieillard et se dirigea vers la maison où Mériem l'attendait.

Les yeux rouges encore des larmes qu'elle avait versées, elle accueillit son mari avec cette petite moue charmante que, dans tous les pays du monde, savent prendre les filles d'Eve envers celui qui a un tort à faire oublier.

Qu'elles habitent un sérail ou un boudoir, les femmes n'en sont pas moins toujours des démons pleins de coquetterie gracieuse et de malice ravissante. Mériem, devinant sur le visage de son mari le regret de lui avoir causé un chagrin, résolut de se faire prier pour accorder un pardon.

Malgré la domination absolue que le Coran accorde aux époux musulmans, une jolie femme, même en Algérie, règne tyranniquement sur les cœurs épris de sa beauté. Un retard rend toujours un désir plus ardent ; aussi Ali, voyant sa femme lui refuser un baiser de réconciliation avec un charmant petit air mutin, se mit à genoux et lui dit en saisissant ses mains mignonnes :

— Méchante enfant, tu ne sais donc pas ce qu'il m'a fallu de courage pour feindre de te gronder ?

— Mais enfin, — dit-elle en cachant la joie qu'elle éprouvait de voir celui qu'elle aimait tant implorer tendrement une douce caresse, — pourquoi affecter un sentiment que tu n'avais pas? pourquoi ces dures paroles qui me punissaient de trop te chérir?

— Parce que ton père ne te reverrait jamais s'il accompagnait l'agha jusqu'au terme de son voyage. Il faut qu'en chemin je trouve un moyen de l'éloigner, et s'il avait la moindre défiance je ne réussirais pas. Il sait combien je suis épris de toi, et il est convaincu que, pour avoir surmonté ma passion au point de te gronder sévèrement, il faut que je sois bien dévoué aux intérêts de l'agha. Il ne m'accusera donc pas si un événement fortuit vient l'arrêter dans sa marche. Dis, maintenant que tu me devras ton père, me refuseras-tu encore ce baiser qui doit me porter bonheur.

Mériem se pencha vers son mari, mêlant les boucles ondoyantes de sa chevelure à la sienne, et elle posa sur son front ses lèvres frémissantes en lui disant de sa douce voix.

— Tiens, voilà la récompense de ton dévouement!

Bientôt la voix de Ben-Achmet vint arracher le jeune homme aux bras de sa femme.

Il s'élança en selle sur sa belle jument noire, et, envoyant à Mériem un baiser d'adieu, il lui renouvela par un signe l'assurance qu'il protégerait son père.

Quand au vieux chef, il embrassa tendrement sa fille, et il se dirigea vers Nédromah, suivi d'Ali et des cavaliers de la tribu.

Longtemps Mériem les contempla s'éloigner, puis elle rentra rêveuse, songeant aux mystères que lui cachait son mari.

Quand Ben-Achmet et sa suite arrivèrent à Nédromah, ils trouvèrent, comme l'avait prévu Ali, cinq cents cavaliers réunis aux portes de la ville et attendant que la nuit fût arrivée pour se mettre en route. A la tête de cette petite armée se tenait Mohammet-Ben-Abdallah, que Ben-Achmet alla saluer en lui présentant Ali. L'agha parut enchanté de voir que le jeune homme eût épousé sa cause. Il remercia Ben-Achmet de son dévouement et du guide qu'il lui avait envoyé.

Ladgar-el-Asiz se tenait derrière l'agha, et il échangea un regard d'intelligence avec Ali.

Mohammet-Ben-Abdallah donna le signal du départ, et aussitôt la petite colonne s'élança derrière lui. Ces cavaliers, sans être organisés comme nos escadrons, marchaient avec une certaine régularité, et surtout avec un calme admirable. Ils prenaient rang par tribu, et conservaient dans ce voyage nocturne le silence habituel des Orientaux.

Entre un goum arabe et un régiment français il existe une immense différence.

L'Arabe affronte la mort avec un admirable sang-froid. Au plus fort du danger il répète ce verset du Coran : «Ce n'est pas la balle qui tue, mais la destinée; » et il s'élance malgré le fer et les balles, certain que l'ange de la mort, qui plane au-dessus des champs de bataille, ne l'effleurera pas de son aile noire, si l'heure de son trépas n'a pas sonné.

Un autre effet de cette croyance, c'est de rendre le musulman soumis aux décisions de ses chefs, dont il ne discute jamais les projets. Qu'importent les sages dispositions du général, puisque c'est Allah qui donne la victoire? Pour lui, un capitaine n'est pas plus ou moins habile. Non, mais il est plus ou moins favorisé du Prophète, qui lui envoie des inspirations bonnes ou mauvaises, selon qu'il veut faire triompher son parti ou lui infliger une défaite.

Le soldat français, au contraire, discute les actes de ses généraux, veut savoir où il va et pourquoi il se bat. Se passionnant pour les principes qu'il défend, il n'hésite pas à leur sacrifier sa vie ; mais il ne sait pas se battre en aveugle, il lui faut une conviction.

En outre, il songe à la gloire ; la décoration brille devant lui au milieu de la fumée du combat; c'est une étoile qui l'attire comme le flambeau des nuits attire le papillon. Ce sont les pensées de noble ambition qui font briller son regard quand, fatigué de parler ou de chanter, il réfléchit.

L'Arabe, lui, plongé dans une méditation profonde, ne cherche pas dans une ambition légitime un motif de courage; bercé par le pas de son cheval, il rêve aux joies du paradis.

Résigné à sa position en cette vie, il n'a pas l'espoir de l'améliorer. Il vit surtout par l'imagination, et aux biens matériels qui lui manquent, il supplée par les jouissances imaginaires que sait créer son esprit fantastique. L'usage du haschich en est la preuve.

Telle est l'immense différence qui sépare les deux peuples ; tous deux, par des causes opposées, en arrivent à braver la mort avec un sublime dédain : le Français, par dévouement à un principe et par sentiment d'honneur ; l'Arabe, par le fanatisme et l'indifférence pour la vie matérielle.

Au milieu de cette nuit obscure, les cavaliers de l'agha marchaient donc silencieux ; ignorant le but de leur voyage, ils ne songeaient pas à le demander.

Abdallah savait que Ben-Achmet détestait Elaï-Lascri, et il n'avait pas le moindre doute sur la véracité du récit fait par un pâtre de son village et garanti par le vieux marabout. Ce dernier approuva fort le plan de l'agha, qui était d'arriver au point du jour à l'entrée du défilé, de se précipiter sur les bandits avant qu'ils eussent pu se reconnaître et de les tailler en pièces.

Par ce moyen, on pouvait les massacrer sans qu'il leur fût possible de gagner le chemin qu'ils avaient dû se ménager dans les montagnes.

L'agha avait bien songé à faire occuper les hauteurs qui dominaient le vallon Sans-Eau ; mais il eût fallu réunir au moins trois mille fantassins, et cela eût demandé du temps et du bruit, deux choses nuisibles au succès d'une expédition.

En tête du goum était le guide, qui, au milieu des ténèbres, souriait de telle façon que l'on n'aurait pu dire si c'était la joie de se voir riche ou une pensée ironique qui plissait ses lèvres. Certes, si l'agha eût intercepté le coup d'œil échangé avec Ali, s'il avait vu ce sourire indécis du guide, il se fût probablement défié de lui ; mais heureux de se croire aussi près de sa vengeance, il caressait la pensée d'un supplice à infliger à Elaï-Lascri, et cette espérance soulageait son âme, oppressée par la douleur que lui causait la perte de ses femmes et l'affront sanglant qu'il avait reçu.

Derrière lui s'avançaient ses cavaliers : la colonne suivait un chemin difficile, au milieu des défilés de l'Atlas, digue imposante de granit soulevée par la main de Dieu entre le Tell et les vagues fauves du Sahara, cet océan de sable. La route traversait des sites d'un aspect grandiose et sombre. Tantôt c'étaient des abîmes sans fond, suspendus au flanc des montagnes, gouffres béants dont l'œil épouvanté n'osait sonder la profondeur ; tantôt c'étaient des pics qui se perdaient dans la nue et dont l'homme, créature chétive, ne pouvait contempler la prodigieuse élévation sans se sentir écrasé par ces énormes masses. Partout les sublimes horreurs d'une nature puissante et sauvage apparaissaient dans toute leur nudité. La main de l'homme n'avait pas encore enlevé à ces montagnes vierges leur cachet divin.

Depuis sept heures la colonne marchait, lorsque le guide se retourna pour prévenir l'agha que l'on approchait d'un défilé au bout duquel se trouvait le vallon Sans-Eau.

Il lui conseilla de recommander à ses hommes de serrer les rangs le plus possible, afin de pouvoir déboucher tous ensemble dans la plaine où se trouvait Elaï-Lascri. L'agha voulut envoyer un cavalier pour s'assurer si les bandits étaient toujours là où Ladgar-el-Asiz les avait vus. Mais celui-ci fit observer que, dans le cas où

Elaï aurait placé une sentinelle, la vue de cet éclaireur pourrait donner l'éveil à toute la bande et faire manquer l'expédition.

— Du reste, — ajouta-t-il, — nous sommes encore à une demi-heure de la gorge, qui elle-même est fort longue, eh bien! regarde à travers la brume du matin; et tu verras une colonne de fumée qui s'élève au-dessus des montagnes, preuve que les bandits ont établi un poste à l'entrée du défilé. Ils sont probablement en train de préparer le repas du matin. Voilà le jour qui se lève.

— Tu as raison, — dit l'agha, — et tu feras un bon chef; nous pouvons arriver jusqu'auprès de la gorge sans être découverts; une fois là, je lance ma troupe au galop, et nous tombons sur ces brigands maudits avant qu'ils aient pu se reconnaître. De cette façon, les sentinelles qu'ils ont placées deviendront inutiles. — Après avoir pris cette résolution, Mohammet-Ben-Abdallah recommanda à ses hommes de mettre pied à terre et de se préparer au combat : — Elaï-Lascri est entre nos mains, — leur dit-il, — ne le laissons pas s'échapper; il est campé derrière la montagne que vous voyez devant vous. — Quand ils surent qu'ils allaient avoir à faire à Elaï-Lascri, les guerriers éprouvèrent comme un sentiment d'hésitation. Leur croyance fanatique dans la destinée était combattue par le prestige de terreur qui entourait le nom du bandit. En ce moment, le cri de l'hyène retentit, sinistrement répété par l'écho des ravins. L'agha remarqua sur tous les visages un tressaillement involontaire. Il rassura sa troupe en s'écriant : — Ne voyez-vous pas que le rôdeur de nuit (nom donné à l'hyène par les Arabes) nous annonce la défaite de nos ennemis. Allons! préparez vos armes et vengeons la mort de tant des nôtres qui sont tombés sous le yatagan d'Elaï-Lascri.

Suivant l'ordre de leur chef, les Arabes firent jouer les batteries, renouvelèrent les amorces et réparèrent le désordre causé par la route au harnachement de leurs coursiers.

Ali ne voulut pas que son beau-père prît la peine de visiter ses armes. Il se chargea lui-même de ce soin avec une sollicitude toute filiale. Puis, avant de le laisser remonter à cheval, il lui présenta une gourde pleine d'eau, lui conseillant d'en boire une gorgée avant le combat qui se préparait, parce que cette eau, disait-il, venait d'une fontaine sacrée où il l'avait puisée lui-même. En cas de mort, cette boisson salutaire lavait les souillures de l'âme et ouvrait le chemin du paradis.

Croyant comme tous les musulmans aux merveilleuses propriétés des puits saints, Ben-Achmet avala quelques gouttes de cette eau, qu'il trouva d'un goût étrange. L'on se remit en route, mais au bout de cinq minutes le vieillard sentit sa tête s'alourdir; en vain il voulut se raidir contre le sommeil qui l'accablait, il finit par abandonner les rênes et chancela sur sa selle; Ali le reçut dans ses bras en disant tout bas :

— Le sommeil de l'opium dure un jour, et celui de la mort dure éternellement.

Il avait mélangé un narcotique avec le breuvage qu'il avait offert à son beau-père.

Ali courut s'excuser auprès de l'agha de ne pouvoir suivre l'expédition.

Ben-Abdallah, en voyant le vieux marabout pris d'une défaillance qui ressemblait à la mort, songea que bientôt il allait par ce trépas être dégagé du serment onéreux fait le jour de l'incendie.

Il ne sut qu'à demi dissimuler sa joie.

— Ton beau-père semble bien malade, — dit-il; — je te conseille de le faire soigner par un homme habile. C'est un grand guerrier que ce marabout Ben-Achmet; c'est à lui que les Traras doivent la liberté de trafiquer en toute franchise sur mes marchés.

— Si Allah rappelait à lui le père qu'il m'a donné, — répondit Ali, — je jure que je défendrais son héritage avec tant d'énergie qu'il resterait intact.

Et le jeune homme, sans plus s'inquiéter de l'agha, prit toutes les mesures nécessaires pour ramener à Aïn-Kébira le vieux chef endormi.

Dix minutes après le départ des Kabyles, le goum de Mohammet-Ben-Abdallah arriva enfin en face du défilé dont le guide avait parlé avant sa chute.

En cet endroit, la montagne, fendue de la base au sommet par un tremblement de terre, offrait un passage étroit entre des rochers à pic qu'il était impossible d'escalader. Cette gorge était si profondément creusée entre deux murailles naturelles que les rayons du soleil n'y pénétraient jamais.

Les traces du cataclysme qui l'avaient formée étaient encore visibles comme au premier jour; si la montagne était venue à se rejoindre, chaque saillie de roc aurait pu retrouver sa place dans la paroi voisine.

Ce ravin était d'une aridité désolante; l'irruption du feu souterrain avait desséché le sol pour toujours, en l'inondant de torrents de lave incandescente; aucune verdure ne poussait sur ce terrain volcanique, et l'on ne voyait pas un seul brin de mousse entre les interstices des pierres.

Ce sombre lieu était encore attristé par un profond silence; aucun chant d'oiseau, aucun cri d'insecte n'en venait troubler la morne solitude.

Frappés par l'aspect sauvage et triste de ce site, les Arabes l'avaient surnommé le ravin Maudit.

A l'entrée du col était suspendue une roche énorme qui surplombait au-dessus de la tête des voyageurs qui s'y aventuraient à de rares intervalles; on ne pouvait avancer que cinq de front dans le couloir ténébreux, et, comme l'avait ordonné leur chef, les guerriers avaient serré les rangs.

Le poste de bandits que le guide avait montré à l'agha s'enfuit à bride abattue dès que la troupe fut en vue; ils avaient quelques minutes d'avance et ils disparurent dans les profondeurs du col.

Les Arabes considéraient d'un œil inquiet la masse énorme qui menaçait de les écraser au passage; ils semblaient hésiter, car la roche ne tenait que par un miracle d'équilibre.

Mais Mohammet-Ben-Abdallah commanda : En avant! et il s'élança sur la trace des fuyards, entraînant derrière lui tout son goum, qui poussa le cri de guerre. Les cinq cents guerriers s'engagèrent dans le défilé, en ébranlant de leurs clameurs l'écho des montagnes.

Leur chef, l'œil en feu et les narines dilatées, galopait à leur tête, brandissant son yatagan et tenant un pistolet au poing (selon l'habitude des Arabes, il dirigeait son cheval par la simple pression des genoux).

Déjà il croyait tenir sa vengeance quand, à un détour de la gorge, il vit se dresser devant lui une énorme barricade formée de troncs d'arbres abattus et entassés les uns sur les autres. Cette barricade arrêta l'élan de toute la troupe. Il était impossible de la franchir, et les chevaux des bandits qui s'étaient sauvés à l'approche du goum étaient restés abandonnés par leurs cavaliers au pied de cet obstacle insurmontable.

Une corde qui se balançait le long des rochers, et que remontait une main invisible, indiqua à l'agha le chemin qu'avaient pris les maîtres de ces coursiers errants sans cavaliers. Il ne fallait pas songer à les suivre.

Il ordonna à ses hommes d'abattre la barricade, mais pendant qu'ils s'épuisaient en efforts impuissants on entendit comme le pétillement d'un feu qu'on allume. En un instant la flamme monta par-dessus les arbres, et transforma la barrière en bûcher. Il fut bientôt impossible d'en approcher. Désormais le passage était impossible de ce côté, du moins avant longtemps.

Un doute terrible traversa alors l'esprit de Mohammet-Ben-Abdallah : il chercha des yeux le guide; il avait disparu.

L'agha soupçonna une trahison. Voyant que le bûcher ne s'éteindrait pas de sitôt, il se mit en selle et ordonna à son goum de le suivre hors du col, afin d'essayer de rejoindre les bandits par un autre chemin. Il savait que le vallon Sans-Eau était sans issue et bordé de remparts naturels, mais peut-être les brigands avaient-ils eu l'idée de tailler un sentier dans le roc.

Craignant de les laisser échapper, il se hâtait de sortir du défilé quand soudain retentit une explosion terrible. A travers un nuage de poussière et de fumée, la roche qui dominait l'entrée du ravin chancela, soulevée par une mine, et roula avec un fracas épouvantable au fond du passage, qu'elle boucha hermétiquement.

Un cri d'horreur s'échappa de cinq cents poitrines à la fois, et un ricanement sinistre y répondit sur le sommet des crêtes.

L'agha et les siens comprirent qu'ils étaient perdus : d'un côté un rempart de feu, de l'autre un mur de pierre, les tenaient enfermés.

En vain ils essayèrent de faire bondir leurs chevaux sur les débris de granit amoncelés par l'explosion ; au-dessus d'eux se dressait la roche principale, contre laquelle vinrent se briser les élans furieux de leur désespoir.

Les cavaliers se regardèrent entre eux, en proie à un morne découragement, et le cri de l'hyène, qui vint encore retentir lugubrement à leurs oreilles, résonna pour eux comme un chant de mort. Ils attendirent avec une angoisse inexprimable la fusillade qui allait les décimer sans doute. Ils se trompaient ; Elaï-Lascri ne voulait pas user sa poudre !

Une pierre se détacha du sommet de la montagne et vint rouler en sifflant au milieu des rangs pressés, écrasant tout sur son passage ; un autre quartier de roc partit du côté opposé, puis ce fut une véritable avalanche qui, roulant le long des pentes presque à pic du défilé, vint s'abattre avec un bruit formidable sur les Arabes épouvantés.

En un instant, plus de trois cents cadavres jonchèrent le sol, et au milieu des cris d'effroi, des plaintes des mourants, des hennissements de douleur des chevaux, la pluie de rochers continuait toujours sans que l'on pût voir les mains qui les détachaient du haut de la montagne.

L'agha et son fils, qui l'avait accompagné, étaient morts des premiers. Les survivants, éperdus, les yeux hagards, les cheveux hérissés, cherchaient une issue, en proie à une terreur indicible ; les projectiles les poursuivaient partout. Enfin, cédant à une frayeur superstitieuse, ils tombèrent à genoux, implorant la divinité terrible dont ils croyaient avoir encouru la colère ; mais les pierres roulaient toujours, et l'œuvre de destruction continuait sans relâche !

Quand le dernier homme fut tombé, quand le dernier cri de désespoir eut retenti, la noire figure d'Elaï-Lascri se dressa au sommet du ravin, et autour d'elle apparurent les têtes hideuses de ses compagnons qui se penchaient pour voir la scène affreuse que présentait le champ de carnage.

La terre était couverte de débris humains, broyés et meurtris ; c'était un amas confus de poitrines entr'ouvertes, de crânes brisés, de membres séparés du tronc. Aux aspérités des pierres, des lambeaux de chair restaient attachés, et le sang, tiède encore, coulait à larges flots, dégageant une vapeur rougeâtre qu'aspirait Elaï-Lascri avec la volupté d'un tigre.

A le voir ainsi planant, enveloppé dans son burnous sombre, au-dessus de ce tableau de meurtre, on eût dit le génie du mal entouré de son cortège de démons.

Aux accents de la rage et du désespoir avait succédé un silence funèbre, et la flamme mourante du bûcher, qui commençait à s'éteindre, semblait être le flambeau tristement symbolique qui brûle auprès des morts...

Les bandits, à l'aide de longues cordes, descendirent dans le ravin ; il leur restait encore une sanglante moisson à recueillir.

Comme les Indiens d'Amérique, les Arabes ont l'habitude de couper les têtes de leurs ennemis pour en faire les témoignages de leur victoire. Cette sauvage coutume est profondément enracinée dans les mœurs, et aujourd'hui encore ils la renouvellent dans les combats que leur livrent nos soldats. Comme une nuée de vautours s'acharnant sur des cadavres, les brigands, du haut des crêtes, se laissèrent glisser au milieu des morts, et, saisissant les cheveux de leurs ennemis, ils leur faisaient sauter la tête d'un coup de yatagan.

Pendant qu'ils accomplissaient cette tâche barbare, le feu s'était éteint.

Ils déblayèrent le sol des charbons qui l'obstruaient, et gagnèrent le vallon Sans-Eau chargés des dépouilles de leurs victimes.

Comme l'avait prévu, mais trop tard, l'agha Ben-Abdallah, ils avaient taillé dans le roc un sentier que leurs chevaux arabes pouvaient escalader grâce à leur merveilleuse agilité ; ils parvinrent, en les tenant par la bride, à leur faire gagner le sommet des rochers qui entouraient cette vallée ; une fois arrivés sur les hauteurs, ils se mirent en selle, et derrière eux, ils accrochèrent les sanglants trophées qu'ils avaient recueillis sur le lieu du massacre.

D'après l'ordre d'Elaï-Lascri, ils galopèrent dans la direction de Nédromah, en poussant le cri de l'hyène, pour célébrer leur triomphe.

Ce soir-là l'on entendit dans le ravin Maudit un concert de mugissements effroyables et de sons discordants. Des bandes innombrables de chacals et de hyènes, attirées par les émanations sanglantes que la brise emportait au loin en passant au-dessus du défilé, s'étaient donné rendez-vous dans ce lieu pour se livrer à un horrible festin.

A leurs clameurs féroces se mêlaient les craquements des os qui se brisaient sous leur dent meurtrière, et pendant toute la nuit ces animaux affamés ne cessèrent de dévorer les cadavres que la main d'Elaï-Lascri avait entassée à profusion au fond de la gorge sombre.

Le lendemain, de ces cinq cents hommes qui avaient péri si malheureusement il ne restait plus que des ossements épars dont les bêtes fauves avaient sucé la moelle.

Pendant que les chacals s'appelaient par des hurlements lamentables à ce banquet de chair humaine, les habitants de Nédromah sortaient de leur ville, étonnés de voir resplendir une illumination subite sous les oliviers des jardins qui entourent leurs murailles.

Ils accouraient joyeux, pensant que l'agha arrivait vainqueur de son expédition. Mais bientôt leur allégresse se changea en douleur.

A la fantastique clarté d'une quantité innombrable de torches, ils aperçurent suspendues aux branches des arbres les têtes de tous les cavaliers qu'ils avaient vus partir la veille. C'était un spectacle effrayant que ces cinq cents trophées hideux et tachés de sang qui se balançaient au gré du vent, éclairés par les reflets incertains de la résine.

Au plus gros olivier, la tête de l'agha et celle de son fils ressortaient plus distinctes que toutes les autres ; devant ces pâles figures se tenait Elaï-Lascri, les bras croisés sur sa poitrine et l'œil audacieusement fixé sur la foule. Un peu en arrière de la rangée d'arbres, qu'éclairaient les flambeaux, on distinguait une ligne sombre de cavaliers, qui, le yatagan au poing, semblaient n'attendre qu'un ordre de leur chef pour s'élancer sur cette multitude sans armes.

Cette scène était d'un effet si saisissant que le peuple, en proie à une profonde épouvante, se prosterna devant ce bandit à la renommée sanglante, et, l'effroi étouffant la douleur, il attendit dans un silence profond les conditions que ce roi du mal allait imposer.

Pendant quelques instants, Elaï-Lascri promena sur cette multitude, hébétée par la peur, un regard d'orgueil satanique, celui que l'ange des ténèbres dut jeter sur ceux qui se courbèrent sous son empire au jour de la grande révolte.

Puis il entra dans Nédromah dont il se déclara ahga.

XVIII

OU LA FRANCE COMMENCE A INTERVENIR SOUS LA FORME D'UNE JOLIE FEMME ET D'UN CAPITAINE DE SPAHIS.

A l'époque où se passait l'histoire que nous racontons, Oran était déjà une florissante cité, disposée en amphithéâtre sur les bords de la Méditerranée, dont les flots bleus reflétaient ses blanches maisons et les minarets de ses mosquées.

Alors, comme aujourd'hui, la partie la plus pittoresque de la ville était le ravin profond qui la sillonne du nord au midi. Il est dominé d'un côté par les débris antiques d'une forteresse en ruine, et de l'autre par le mont Santa-Cruz, dont l'aspect sauvage fait ressortir encore la riante beauté du site qui s'étend à ses pieds.

Les pentes de ce ravin, fertilisées par de nombreux ruisseaux, sont couvertes d'une luxuriante végétation, et le murmure des eaux coulant sous l'herbe épaisse se mêle au concert des oiseaux qui peuplent les bosquets.

A l'ombre des palmiers élancés et des orangers en fleurs se cachent de nombreuses villas qui, du haut de Santa-Cruz, apparaissent à peine au milieu des berceaux de verdure.

La nuit avait étendu ses voiles diaphanes sur les beautés splendides de la nature africaine. C'était une nuit des tropiques, plus transparente et plus belle qu'une journée d'hiver dans nos climats brumeux ; les étoiles scintillaient dans l'azur d'un ciel sans nuages, et la brise du soir embaumait la terre du parfum des eaux.

Sur la terrasse d'une maison entourée d'arbres qui l'entretenaient dans une délicieuse fraîcheur, une jeune femme était assise respirant les senteurs exquises qu'exhalaient les fleurs dont cette terrasse était couverte.

Sous les plis d'un long burnous qui l'enveloppait, on devinait les voluptueux contours d'une taille souple et cambrée. Ses pantoufles marocaines chaussaient à peine ses pieds mignons, qu'elle agitait avec une grâce mutine. Si ses yeux étaient remplis de flamme, si sa bouche aux lèvres roses semblait appeler les baisers, son front noble et sévère répandait sur ses traits cette imposante fierté qui force un amant au respect jusqu'au moment où l'amour fait triompher le cœur de l'esprit, le sentiment de la pensée.

Ce n'était pas une jeune fille, car son regard n'avait plus la timide langueur de la vierge qui aspire vaguement vers un bonheur encore inconnu.

Elle n'était pas mariée, car, à l'expression heureuse et calme de son visage, on devinait qu'elle se livrait en toute liberté à des pensées d'amour, et que l'image importune d'un mari ne venait pas entraver l'essor de ses rêves.

Une femme qui regarde le ciel la tête appuyée sur sa main, seule dans le silence des nuits, est évidemment amoureuse. On peut même affirmer qu'elle effeuille la première fleur de sa passion ; car, du jour où un baiser a été échangé, la femme ne songe plus, elle se souvient... et madame de Saint-Val (c'était le nom de la jolie rêveuse) se souvenait...

Veuve depuis deux ans, elle sentait au fond de son cœur un amour naissant.

Mariée toute jeune à un homme trop positif pour comprendre son caractère enthousiaste et poétique, trop âgé pour lui inspirer de la tendresse, elle n'avait connu que les tristesses de l'hymen.

Son mari, qui occupait un poste élevé dans l'intendance militaire, avait été envoyé en Algérie, où la mort l'avait frappé après une maladie longue et douloureuse.

Madame de Saint-Val avait accepté avec une admirable résignation la triste position que lui imposait une union aussi mal assortie. Elle avait accompli noblement ses devoirs d'épouse, et avait su comprimer au fond de son cœur les élans de son âme ardente.

Une fois libre, elle s'était juré de n'épouser qu'un homme digne de l'amour profond qu'elle se sentait capable d'éprouver, et qui saurait la rendre heureuse en le partageant. Elle n'avait pas voulu quitter l'Afrique, dont le climat enchanteur et la riche nature lui plaisaient.

Son mari avait une tante qui lui avait voué une amitié profonde et dont la tendre affection lui était précieuse ; elle s'était retirée avec elle dans ce ravin ombreux et la considérait comme sa mère.

Madame de Saint-Val vivait dans une retraite presque absolue, ne fréquentant que très-rarement les salons du gouverneur, avec la femme duquel elle était étroitement liée. Dans les commencements de son veuvage, de nombreux adorateurs avaient essayé de lui plaire, séduits par son esprit et sa beauté, peut-être aussi par sa richesse, car elle possédait une fortune considérable. Mais elle avait accueilli si froidement leurs hommages qu'ils s'étaient retirés découragés. Pendant près de deux ans, la jeune veuve n'avait trouvé aucun prétendant capable de toucher son cœur, et l'on se demandait si la jolie recluse (c'est ainsi qu'on la désignait) voulait terminer ses jours loin du monde, au fond de sa villa solitaire.

Les célibataires d'Oran avaient fini par adopter cette opinion, que la tante de madame de Saint-Val ne partageait pas.

Elle venait d'arriver sur la terrasse et souriait en voyant que sa nièce, tout à ses rêveries, ne s'apercevait pas de sa présence. Elle vint s'asseoir à côté d'elle, entoura dans ses deux bras, avec une maternelle tendresse, la jolie taille de la jeune femme, et lui dit :

— Tu penses à lui ! — Madame de Saint-Val, surprise, poussa un petit cri de frayeur, baissa les yeux et ne répondit pas. Seulement elle poussa un soupir. — Je comprends, — fit la tante, — il ne revient pas, tu t'ennuies.

— De qui parlez-vous ? — demanda la jeune femme.

— Tu le sais bien, mon enfant : de ce beau capitaine de spahis.

— Monsieur Mériel ?

— Précisément.

— En vérité, vous vous trompez si vous croyez que son souvenir me poursuit.

— Tu as tort si tu dis vrai. Songe, chère petite, qu'à cette heure il est au milieu d'une tribu arabe à peine soumise et qu'il y brave de grands dangers ; tout cela pour toi. Tu t'ignores pas que c'est pour châtier ceux qui ont incendié une concession à toi appartenant qu'il est parti avec ses spahis. Et, hier encore, le gouverneur était inquiet, n'ayant de lui aucune nouvelle.

Ces mots firent pâlir la jolie veuve.

— Mon Dieu ! — s'écria-t-elle, — s'il allait se faire tuer ! Je serais la cause involontaire de sa mort.

— Rassure-toi ; je voulais savoir si tu l'aimais ; j'en suis sûre maintenant. Il reviendra bientôt.

— Vous m'avez cruellement alarmée.

Et, en disant cela, madame de Saint-Val essuya une larme.

— Pardonne-moi, — reprit sa tante émue ; — avant de te donner un conseil, je tenais à connaître l'état de ton cœur. Certaine maintenant que tu as de la tendresse pour lui, je viens t'engager à accepter sa main.

— Il ne s'est pas encore déclaré.

— A toi, non ; mais à moi, si. Du moins il m'a clairement donné à entendre que la crainte seule du refus l'arrêtait. Toutes les fois qu'il veut parler d'amour, tu as, paraît-il, des regards qui l'intimident. Pourquoi ? Ce serait un parti digne de toi.

La jeune femme réfléchit un peu, puis elle dit :
— Ecoutez, ma tante, moi aussi j'ai peur d'un refus.
— Je ne comprends pas.
— Vous allez comprendre. Mon premier mariage a été malheureux.
— Hélas ! oui, — fit la tante.
— Le second pourrait l'être aussi. Afin d'éviter ce malheur, je n'accepterai la main d'un homme qu'après une longue épreuve. Je crains que monsieur Mérieul ne consente pas à se soumettre aux conditions que j'imposerai.
— Eh bien ! le voilà qui accourt ; j'entends le galop de son cheval. Dis-lui quelles sont tes volontés, je crois qu'il obéira.
— Vous me quittez ?
— Eh ! oui. Ne faut-il pas que vous soyez seuls quelque temps. Tu n'es plus une jeune fille ; une veuve a quelques privilèges.
— Ma tante... je tremble. Il va peut-être me faire une déclaration.
— Poltronne ! — s'écria la tante en riant.
Et elle l'embrassa avant de la quitter.
Le galop qu'avait entendu la tante de madame de Saint-Val se rapprochait de plus en plus, et, toute frémissante, la jeune veuve se disait :
— C'est bien lui...
Le capitaine Mérieul était le neveu d'un riche banquier, qui l'avait déshérité parce qu'il avait voulu s'engager à dix-huit ans. Il s'était frayé un chemin rapide dans la carrière des armes, où le poussait une vocation irrésistible ; à vingt-quatre ans il était déjà capitaine et décoré.
Il faisait partie des bureaux arabes, et dans ce poste périlleux il accomplissait chaque jour des faits d'armes qui tenaient du prodige. Obligé de s'aventurer avec une faible escorte au milieu des tribus à peine soumises, il s'était signalé par des exploits merveilleux qui rappelaient les prouesses des chevaliers du Tasse et de l'Arioste, dont il avait du reste le caractère aventureux.
Le récit de ces faits d'armes avait excité au plus point l'admiration de la jolie veuve, et quand le jeune capitaine lui fut présenté, elle se montra pour lui d'une amabilité charmante qui le captiva.
La première rencontre avait eu lieu dans les salons du gouverneur, aux soirées duquel madame de Saint-Val assistait de loin en loin. Depuis cette époque elle retourna plus souvent aux fêtes qu'il donnait.
Il ne fallut pas longtemps à ces deux âmes sympathiques pour s'apprécier et se comprendre. Après quelques entrevues, Mérieul fut amoureux fou de madame de Saint-Val, et celle-ci fut forcée de s'avouer qu'il réalisait bien ses plus douces espérances d'amour.
Le jeune homme avait su trouver un prétexte pour se faire ouvrir les portes de la villa qu'habitait la jeune femme.
Elle avait une concession dont les limites mal tracées étaient contestées par les tribus limitrophes. Cette affaire était du ressort de Mérieul, et il avait offert à madame de Saint-Val de la terminer à son avantage, en défendant ses intérêts contre les prétentions d'un caïd fort influent. En ce moment même il était en tournée au milieu des douars où se trouvaient situées les possessions en litige, et il avait prévenu madame de Saint-Val qu'il ne reviendrait pas sans avoir mis fin à tous les débats.
La jeune femme n'apprit qu'après son départ qu'il s'exposait à de grands dangers en allant soutenir ses droits sur un territoire très-éloigné et toujours prêt à la révolte.
Tous deux savaient qu'ils s'aimaient, mais ils ne se l'étaient pas encore dit. Ce qui retenait un aveu sur les lèvres du jeune capitaine, c'est que pour tout bien il ne possédait que son épée ; pour titre de noblesse il n'avait que sa réputation de vaillant soldat. Dans sa modestie, il ne songeait pas que son nom, répété avec éloge par tous les Français de la colonie, avec terreur par leurs ennemis, valait mieux qu'un titre honorifique, il ne paraissait pas se douter que la glorieuse auréole dont la renommée ceignait son jeune front brillait d'un éclat plus vif que les trésors dont son oncle l'avait déshérité.

Madame de Saint-Val ne se trompait pas, non plus que sa tante. C'était bien le capitaine Mérieul qui arrivait bride abattue ; cette allure qu'il imprimait à son coursier prouvait son impatience.

La jeune femme sourit de plaisir.

Il s'arrêta à la porte de la villa, un domestique l'introduisit sur la terrasse.

C'était un grand et beau cavalier, qui savait allier la grâce et l'élégance à l'attitude martiale et fière qui sied à un officier. Son front encadré de cheveux châtains était riche de poésie et d'intelligence, sa bouche avait un sourire spirituel et franc, et ses yeux bleus, d'une douceur extrême quand ils se reposaient sur une femme, lançaient de sombres éclairs lorsque la colère venait les animer de son feu.

C'était le plus beau type de soldat que l'on pût voir, et un grand peintre qui voyageait en Algérie l'avait caractérisé en disant :

— C'est la statue d'un Gaulois taillée par le ciseau d'un Grec.

Mérieul s'inclina en s'approchant de la jeune femme ; celle-ci, avant de répondre à ce salut, jeta un coup d'œil sur le costume du jeune homme ; elle le vit couvert de poussière.

— Vous regardez mes vêtements poudreux, — lui dit le capitaine en souriant ; — j'avoue que je n'aurais pas dû me présenter chez vous en pareil état. Mais croyez bien, madame, que, si je suis venu vous déranger si tard, c'est qu'il m'était impossible de remettre au lendemain pour vous annoncer l'heureuse issue de la mission dont vous avez bien voulu me charger. En arrivant ici, le gouverneur m'a fait prévenir qu'il m'attendait dans deux heures ; et, comme un capitaine de bureau arabe ne sort guère de chez lui que pour monter à cheval, j'ai profité du délai qu'il m'accordait pour venir vous rendre compte de mon voyage.

Cet empressement plut à la jolie veuve, qui invita Mérieul à s'asseoir.

Comme il cherchait un siège, elle lui dit avec un délicieux sourire :

— Vous devez être fatigué, et si mon voisinage ne vous effraye pas trop, — que j'offrirai vous la moitié du banc de gazon que j'occupe. — Puis elle appela un domestique pour lui ordonner de servir des rafraîchissements. Mérieul s'assit, frissonnant dans le burnous qui enveloppait cette femme qu'il aimait passionnément ; ses yeux, mieux que ses lèvres, dirent à madame de Saint-Val le plaisir qu'il éprouvait. La jeune femme fixa sur le beau capitaine un regard où brillait à son insu toute l'affection qu'elle ressentait pour lui ; elle le remercia de son dévouement et du zèle qu'il avait témoigné pour elle. —
Savez-vous, — continua-t-elle, — que j'étais très-inquiète des dangers qui vous menaçaient ! J'ai appris que cette concession était située sur des territoires fort éloignés et que peuplent des Arabes très-dangereux et très-fanatiques. J'ai regretté d'avoir accepté vos offres. Vraiment, monsieur le capitaine, vous avez là une carrière bien périlleuse.

— Pas encore assez au gré de mes désirs ! — s'écria Mérieul avec feu, — et je souhaiterais une guerre européenne entreprise par la France pour quelque noble but.

— Vous êtes donc bien ambitieux.

— Sans doute, mais je suis plus amoureux encore.

Madame de Saint-Val comprit le sens intime de cette phrase ; mais, affectant de ne pas en saisir la portée, elle s'écria en riant :

— Je vous assure que je trouve votre raisonnement singulier. La guerre ne pourrait que vous éloigner de la personne que vous aimez.

— C'est que celle que j'aime est si noble et si belle,

que je voudrais aller gagner l'épaulette de général sur un champ de bataille, afin de me rapprocher d'elle.

En disant ces mots, le jeune homme s'était levé, et madame de Saint-Val sentait peser sur elle son regard de feu.

Elle attendait un aveu plus clair, et cependant le jeune homme se taisait. La jolie veuve admirait le sentiment d'exquise délicatesse qui arrêtait les paroles sur les lèvres du beau capitaine.

Sa dignité de femme ne lui permettait pas de faire le premier pas, mais elle sut le provoquer avec une grâce enchanteresse.

— Vous l'aimez donc beaucoup ! — murmura-t-elle à demi-voix.

— Oh! oui, je l'aime, et pour arriver jusqu'à elle je braverais tous les dangers et je briserais tous les obstacles.

— Prenez garde; vous m'avez fait une demi-confidence, et le défaut des femmes est la curiosité. Si, au lieu de n'être que votre obligée, j'étais votre amie, j'oserais vous demander le nom de celle qui a su vous inspirer un attachement si vif.

Un regard charmant encourageait Mérieul.

En proie à une émotion indicible, il tomba aux genoux de la jeune femme, qui penchait la tête pour mieux écouter, en s'écriant :

— C'est vous ! — Puis, levant sur elle ses grands yeux pleins de tendresse, il l'attira doucement vers lui en répétant tout bas : — Louise, m'aimez-vous ?

Une larme de bonheur qui coula sur son front et des soupirs étouffés lui répondirent.

Alors, emporté par sa passion, il voulut presser madame de Saint-Val contre son cœur; mais, surmontant son émotion, elle sut échapper à cette dangereuse étreinte. Elle releva Mérieul et le fit asseoir à ses côtés.

Après avoir réfléchi quelques instants, pendant lesquels il la regardait avec ivresse, elle lui dit d'une voix attendrie :

— Je crois que vous m'aimez sincèrement, du moins quant à présent. Mais l'homme le plus loyal peut prendre un caprice pour une passion sérieuse. Je ne veux pas m'exposer au malheur de perdre un jour l'affection de mon mari. J'ai pu supporter les ennuis de l'indifférence, je succomberais aux tourments de la jalousie. Mieux vaudrait ne jamais posséder votre amour s'il devait être éphémère. Le temps seul peut me prouver la solidité de votre affection. Dans une année, si vous n'avez pas changé de résolution, je serai heureuse de devenir votre femme.

— La jeune veuve, en imposant cette condition, n'était pas bien certaine de pouvoir la tenir jusqu'au bout; mais elle était sincère en voulant éprouver Mérieul; le malheur de son premier mariage justifiait assez la sagesse de cette mesure. Seulement elle se réservait intérieurement le droit d'abréger les jours de l'attente. Les femmes savent manquer avec tant de charmes à leurs serments de résistance que Mérieul, après tout, ne l'en eût adorée que davantage le jour où, sa fidélité triomphant de ses rigueurs, elle lui aurait accordé sa main. Quand il entendit l'arrêt qui le condamnait à attendre si longtemps pour devenir l'époux de madame de Saint-Val, Mérieul se jeta de nouveau à ses pieds et la conjura de ne pas persister dans sa résolution cruelle. La tristesse qui assombrissait son front, l'éloquence de ses paroles, rendaient la jeune femme heureuse, en lui prouvant la violence de sa passion. — Voyons, — lui dit-elle, — en prenant ses mains dans les siennes et en cherchant à adoucir l'amertume de ses refus, soyez raisonnable, et avouez avec moi que j'ai raison de redouter l'inconstance. Nous serons amis, ne sera-ce donc rien?

Malgré ces consolations, le jeune homme ne répondait pas. Les sourcils froncés, les traits bouleversés par le désespoir, il semblait si malheureux que déjà madame de Saint-Val sentait la pitié naître dans son âme.

Mais soudain un éclair illumina l'œil du jeune homme.

— Ecoutez, Louise, — lui dit-il, — je respecte votre décision et je m'y soumets, mais à une condition...

— Voyons, — dit-elle, heureuse de ce changement subit, — quelle est cette condition ?

— Je ne puis être commandant avant une année d'ici, d'après les lois militaires. Laissez-moi espérer que, le jour où j'obtiendrai ce grade, vous deviendrez ma femme. Peut-être à force d'activité parviendrai-je à abréger ce temps de quelques mois.

— Allons, j'accepte; vous voyez que je suis bonne, n'est-ce pas ?

— Oh ! merci, alors. — Et d'un bond le jeune homme s'était redressé, et son visage transfiguré avait pris une expression d'audace indomptable qu'elle ne lui avait jamais vue. — Dans deux mois, — dit-il avec exaltation, — ma tête se balancera à la selle d'un ennemi ou vous serez ma femme.

— Mon Dieu ! qu'allez-vous faire ? — fit-elle épouvantée.

— Je vais jouer mon existence contre une épaulette, afin d'abréger une épreuve qui me tuerait plus sûrement qu'une balle. Pour moi la fièvre de l'attente est une maladie mortelle ; mais, comme peut-être vous ne reverrez plus votre fiancé, j'ai le droit de vous dire adieu.

Et son bras entoura sa taille, et pour la première fois ses lèvres effleurèrent les siennes, faisant passer dans ses veines un frisson d'amour.

Puis il disparut avant qu'elle eût le temps de prononcer un mot.

Elle avait entendu sa voix qui disait : « Louise, adieu !... » Elle frémit en songeant que c'était peut-être pour la dernière fois que cette voix chérie résonnait à ses oreilles.

La terrible énergie de cette âme ardente venait de se révéler à elle. Femme, elle comprit trop tard qu'on ne met pas d'entraves aux amours qui brûlent dans des cœurs de lion.

Dix minutes après la scène que nous venons de raconter, Mérieul entrait chez le gouverneur de la province qui résidait au Château-Neuf.

C'était un général d'un rare mérite et qui administrait cette partie de nos possessions avec un grand talent ; par son courage et ses qualités militaires il faisait respecter nos frontières de l'ouest, sans cesse en but aux attaques des Marocains ; par son génie colonisateur il avait su créer sur presque tous les points de l'intérieur des centres agricoles, et transformer ainsi les solitudes en contrées fertiles et riantes.

Au moment où Mérieul pénétrait chez lui, il paraissait en proie à une sourde colère, et il se promenait avec agitation au milieu d'un vaste salon où les merveilles du luxe européen se mêlaient aux splendeurs de la magnificence orientale.

A la vue du jeune homme, dont il savait apprécier le beau caractère et la bouillante énergie, le général s'arrêta et lui tendit la main avec cette noble cordialité dont quelques-uns de nos officiers supérieurs ont le secret.

— Vous m'avez fait demander, mon général, — lui dit Mérieul, — je viens recevoir vos ordres.

— Il s'agit d'un grand service à rendre au pays, mon cher capitaine, — répondit le général ; — vous sachant de retour, j'ai voulu me concerter avec vous au sujet d'événements qui me causent une grave inquiétude.

— Est-ce que quelque marabout prêcherait encore la guerre sainte ?

— Non, depuis que vous allez enlever ces fanatiques à la barbe de leurs sectaires, ils n'osent plus soulever les tribus.

Le général faisait allusion à deux chefs musulmans que Mérieul avait eu l'audace d'arrêter au milieu de trois mille Arabes, à l'aide de quarante spahis seulement.

— Alors, mon général, — continua le jeune homme, —

c'est la rentrée de l'impôt qui s'opère difficilement peut-être?

— Mon Dieu! non; avec une colonne de dix mille hommes que j'enverrais faire une promenade parmi les douars récalcitrants, l'argent abonderait dans les caisses de l'Etat, et nous aurions à enregistrer quelques glorieux combats de plus dans les fastes de notre histoire. Il s'agit de Nédromah. Vous connaissez cette ville?

— Oui, mon général, j'ai assisté à sa reddition ; elle est fort riche et fort peuplée ; mais, du haut d'une montagne qui la domine, on peut la foudroyer avec du canon. Aurait-elle la folie de se révolter?

— Au contraire, elle vient me demander du secours.

— Et contre qui? — s'écria Mérieul avec surprise ; — sauf les Marocains qui sont en paix avec nous, je ne vois pas qui oserait attaquer l'agha Mohammet-Ben-Abdallah ?

— Non-seulement ce chef puissant et dévoué à nos intérêts a eu une lutte à soutenir ; mais il est mort avec son fils. Il a été surpris dans une gorge de l'Atlas, où il a succombé, lui et cinq cents cavaliers qui l'accompagnaient. Enfermés entre un bûcher et les débris d'un roche, ils ont été écrasés sous des blocs de pierre.

— C'est Elaï-Lascri qui a dressé cette embuscade ; lui seul est capable d'une ruse pareille. Je vois d'ici comment s'est passé ce drame ; il a dû attirer l'agha dans le ravin Maudit.

— Vous avez deviné juste, capitaine, c'est bien Elaï-Lascri qui, à la tête de cent hommes a lutté contre l'agha le plus riche de la province, l'a vaincu, et, après avoir montré sa tête à ses sujets, a exigé d'eux une contribution énorme.

— C'est magnifique ! — s'écria Mérieul, qui, dans son admiration pour la témérité de l'homme, oubliait la flétrissure du bandit.

— C'est triste ! — répondit le général, — car, aujourd'hui, Elaï-Lascri, avec sa bande de cent hommes, nous brave et nous insulte. Il lève des impôts, il ravage la plaine, répand partout la terreur ; et cela dans une contrée soumise à notre autorité. Pour arrêter les déprédations de ce nègre maudit, il faudrait faire occuper le pays par un corps d'armée ; et alors, ce serait lui donner aux yeux des indigènes un prestige dangereux. J'ai envoyé des escadrons à sa poursuite ; mais quand on le croit sur un point il révèle soudain sa présence sur un autre, en allumant un incendie ou en pillant un douar. Quand il voit le pays garni de troupes, il se réfugie dans un repaire introuvable et attend que nos bataillons soient partis. Il faut cependant en finir avec cet insaisissable ennemi ; je ne puis souffrir qu'une troupe de scélérats pareils nous raille impunément. J'ai pensé que nul ne pourrait mieux que vous purger la colonie de ces voleurs audacieux. Vous êtes habitué à ce genre d'expédition et vous en viendrez à bout. En vous emparant d'Elaï-Lasci vous aurez rendu à notre autorité un service plus grand que si vous aviez enlevé une ville d'assaut ; je puis vous promettre que, le jour où vous m'amènerez ce nègre mort ou vif, je vous ferai obtenir l'épaulette de commandant. — Un sourire d'espérance s'épanouissait sur lèvres du jeune capitaine, il songeait à la jolie veuve qu'il aimait. — Eh bien ! — demanda le général, — acceptez-vous cette mission ?

— Je venais vous demander quelque chose d'impossible à faire, — répondit Mérieul avec joie, — et vous me donnez des ordres qui ne sont que difficiles à exécuter ; je voulais à tout prix gagner l'épaulette que vous me faites espérer en échange de la tête d'un bandit, et je serais allé chercher celle de l'empereur du Maroc au milieu de sa garde noire. Jugez maintenant de ma reconnaissance et de mon bonheur.

— Quelle tête ardente vous avez ! — dit le général d'un ton de reproche ; — je ne blâme pas votre ambition, puisqu'elle vous inspire de nobles résolutions, mais si, au lieu d'être votre général, j'étais votre père, je serais effrayé de cette soif insatiable d'avancement.

Dans la manière dont le gouverneur prononça ces paroles, Mérieul vit percer le sentiment d'amitié qu'il avait inspiré à son chef ; il comprit que ce soldat loyal était froissé en pensant que son zèle était inspiré par une ambition démesurée, et non par le feu sacré du patriotisme.

— Mon général, — dit-il, — vous m'avez mal jugé ; je désire un grade parce que, dans le fond de mon cœur, une fièvre d'amour fait bouillonner mon sang, et que je ne puis obtenir la main de celle que j'aime qu'après avoir monté encore un échelon de la hiérarchie militaire.

— Alors je préfère cela, — fit le gouverneur avec la brusque franchise d'un soldat. Puis il ajouta en souriant : — Vous avez à cœur d'imiter en tous points les preux d'autrefois ; vous allez combattre pour la dame de vos pensées. Si l'ardeur de mes officiers venait à se refroidir, je prierais les jolies femmes de la ville d'imiter votre belle inspiratrice. Heureusement le courage de nos soldats n'a pas besoin d'être stimulé, et il serait inutile d'avoir recours à ce moyen. En France, la galanterie n'est pas la mère de la valeur, mais sa sœur jumelle. Je me souviendrai toujours, mon cher capitaine, que, avant d'être sous l'empire d'une passion romanesque, vous n'en étiez pas moins un des plus braves soldats de l'armée. Mais, voyons, combien allez-vous prendre d'hommes avec vous?

— Mes quarante spahis d'escorte.

— C'est trop peu ; il faut au moins égaliser les chances. Les ennemis que vous allez rencontrer sont loin d'être à dédaigner.

— Je connais leurs habitudes et leur caractère : ils sont, comme les bêtes fauves, plus féroces que braves. Habitués à massacrer des Arabes épouvantés et presque morts d'effroi, ils ne sauront soutenir le choc de mes compagnons, qui sont de rudes adversaires, je vous assure ; avec des gaillards de leur trempe on peut tout oser.

— C'est vrai, et un jour, en les voyant passer la tête haute et le regard assuré, j'ai admiré leur fière tournure et leur aspect superbe. C'est un magnifique peloton que vous avez choisi pour escorte ; si j'allais à la rencontre d'un prince, je voudrais les avoir pour gardes.

— Le chef et les hommes sont à votre disposition, mon général.

— Oh ! quant à présent, ils sont trop utiles en campagne pour m'accompagner à la parade. Je les réserve pour le jour où je me mettrai à la tête d'une colonne expéditionnaire. Quand partez-vous?

— De suite.

— On ne peut être plus pressé.

— Dites plutôt plus amoureux, mon général.

— Alors, au revoir, capitaine, et bonne chance !

— Merci, mon général ; comptez sur mon retour avant deux mois.

Mérieul prit congé du gouverneur et se dirigea vers le bureau arabe.

XIX

OU L'ON FAIT CONNAISSANCE AVEC LES SPAHIS DU CAPITAINE MÉRIEUL.

Le bureau arabe où se dirigeait Mérieul était une vieille construction mauresque aux longs couloirs, aux sombres voûtes ; à travers ses meurtrières étroites, quelques rayons de lune, tamisés par des vitraux coloriés, répandaient une lumière indécise dans une cour pavée de marbre et ornée d'un jet d'eau.

Dans les pays du soleil, il semble que les musulmans craignent une lumière indiscrète ; au fond de leurs demeures, ils ne laissent pénétrer le jour qu'en reflets adoucis, afin de voiler d'une ombre protectrice les secrets du harem.

Jadis, un chef important avait habité ce palais ; mais de son ancienne splendeur il ne conservait plus que ses dalles en mosaïque, ses majestueuses colonnades et un certain cachet de grandeur que le temps ne peut enlever aux monuments tant qu'il en reste une pierre debout.

Les ruines de Palmyre attestent encore les prodiges d'une civilisation passée, et ses débris grandioses rappellent toujours les gigantesques travaux d'une race ensevelie sous la poussière des siècles.

Dans une des salles de ce palais, des soldats veillaient en fumant leurs pipes-là où les femmes d'un forban célèbre avaient aspiré dans des narguilhés aux spirales ondulantes l'enivrante fumée de la plante qui berce le cerveau par des rêves sans nom ; les murs qui avaient entendu le bruit étouffé des baisers et les soupirs de la volupté en délire retentissaient alors de jurons énergiques et de cris discordants. Ce sérail était devenu un corps de garde où, peu soucieux du passé, des militaires de toutes armes jouaient à la clarté d'une lampe fumeuse, posée sur un bidon rempli de vin.

C'était le lieu où les plantons des différents régiments de la garnison attendaient les ordres qui pouvaient être transmis à leurs chefs de la part du gouverneur.

Le jeu était fort animé et, le bidon qui circulait de temps en temps à la ronde était rempli par le produit des pertes.

Dans un coin de la salle se tenait assis un vieux spahi, qui regardait faire ses compagnons sans prendre part à la partie. Il avait une figure énergique, ornée d'une barbe grisonnante et sillonnée par une cicatrice profonde. Il semblait être de fort mauvaise humeur, et son front ne se déridait que quand son œil gris tombait sur une croix d'honneur qui brillait sur sa poitrine.

Alors il souriait en haussant ses épaules trapues avec un mouvement joyeux, puis il reprenait sa pose mélancolique.

Un zouave qui venait de quitter la partie s'approcha de lui et lui dit :

— Eh bien ! La Maghrinia, qu'as-tu donc, mon vieux ? Tu ressembles à une vieille guenon de la Chiffa, ce soir. Pourtant, mille tonnerres ! tu devrais être content, puisque l'on t'a mis l'étoile polaire sur la poitrine.

Les zouaves appellent la croix ainsi parce que, pour eux, c'est l'étoile qui brille dans leur ciel militaire et les guide au pôle de l'honneur.

— Ces bijoux-là, vois-tu, — répondit le spahi, — ça se gagne avec du sang et ça veut être arrosé avec du vin, en dédommagement.

— Tiens, pourquoi ne bois-tu pas, alors ?

— Parce que le capitaine Mériuel m'a dit en arrivant : « La Maghrinia, on me demande chez le gouverneur ; peut-être faudra-t-il remonter à cheval bientôt. Va au poste des plantons et tu m'y attendras ; tu sais où sont les camarades ; si j'ai besoin d'eux, tu iras les chercher. »

— Pourquoi toi plutôt qu'un autre ?

— J'étais tout seul auprès de lui ; je venais de recevoir la croix que le gouverneur lui avait accordée pour moi. Voilà qu'au moment où je lui faisais des remerciments, il m'a intimé l'ordre de venir ici.

— Et les autres, où sont-ils ?

— Ils sont dans le plus beau café de la ville ; le champagne doit couler de ce moment-ci, et je parierais qu'ils chantent à faire écrouler les plafonds.

— Ils ont donc des sacs pleins de douros, tes camarades, qu'ils sont toujours en noce ?

— Dame ! dans l'avant-dernière tournée, nous avons déjà fait une belle razzia, mais dans celle-ci c'était encore mieux. Il y avait un caïd qui se donnait des airs de Grand Turc et ne voulait pas livrer un Arabe qui avait assassiné un colon. Le capitaine m'envoie lui dire que si dans deux heures il n'amenait le bédouin en question, il allait attaquer le douar. Pendant que je débitais mon chapelet au caïd, il faisait semblant de ne pas me comprendre, quoique je parle l'Arabe comme feu Mahomet. Tout d'un coup, voilà cinq cavaliers qui m'entourent et veulent me faire prisonnier. Moi, je couche le caïd en joue avec mon pistolet, et je le préviens que si on m'approche je fais feu. Et puis, attendu que ça m'amusait d'humilier ce moricaud-là, qui semblait fier comme un dindon quand il fait la roue, je lui ordonne de saisir la bride de mon cheval et de me conduire hors du douar avec des salamalecs, comme si j'étais un grand personnage. Pendant que je me rengorgeais sur mon cheval, mon gueux de caïd s'efforce d'un coup de yatagan et, du temps où je sautais à terre, il se sauve à toutes jambes. Les cavaliers qui suivaient de loin arrivent sur moi en tirant des coups de fusil. Je me couche derrière mon cheval abattu ; j'en vise un avec mon mousqueton, il tombe. Les quatre autres s'arrêtent un instant. Je recharge mon mousqueton, je vise encore le plus grand pour avoir plus de chances, et il tombe comme son camarade. Il en restait trois ; mais derrière ces trois-là tous les autres Arabes du douar venaient, et il ne me restait que deux coups de pistolet à tirer, car, comme ils arrivaient au galop, je n'avais plus le temps de recharger. A dix pas, je lâche mes deux coups, qui cassent un bras à l'un et trouent la poitrine de l'autre. Le dernier lève son yatagan pour me sabrer, et il me croyait déjà mort ; mais je saisis mon mousqueton par le canon et je lui coupe la respiration d'un coup de crosse dans l'estomac. Il vide les arçons, en tenant ses deux mains sur sa poitrine, tant le coup avait porté au bon endroit, et bonsoir les amis ! je saute en selle et je disparais aux yeux des renforts qui galopaient bride abattue. Je rejoins mon capitaine, je lui conte mon affaire, et il dit : « Ah ! ah ! les sournois, ils vont me payer cher leur trahison. » Il frise ses moustaches, fronce les sourcils et crie : En avant ! Nous tombons sur les Arabes, qui ne se figuraient pas que quarante spahis oseraient venir les sabrer chez eux, à plus de cinquante lieues d'Oran. En dix minutes ils étaient taillés en pièces et se sauvaient partout, laissant femmes, enfants, tentes et troupeaux en notre possession. Alors le capitaine rassemble tout ce monde-là et dit aux moukaires (femmes) qui tremblaient : « Je pourrais vous passer toutes au fil de l'épée, mais, nous autres Français, nous ne massacrons pas les gens sans défense, nous ne sommes pas des assassins comme vos maris. Cependant, comme il vous faut une leçon, je vais emmener vos moutons et vos chameaux. D'après les lois de la guerre, j'ai le droit de vous prendre vos bijoux, de brûler votre douar, de ne rien vous laisser, enfin. Souvenez-vous que, si je vous abandonne tout cela, c'est à la générosité et non à la crainte que vous le devez. » Après son discours, les femmes étaient toutes joyeuses et nous avions grandi de deux mètres au moins à leurs yeux ; tandis que leurs maris devaient leur paraître aussi petits que des Lapons. Nous avons emmené le troupeau, et l'argent de la vente nous a mis à même de nous amuser. Quand je dis nous, je me trompe, car, moi, je ne m'amuse pas du tout.

— Ah çà ! — disait le zouave, — c'est un batailleur enragé, ton capitaine ! Si jamais il a besoin de zouaves pour escorte, je me présente.

— Oui, mais voilà ! — répliqua fièrement le spahi, — il ne faut que des cavaliers.

En ce moment la voix bien connue de Mériuel se fit entendre ; il appelait La Maghrinia.

— Bonsoir, vieux ! — dit le spahi, — le capitaine est arrivé.

— Bonsoir ! — répondit le zouave d'un ton de dépit. Puis il murmura entre ses dents : — J'apprendrai à monter à cheval.

Quant au vieux La Maghrinia, il traversa fièrement le cercle de soldats qui avaient cessé de jouer pour entendre son récit.

Dans un salon de l'*hôtel de France*, les spahis de Mérieul étaient réunis. C'était un magnifique établissement, qui rappelait les beaux cafés de Paris par le luxe des appartements et les raffinements du service.

On y buvait du vin de France, et l'on y mangeait ces mets délicats qu'ont su inventer nos gourmets; à ce double titre il était le rendez-vous des soldats de Mérieul, dignes appréciateurs de son mérite. Ils étaient rangés autour d'une table immense, chargée des débris d'un festin splendide; sous l'inspiration de la franche gaieté que le bon vin fait naître, ils riaient et chantaient joyeusement, se livrant sans réserve à l'expansion de leurs cœurs généreux. Toutes les bouches avaient des sourires de plaisir, car aux esprits moroses et aux boissons frelatées seulement sont réservées les sombres réflexions ou les hallucinations furieuses de l'ivresse abrutissante.

Presque tous les convives étaient des engagés qui, ayant dépensé l'héritage paternel dans des folies de jeunesse, avaient préféré la mort glorieuse des batailles au suicide honteux qui termine trop souvent une vie de folles orgies et de prodigalités ruineuses.

Un long séjour dans la colonie leur avait donné le cachet particulier à ceux de nos soldats qui combattent en Algérie. Leurs yeux brillants annonçaient une imagination ardente, échauffée par un soleil de feu. Leurs joues amaigries par les fatigues faisaient ressortir leurs pommettes saillantes; leurs fronts étaient rasés et découverts, et les plis qui se dessinaient entre leurs épais sourcils annonçaient qu'ils s'étaient contractés souvent à la vue du danger.

Quoique une couche de bronze eût bistré leurs visages, il était facile de reconnaître sous la rude apparence du soldat les viveurs d'autrefois, à l'élégance de certains gestes et au choix de certaines expressions qui leur échappaient souvent.

Mérieul les avait choisis parmi les plus braves soldats qu'il connaissait, et c'est à l'aide de cette poignée d'hommes intrépides qu'il tentait les coups de main les plus aventureux, et les accomplissait avec un succès merveilleux.

Ces hommes avaient pour la mort un mépris sans égal; ils étaient venus la chercher sous le climat meurtrier de l'Afrique, et lorsqu'elle les menaçait, au jour de la lutte, ils la bravaient avec une insouciance héroïque. Vingt fois, sans pâlir, ils l'avaient affrontée face à face.

Ils étaient heureux de servir d'escorte à Mérieul, parce qu'à sa suite ils oubliaient les ennuis de la vie dans les incidents de la guerre. Puis, au retour, les produits des razzias leur permettaient de faire grande figure et de passer quelques jours de repos au milieu des plaisirs qui les avaient réunis. Ils reprenaient pour quelques jours leurs allures des temps passés, semaient l'or en grands seigneurs, aspirant à pleins poumons les voluptés dont ils avaient été longtemps sevrés. Quand leur main prodigue avait jeté au vent le dernier douro, ils reprenaient, à la voix de leur chef, leurs courses dangereuses à travers les tribus hostiles.

Si hérissée de périls que fût une entreprise, ils s'y jetaient à corps perdu à la suite de leur intrépide capitaine.

Ce soir-là, ils célébraient la réception de deux nouveaux amis, qui venaient combler les vides que les balles avaient faits dans les rangs. Sans songer que la mort qui la veille avait frappé leurs camarades pouvait les atteindre le lendemain, ils fêtaient les arrivants avec une verve étourdissante et un entrain charmant.

Les saillies spirituelles se croisaient sans relâche, et les glouglous des bouteilles accompagnaient les plaisanteries et les bons mots d'une conversation piquante et animée.

A chaque instant des explosions d'hilarité accueillaient des sorties pleines de sel et d'originalité, auxquelles succédaient des refrains de guerre et des chansons à boire, que redisaient en chœur les voix mâles de tous les convives.

LE SIÈCLE. — XXXV.

Mais soudain retentit une douce mélodie, au milieu de ces éclats bruyants.

C'était une petite chanteuse des rues qui s'était glissée dans la salle et en faisait vibrer les échos par les accents d'une voix harmonieuse.

La pauvre enfant était couverte d'une robe dont les lambeaux disaient assez sa misère; son grand œil bleu brillait d'un éclat fébrile; sa pâle figure avait la plus touchante expression, et son chant avait une ampleur et un charme saisissants: c'était une poétique ballade qui racontait les souffrances de l'orphelin.

Parmi ceux qui l'écoutaient, beaucoup avaient entendu en admirateurs passionnés la divine musique des Weber et des Rossini; aux accents suaves de cette enfant ils se crurent transportés aux Italiens ou à l'Opéra, et, suspendus aux lèvres de cette artiste ignorée, ils écoutèrent silencieux et ravis, jusqu'à ce que la dernière note eût cessé de retentir à leurs oreilles. Alors ils témoignèrent leur enthousiasme par des applaudissements et des cris de surprise.

Quand la jeune fille tendit sa main tremblante pour recueillir une aumône, une pièce d'or y tomba, lançant un fauve reflet à l'éclat des bougies. Elle avait dû bien souffrir, car, en voyant cette offrande, elle pâlit et chancela, obligée de se retenir au bras qui s'était abaissé vers elle.

C'était un jeune homme nommé Lassalle qui avait donné cet or à la chanteuse; il la soutint et la fit asseoir dans un fauteuil.

Autour d'elle s'empressaient les spahis, effrayés de la teinte livide de son visage. Lassalle lui tendit un verre de vin, dont la bienfaisante chaleur la fit revenir à elle. Peu à peu ses joues s'empourprèrent, et, avec le sang qui affluait à son cerveau, deux larmes montèrent de son cœur à ses yeux, où se peignit un sentiment de vive reconnaissance.

On la fit asseoir à la table encore chargée de mets, qui apaisèrent sa faim; ensuite elle raconta son histoire.

C'était un récit navrant.

Comme tant d'autres, elle était venue en Algérie avec une famille, pour fouiller le sol et y trouver du pain; mais, sur cette terre insalubre, celui qui le premier sème sa peine et sa sueur ne recueille que la fièvre qui mine et la famine qui tue; ce sol ne devient fécond qu'après avoir servi de tombe à toute une génération de travailleurs.

Ses parents étaient morts; quant aux amis, chacun dans le village naissant avait assez de charges sans nourrir une orpheline.

Elle était donc restée seule, à treize ans, perdue au milieu du flot de l'émigration.

Sa mère lui avait laissé une guitare et le souvenir des chansons dont elle avait bercé son enfance en des jours plus prospères.

A son tour, elle avait chanté, allant de village en village, se dirigeant vers la ville d'Oran.

Elle avait bien souffert le long des chemins, mais l'espérance de voir luire un jour meilleur dans la capitale de la province la soutenait un peu.

Hélas! sa voix s'était perdue au milieu des bruits de la cité, et l'on passait sans lui jeter un sou.

Depuis deux jours elle n'avait pas mangé.

Disons-le tout bas, car ils en rougiraient peut-être ces cœurs de bronze implacables au combat, les spahis essuyaient des larmes qui glissaient furtives entre leur indignation. Au bivac, quand pour le soldat égaré dans les sables a sonné l'heure de la famine, il partage le dernier morceau de biscuit qui lui reste avec ses frères qui n'en ont plus. Ils flétrissaient par d'énergiques paroles proférées à demi-voix la conduite égoïste de ce village qui avait abandonné l'orpheline aux dangereuses suggestions de la misère.

On est bien faible, quand la faim déchire la poitrine de sa griffe acérée, pour résister au puissant vertige

34

qu'exerce sur l'imagination le gouffre du vice. Alors la femme est près de l'inconduite, et l'homme regarde avec moins d'effroi le chemin du vol.

En ce moment, La Maghrinia entrait dans la salle.

Tous les spahis étaient occupés à considérer la jeune orpheline, et le vieux soldat aborda Lassalle, qui était maréchal des logis, sans avoir été remarqué. Comme en l'absence du capitaine c'était à lui que revenait le commandement, il lui communiqua les instructions qu'il avait reçues. Aussitôt Lassalle réclama le silence, et avertit ses compagnons que dans trois heures il fallait partir.

Un murmure de dépit accueillit cette nouvelle.

Mais Lassalle était un chef qui ne souffrait pas qu'on discutât un ordre de son capitaine ; du reste, dans les paroles des spahis, il y avait plus de surprise que de regrets, et pas la moindre désapprobation.

Aussi, tous se repentirent du mouvement qui leur était échappé, quand le maréchal des logis s'écria d'une voix grosse de reproches et de colère :

— Eh bien ! voilà du beau, maintenant ! vous avez le front de murmurer contre notre capitaine ; mille tonnerres ! s'il nous entendait, il aurait bonne opinion de nous.

— Allons ! voyons, ne te fâche pas, — répondit un spahi ; — tu sais bien que, tous tant que nous sommes, nous nous ferions hacher par petits morceaux pour lui. Seulement, tu avoueras que c'est fort ennuyeux d'aller au feu avec de l'or dans les poches ; il y a un proverbe arabe qui dit que poignée d'or à un yatagan alourdit la main qui le tient ; moi je me sens plus léger et plus dispos quand ma bourse est vide.

— C'est vrai, — dit un autre, — l'argent porte malheur à ceux qui se battent.

— Dépensons-le, alors, — répliqua Lassalle.

— Oui, mais comment ?

Pendant que le jeune homme cherchait la meilleure manière de se débarrasser de son or, son regard tomba sur la petite chanteuse, qui pleurait en apprenant que ses protecteurs allaient partir.

— Tiens ! j'ai une idée, — fit Lassalle en souriant de plaisir.

— Voyons l'idée ? — demandèrent les convives en chœur.

— Vous allez voir. Mais d'abord appelons l'hôtelier.

— Il sonna, et le maître de l'établissement se présenta devant lui avec une déférence qui prouvait son respect pour des clients aussi fins connaisseurs et aussi prodigues que les spahis. — Vous avez une femme et des filles, je crois ? — dit Lassalle.

— Mais, oui, monsieur, — répondit-il tout étonné de cette question.

— Faites venir votre femme.

— Mais je vous ferai observer que, pour le moment, elle est couchée.

— En ce cas, — dit le jeune homme changeant de ton et devenant galant du moment où il s'agissait d'obtenir un service d'une dame, — veuillez nous excuser auprès d'elle si nous la dérangeons aussi tard ; mais il s'agit d'une bonne action pour laquelle nous avons besoin de son concours. Vous allez conduire auprès d'elle cette jeune fille, — et Lassalle désignait l'orpheline — vous prierez votre épouse de l'habiller convenablement avec les vêtements d'une de vos filles, et, de plus, vous ajouterez que je serais très honoré si elle voulait bien accepter cette bague comme témoignage de ma reconnaissance pour ses bons offices envers cet enfant. — Lassalle tira de son doigt une bague d'un grand prix, qu'il tendit à l'hôtelier. Ce dernier, à la vue d'un présent aussi riche, n'hésita plus à réveiller sa moitié, et sortit en emmenant l'orpheline. Quand elle fut partie, Lassalle expliqua ses intentions à ses amis. — Je propose, — leur dit-il, — de donner ce qui nous reste à cette malheureuse petite fille, qui dans cela risque fort de mourir de faim sur le pavé.

Nous lui demanderons à son retour ce qu'elle désire devenir, et nous laisserons à la femme de l'hôtelier le soin de la placer honorablement, à l'aide de la somme assez rondelette que produira notre collecte.

— Bravo ! — répondent les convives, — tu as raison.

— Mais, — objecta La Maghrinia, — qu'est-ce que vous racontez là, je ne comprends rien à ce qui se passe.

Le vieux spahi, en effet, sachant apprécier la valeur d'un repas avant d'entrer en voyage, s'était empressé de rattraper le temps perdu, au lieu d'écouter ce que l'on disait.

Lassalle le mit au fait de l'événement, et, comme les autres, il accepta avec enthousiasme ; seulement il manifesta le désir de terminer la soirée par un punch, où l'on porterait la santé de la fille adoptée par le peloton.

Sa demande fut approuvée, et Lassalle commanda le punch, que l'on apporta bientôt ; au même instant l'hôtelier reparaissait avec la jolie chanteuse.

Elle était ravissante, et le bonheur lui avait rendu toute la beauté de sa figure délicate et distinguée, tandis que sa nouvelle toilette faisait ressortir l'élégance et la distinction natives de sa personne.

— Décidément, — murmura Lassalle, — c'est une artiste.

Elle s'avança rougissante et timide devant ses bienfaiteurs, qui lui firent prendre place au milieu de la table.

Alors Lassalle lui annonça la résolution qu'ils avaient prise, et l'engagea à se choisir une carrière.

Sous l'empire d'une émotion profonde, elle saisit les mains du jeune homme et les couvrit de baisers, ne pouvant trouver des mots pour exprimer sa reconnaissance.

Le jeune maréchal des logis la pressa de nouveau de dire quels étaient ses goûts.

— Je ne sais que chanter, — dit-elle, — mais je ferai tout ce qu'on voudra.

Ce mot fut un trait de lumière pour lui.

— Nous en ferons une actrice, — fit-il joyeux. — Nous allions d'abord la remettre entre les mains d'une brave et digne femme que nous connaissons tous, la vieille cantinière du régiment, qui a pris sa retraite ici et lui servira de mère. Je me charge de la faire débuter au café chantant, dont je connais le propriétaire, et pour lequel je lui donnerai une lettre de recommandation. De là, une fois son talent apprécié, elle pourra aller aussi loin qu'elle voudra, car elle chante admirablement.

Cet arrangement plut à tout le monde.

La Maghrinia, voyant que tout allait pour le mieux, se leva et proposa un toast à la santé de la jeune fille, dont il demanda le nom.

Elle répondit qu'elle s'appelait Marie.

— Alors, à vos débuts prochains et à votre avenir ! — dit-il.

Les verres s'entre-choquèrent avec un bruit formidable, et l'on but à la santé de Marie. Puis Lassalle la conduisit chez la cantinière, qui accueillit cette enfant avec la plus grande bonté. Le maréchal des logis embrassa sa protégée et sortit. Devant la porte passait Mérieul, qui allait chercher son cheval aux écuries du bureau arabe.

Le capitaine reconnut Lassalle, et l'aborda en lui demandant pourquoi il n'était pas avec ses camarades, et s'il savait que l'on partait.

— Je quitte mes amis à l'instant, — répondit le maréchal des logis, — et je dois les rejoindre ; seulement, comme nous avons adopté une jeune fille orpheline, je viens de la remettre aux mains de la vieille Madeleine, qui en aura soin.

— En vérité, c'est fort drôle ! — fit Mérieul en souriant, — voilà mes spahis transformés en saints Vincent-de-Paul.

— Ma foi ! capitaine, il fallait partir, nous avions de l'argent et cette petite était sans pain ; nous avons résolu d'en faire une actrice, car elle chante à ravir. À notre place, vous en auriez eu pitié comme nous.

— Allons, c'est bien, je vous approuve, et je veux contribuer à votre œuvre.

Mérieul rentra un instant chez lui, écrivit une lettre, et, avant de monter à cheval, la mit à la poste. Elle était adressée à madame de Saint-Val, et voici ce qu'elle contenait :

« Je vais combattre en songeant à vous, mais comme
» je puis mourir, je veux vous laisser un souvenir de
» moi. Mes spahis ont recueilli une pauvre orpheline
» que je n'ai pas vue, mais à laquelle je m'intéresse. Il
» paraît qu'elle peut devenir une grande artiste. Si je
» meurs, veuillez prendre soin d'elle ; elle a été confiée
» à la cantinière des spahis, qui a pris sa retraite dans
» une petite maison de la rue des Juifs.

» J'ai quelques milliers de francs d'économie environ,
» je désire qu'ils soient consacrés à l'éducation de cette
» enfant. Songez que c'est une prière faite en face du
» danger ; c'est ce qui me donne la hardiesse d'implorer
» de vous ce service.

» Si je succombe, vous aurez eu ma dernière pensée.

« MÉRIEUL. »

. . . .

Les spahis, rangés en bataille sur la place d'Oran, attendaient leur chef.

Oran dormait, bercée par le murmure des flots qui venaient caresser le rivage ; on entendait au loin la voix lamentable des hyènes, qui rappelait qu'à deux pas de la civilisation se trouvait la barbarie. Les spahis écoutaient ces cris des bêtes fauves avec un orgueil légitime, car ils songeaient que c'était grâce à eux soldats que les colons se reposaient tranquilles après les labeurs du jour.

Mérieul arriva bientôt. Il jeta sur son escorte un coup d'œil rapide, et s'assura que tout était en bon ordre. Les armes brillaient dans l'ombre ; les filets garnis de fourrage et les sacs remplis d'orge étaient suspendus à la selle de chaque cheval. Il y avait bien quelques têtes qui vacillaient, alourdies par le sommeil et les fumées du vin, mais le commandement. En avant ! réveilla toute la troupe.

Le peloton s'ébranla et sortit de la ville par la porte Saint-André ; pendant quelque temps il suivit une route qui conduisait à Tlemcen, puis il s'engagea dans un sentier arabe perdu à travers les broussailles.

Il fallait des chevaux arabes et des cavaliers habiles pour suivre sans accident un pareil chemin.

Les spahis suivirent ainsi leur chef pendant sept lieues, et, quand il commanda la halte, le jour n'avait cependant pas paru. Mais les chevaux indigènes ont une allure particulière, tenant du trot et de la marche, qui leur permet de parcourir rapidement et sans fatigue des espaces considérables. C'est ce que les chasseurs d'Afrique appellent le pas arabe. Quand aux zouaves, ils ont caractérisé cette marche en la désignant sous le nom de pas gymnastique des chevaux.

Mérieul ordonna de faire le café.

La manière dont nos soldats vivent en campagne est digne d'être rapportée, on ne sait ce qu'il faut admirer le plus, de leur sobriété ou de leur adresse à tirer parti de tout.

Quelques grains de riz, accommodés avec du lard, plus souvent au sel, un morceau de biscuit et du café, voilà leur nourriture.

Seulement, il est juste de dire que, grâce à leur industrie, ils savent souvent se procurer du gibier et découvrir des ressources là où d'autres moins habiles mourraient de faim.

Bientôt les spahis eurent fait flamber un feu de broussailles desséchées, et ils placèrent devant le foyer des marmites de campagne, où ils firent bouillir leur café.

Assis en cercle autour du feu, ils se chauffaient contre la rosée du matin ; le capitaine, placé au milieu d'eux, distribuait des cigares et entamait la conversation ainsi :

— Seriez-vous contents de remplir vos calottes de douros ?

— Dame ! c'est selon, — répondit La Maghrinia ; — l'argent n'est bon que pour être dépensé, et vous ne nous laissez plus le temps de le faire. Tout à l'heure nous avons été obligés de jeter notre monnaie par les fenêtres ; heureusement qu'une pauvre petite fille qui en avait grand besoin l'a ramassé.

La Maghrinia était le grognard du peloton ; il osait tout dire à son capitaine, qui souriait de ses boutades et les lui pardonnait toujours.

Mérieul, en homme habile, tenait à connaître les moindres griefs que ses hommes auraient pu avoir contre lui ; dans la vie qu'il menait avec eux il fallait qu'il pût compter sur leur affection.

D'un autre côté, il avait besoin d'une obéissance passive ; et, pour concilier ces deux nécessités, il avait autorisé tacitement dans La Maghrinia une franchise d'expressions et une liberté de langage presque absolue.

Quand aux autres, il était pour eux d'une familiarité digne et affable, qui lui avait valu leur dévouement sans que jamais il eût compromis son autorité par un manque de sévérité ou d'énergie.

Mérieul était homme à faire sauter la cervelle à celui qui aurait hésité devant l'ennemi, et à châtier une insolence l'épée à la main.

— Il paraît, dit-il, que tu n'es pas content ; mais, sois tranquille, après cette expédition-ci je donnerai un mois entier de repos à tout le peloton. Je vous conduis à une mine d'or.

— Quelque chose comme Garouban ? — fit La Maghrinia.

— Plus riche encore ! on y trouve les pièces de monnaie toutes frappées.

— Oh ! oh ! — s'écria Lassalle, — cette mine, alors, doit être un peu comme le jardin des Hespérides. Je parie qu'il y a des gardiens qui veillent à l'entour.

— Mon compliment pour vos connaissances mythologiques, maréchal des logis ; vous avez bien deviné. Il y a un dragon à cent bras, nommé Elaï-Lascri, qui défend ce trésor.

— Mille bombes ! — exclama La Maghrinia, — il y a longtemps que nous aurions dû le pendre, ce brigand ! Voyez-vous, capitaine, moi et les autres nous lui en voulons à mort.

— Et pourquoi ?

— Parce que cet homme et les siens sont des rivaux de gloire pour nous, autant que des écumeurs de grands chemins peuvent rivaliser avec des soldats loyaux comme nous. A chaque instant on disait : Elaï-Lascri a fait ceci, il a attaqué un convoi, pris une ville ; que sais-je, moi. C'était toujours du nouveau. Si bien que je me disais : Tôt ou tard, faut que j'en parle au capitaine. Soyez tranquille, puisque c'est à son tour d'entrer en compte avec nous, nous allons lui faire bonne mesure. Pas vrai, vous autres ?

— Pardieu ! — fut-il répondu à la ronde.

Mérieul sourit des dispositions de ses hommes. On prit le café, puis on remonta en selle, et le soir le peloton avait fait vingt lieues et campait sur les bords de la Tafna, non loin du douar d'Aïn-Kébira, où vont se rencontrer bientôt tous les acteurs de ce drame.

XX

OU FATMA VIENT AU SECOURS D'ALI.

Pendant que Mérieul et ses spahis se dirigeaient sur Nédromah, Elaï-Lascri et Ali se trouvaient réunis dans une salle du palais de Mohammet-Ben-Abdallah, auquel le farouche Roi des Chemins avait succédé par la violence.

— Eh bien ! — disait le nègre à son ancien lieutenant, — es-tu content ? Je t'avais promis la liberté, je te l'ai donnée.

— Merci mille fois de la façon loyale dont tu as tenu tes serments ! — répondit le jeune homme. — Je suis heureux, grâce à toi, et je t'ai voué une vive reconnaissance. Un jour viendra où je tâcherai de te prouver mon dévouement. — En disant ces mots, Ali jetait autour de lui un regard curieux ; il admirait la splendeur de l'appartement où il se trouvait. — Te voilà riche comme un sultan ! — s'écria-t-il en riant.

— C'est vrai, — répondit le Roi des Chemins.

— Et comment a-t-on accepté ton pouvoir dans cette cité ? — reprit Ali.

— Sans aucune difficulté. Est-ce que les gazelles résistent aux lions ?

— Et dans la plaine ?

— Tous les cheiks sont venus faire leur soumission ?

— Vraiment ?

— Bien mieux, ils ont subi une augmentation d'impôts sans murmurer.

— C'est lâche.

— C'est prudent ! Tu ne sais donc pas quelle est ma force aujourd'hui. Tiens, mets-toi à cette fenêtre et regarde.

Ali se pencha sur une cour.

Alors le Roi des Chemins frappa trois fois dans ses mains.

Aussitôt une trentaine de cavaliers sortirent des écuries avec des chevaux tout bridés et sautèrent en selle.

— Allez ! — cria Elaï-Lascri, — et rassemblez mon goum.

Les guerriers s'élancèrent hors du palais en brûlant le pavé de la cour sous les sabots de leurs chevaux, et ils parcoururent la ville en criant Aux armes !

En quelques instants des nuées d'Arabes vinrent se rassembler en face de la résidence d'Elaï-Lascri, et ils formèrent avec beaucoup d'ordre en escadrons, à la tête desquels Ali reconnut des hommes du *brouillard sanglant*.

— Qu'est-ce que cette troupe ? — demanda-t-il.

— Des volontaires auxquels je paye une solde sur les tributs que je lève. Ils sont au moins cent cents, prêts à marcher sur un signe et décidés à bien se battre. Je les ai choisis parmi les plus mauvais sujets de la ville et des environs. Il y a là des voleurs, des mendiants, des bandits, des assassins, tous gens d'énergie et aimant la guerre. Avec eux je puis faire merveille, pourvu qu'il y ait du butin à recueillir. J'ai conservé sous ma main le *brouillard sanglant* comme troupe d'élite.

— Je ne m'étonne plus, — dit Ali, rêveur, — si tu as fait courber la tête aux cheiks de la plaine.

Elaï-Lascri eut un éclair d'orgueil qui fit resplendir son visage :

— Ce n'est là que le noyau de ma future armée, — reprit-il. — Je veux être roi du Tell, je le serai ; tu m'y aideras, et je te ferai mon imam. Pour cela il est nécessaire que tu m'aides à établir ma domination sur les montagnes des Traras, qui me coupent le chemin de Tlemcen. Je compte sur ton affection pour me faire arriver à ce résultat.

Ali jeta sur son ancien chef un regard stupéfait.

— Comment ! tu veux asservir les Kabyles ? — demanda-t-il, — tu espères que je te donnerai le secours de mon influence ? que je trahirai mes compatriotes ? Non, non. — Et, la main crispée, l'œil étincelant, Ali répéta encore : — Non, jamais je ne commettrai une trahison aussi odieuse !

Elaï-Lascri avait pâli sous la couche bistrée de son teint ; son sang s'était retiré, affluant au cœur.

Il poussa un cri de colère et de surprise :

— Tu refuses ! — dit-il.

— Oui, — fit énergiquement Ali.

— Prends garde !

— A quoi ? Ta colère ne m'intimide pas.

Le Roi des Chemins passa sa main sur son front où perlait la sueur ; il réfléchit. Sa fureur parut se calmer.

— Au fait, — reprit-il, — tu as raison. Quittons-nous et soyons ennemis, puisque nous nous rencontrons dans les sentiers de la guerre. Seulement, avant cette séparation pénible, fumons une dernière fois ensemble, mangeons au même plat, et ne nous éloignons pas sur d'aigres paroles. Nous nous combattrons sans nous haïr.

Ali consentit par un signe de tête.

Elaï-Lascri donna des ordres, le café fut servi, on apporta des pipes et du fin tabac des plaines de la Mouzaïa.

Le nègre s'assit, Ali prit place en face de lui sur un tapis. Et les serviteurs allumèrent les pipes, et ils se mirent à fumer tous deux.

— Ta Mériem est-elle toujours aimante ? — demanda le Roi des Chemins après un moment de silence.

— Toujours, — répondit Ali, — sans prendre garde que deux hommes s'approchaient sournoisement de lui.

— Et tu l'aimes ?

— Oh ! — fit le jeune homme avec un radieux sourire. — j'en suis fou.

Les deux hommes préparaient sans bruit un lacet en corde de chameau.

— Ce serait pour toi un cruel tourment d'être séparé de cette enfant ? — continua le nègre.

— J'en mourrais de désespoir.

En ce moment le lacet était suspendu au-dessus de la tête d'Ali.

— Nous verrons cela, — fit encore le nègre. — Allez !... — Le lacet retomba sur le cou d'Ali, qui fut garrotté en un clin d'œil. Elaï-Lascri se mit à rire d'une façon sauvage :

— Je vais ce soir brûler Aïn-Kébira et m'emparer de ta femme et de ton beau-père. Si le vieux Ben-Achmet et toi vous ne consentez pas à me servir, Mériem sera décapitée devant vos yeux. Qu'Allah t'inspire !

Et il laissa Ali bâillonné, réduit à l'impuissance, se tordre dans les convulsions du désespoir.

Arrivé près de son goum, il se mit à la tête du *brouillard sanglant*, laissa le reste de ses guerriers à Yousouf pour garder la ville, et il partit emmenant Meçaoud pour lui servir de lieutenant.

— Où allons-nous ? — demanda le beau djouad.

— Massacrer des Kabyles.

— En ma qualité d'Arabe, — répondit Meçaoud, — cette besogne me sourit. Quel village attaquons-nous ?

— Aïn-Kébira.

— La Rose des Traras l'habite.

— Je veux la faire prisonnière.

Meçaoud devint songeur.

— Décidément, — pensait-il, — je suis fatal à cette pauvre Mériem !

Les bandits avaient quitté Nédromah à la brune, ils arrivèrent à la nuit noire aux environs d'Aïn-Kébira.

Le village dormait tranquillement.

Le Roi des Chemins partagea sa troupe en deux bandes et donna le commandement de la première à Meçaoud, se réservant celui de la seconde. Il recommanda à son lieutenant de tourner le village et d'y pénétrer par le côté opposé, de façon à couper la retraite aux Kabyles. Meçaoud promit d'exécuter cet ordre.

Alors le nègre ordonna à El-Chadi, le chouaf, d'incendier une maison. Celui-ci se glissa à travers les broussailles ; avec son adresse ordinaire il parvint jusqu'auprès du douar sans éveiller l'attention des chiens, et il lança une torche enflammée sur un toit de chaume. L'incendie se déclara aussitôt.

Alors l'émoi se mit dans Aïn-Kébira ; les bandits choisirent ce moment pour charger en poussant des cris effrayants.

Ben-Achmet, le beau-père d'Ali, se réveilla. Il sauta sur ses armes et sortit en appelant à lui ses guerriers. Mais, surpris dans leur sommeil, ils ne savaient plus où donner de la tête, et c'est à peine si une trentaine d'hommes vinrent se ranger autour du vieillard, qui courut à leur tête au-devant de l'ennemi.

Il rencontra sur son chemin la troupe que conduisait Elaï-Lascri lui-même, et il lui livra un combat désespéré. Pendant qu'il arrêtait pour quelques instants la marche du chef, l'autre troupe envahissait le village et massacrait tous les Kabyles à mesure qu'ils sortaient de leurs demeures.

Ben-Achmet, pris entre deux feux, fit une résistance désespérée, raillant ses Kabyles et soutenant la lutte avec héroïsme.

Elaï-Lascri ne s'attendait pas à tant de vigueur. Mecaoud tomba mort. Les Kabyles se battaient comme des lions. Enfin, Ben-Achmet, frappé au cœur, roula sous les pieds des chevaux ; et le passage fut libre.

Le Roi des Chemins en profita pour s'élancer vers la demeure de Mériem.

Pendant que la jeune femme courait un si grand danger, Ali restait étendu à la place où l'avait laissé son amin ; il mordait son bâillon avec rage, et il parvint à le couper avec ses dents.

Alors il poussa des cris de rage qui ébranlèrent les voûtes du palais. Les hommes auxquels Elaï-Lascri avait confié la mission d'arrêter Ali accoururent ; comme ils avaient ordre de le surveiller, ils voulurent le réduire au silence. Mais une femme parut : c'était Fatma. Elle fit un geste d'étonnement en apercevant Ali, et enjoignit aux deux gardiens de se retirer.

— Toi ici ! — dit-elle au jeune homme, — et prisonnier !

— Oui, — répondit-il. — Et à cette heure ton mari brûle mon douar ; Mériem va devenir sa capture ; mon vieux père sera tué.

— C'est impossible ! — s'écria Fatma atterrée. — Elaï-Lascri ne peut commettre un crime aussi odieux.

— Écoute, Fatma, — dit Ali, — je t'ai accueillie chez moi, j'ai contribué à ta délivrance ; je t'en supplie, coupe mes liens, que je sauve Mériem !

Fatma était indécise. Cependant elle demanda :

— Si je consens à te rendre la liberté, jureras-tu de ne pas tuer Elaï-Lascri ?

— Je le jure ! — fit Ali précipitamment.

— Tu ne chercheras qu'à enlever ton épouse ?

— Oui, oui, hâte-toi, je t'en prie. — Et il y avait dans la voix d'Ali un accent de détresse tel, que Fatma prit un poignard à une panoplie et coupa le lacet dont ses mains étaient entourées. Ali, dès qu'il se sentit libre, jeta rapidement ces mots à Fatma : — Tu viens de faire une généreuse action ; merci, merci mille fois ! Mais prends garde à la vengeance du Roi des Chemins. Fuis, car il ne te pardonnera pas.

— Il m'aime, il pardonnera, — répondit avec confiance la mulâtresse.

Ali n'attendit pas la réponse, il sauta par la fenêtre dans la cour, courut aux écuries, monta sur sa jument noire encore toute sellée, et partit bride abattue sans que nul songeât à le retenir.

Quand l'ébahissement des gardes fut passé, il était trop tard pour rattraper le fugitif.

Ali arriva au douar au moment où Ben-Achmet succombait ; il comprit que de ce côté tout secours serait inutile ; il courut à la case de Mériem et l'appela. Elle sortit tout effarée. Il la prit dans ses bras, la coucha sur sa selle et enfonça ses éperons dans le ventre de sa jument, qui partit dans la direction de la Tafna, où les spahis étaient campés.

Quand le Roi des Chemins fut auprès de la demeure de Mériem, il la fit fouiller... la jeune femme n'y était plus. Seulement, à la lueur de l'incendie allumé par El-Chadi, on apercevait Ali galopant sur la route de Tlemcen.

XXI

OÙ LES SPAHIS ET LE BROUILLARD SANGLANT EN VIENNENT AUX MAINS.

Pendant ce temps, les spahis de Mérieul étaient à une lieue de là environ, campés sur les bords de la Tafna, au pied d'une ruine romaine. Ils dormaient étendus sur le sol auprès du feu du bivac, et les chevaux, attachés à des cordes, se reposaient aussi, non loin de leurs maîtres, tandis que les armes, rangées en faisceaux, étaient gardées par une sentinelle.

Pour faire face à tout événement, les selles étaient disposées de façon à pouvoir être placées sur les chevaux en peu de temps, et au premier signal les spahis auraient été prêts à recevoir l'ennemi.

La nuit était silencieuse et l'on n'entendait que le murmure de l'eau, dont le courant rapide courbait les joncs sur son passage.

Outre la sentinelle, deux hommes veillaient : c'étaient La Maghrinia et Lassalle.

Le premier, la tête appuyée entre ses deux mains, lançait de temps à autre une bouffée de fumée, qu'il aspirait dans une pipe au tuyau raccourci par de fréquents accidents. Il semblait livré à une méditation inquiète. Le second, au contraire, fumait sa cigarette le plus gaiement du monde, en sifflant entre ses dents un joyeux refrain.

— Le capitaine ne vient pas vite, — dit enfin La Maghrinia au maréchal des logis ; — je ne suis pas du tout rassuré sur son compte.

— Tiens ! — fit son compagnon, — c'est cela qui te tient éveillé ?

— Oui, parce que j'aime le capitaine, qui est un bon chef, et, quand il s'en va du camp sans m'emmener avec lui, je suis toujours inquiet. Au moins, quand je suis là, je me dis : Il y aura moyen de le défendre ; c'est une manie qu'il a là de quitter ainsi tous les soirs le bivac pour faire une tournée tout seul aux environs.

— Moi, ce n'est pas cela qui me fait veiller, je suis tranquille sur le compte du kébir. (C'est le nom familier que donnent les soldats d'Afrique à leurs supérieurs ; ce mot arabe signifie chef.)

— Eh ! quel est donc le motif qui t'empêche de dormir ?

— C'est que, quand je sommeille, je n'aime pas être éveillé en sursaut. Or, le capitaine est parti depuis longtemps, et il serait rentré s'il n'avait pas découvert la piste de quelques ennemis.

— C'est précisément ce que je crains. Ce pays-ci est dangereux ; j'y ai combattu avec Lamoricière, et je sais que, dans les montagnes qui se dressent devant nous, il y a des défilés où le bon Dieu n'envoie jamais les rayons de son soleil ; ils sont si sombres qu'on assure que ce sont les chemins de l'enfer. Les habitants sont aussi sauvages que la contrée. — Et dans son mépris pour eux, le vieux guerrier ajouta : — Ces singes-là, qui se croient des hommes parce qu'ils sont affublés d'un burnous, nous regardent comme des chiens enragés qu'il est bon de tuer au coin des routes. Ils n'osent plus se soulever en masse, mais ils nous tuent en détail autant qu'ils le peuvent. J'ai peur que notre chef ne soit pris dans une embuscade.

— Alors, tant pis pour les Arabes !

— Comment ! tant pis ?

— Mais oui, on dirait que tu ne connais pas le capitaine. C'est un lion pour le courage et un chacal pour la ruse ; quand il tombe dans un piège, il est comme un chat dans une souricière. Depuis l'aventure qui m'est arrivée avec lui, je suis rassuré sur son compte.

— De quelle aventure veux-tu parler ?

— Une fois, nous sortions de Tlemcen ; les Arabes étaient encore en insurrection, et le capitaine allait porter une dépêche à un détachement campé à une lieue de la ville. C'était un pari qu'il avait fait, attendu que cette dépêche était tout simplement une invitation adressée au chef du détachement, pour venir dîner le lendemain, dans le cas où le capitaine aurait gagné la gageure. Il était convenu qu'il pouvait se faire accompagner par un spahi, et c'est moi qu'il avait choisi. Pendant la journée, il n'y avait aucun danger à suivre le chemin qui conduisait du camp à la ville, mais, la nuit, c'était un trajet fort périlleux. Cette nuit-là, Mahomet, comme disent les Arabes, que tu traites de singes et qui ont des comparaisons fort jolies pourtant, Mahomet, le voluptueux Prophète, avait étendu son burnous dans le ciel pour cacher ses amours avec la lune ; il faisait noir comme dans un four. Les chevaux tâtaient le terrain avec leurs sabots, attendu qu'y voir clair était chose impossible, excepté pourtant pour le capitaine, car il me dit soudain : « Suis moi ! » et il s'élance hors du sentier. Moi, j'imite sa manœuvre. Au même instant, cinq coups de feu se font entendre successivement ; les Arabes ne savent pas même faire un feu de peloton. Les balles passent sans nous toucher, vu que par ce temps obscur nos ennemis tiraient dans la direction du chemin que nous venions de quitter. « En avant ! » me crie le capitaine. Et nous tombons sur nos Bédouins, dont trois furent sabrés tandis que les deux autres s'enfuyaient. C'est là que j'ai ramassé le plus beau *moukala* (fusil arabe) que j'aie jamais vu de ma vie. Je l'ai vendu trois cents francs à un juif, qui m'a volé de la moitié au moins. Le pari fut gagné, on m'invita à dîner, et le général de Tlemcen me fit nommer maréchal des logis. Nous avions tué un chef dangereux qui, ne pouvant plus se battre au soleil, nous dressait des embuscades la nuit.

— Diable ! fit La Maghrinia, — ça chauffait à cet endroit-là comme quand j'ai gagné la croix.

Et les deux spahis se remirent à fumer.

Mais ils entendirent la voix de Mérieul qui accourait au galop et criait :

— Aux armes !

— Vois-tu, mon vieux, — s'écria Lassalle triomphant, — j'avais raison de ne pas m'endormir !

Et il répéta le cri du capitaine.

Habitués à ces alertes, les spahis furent debout en un clin d'œil, et ils furent prêts à marcher au bout de quelques minutes.

A son arrivée au bivac, Mérieul, comme on l'a vu par le dialogue de La Maghrinia et de Lassalle, était allé inspecter les environs.

Les montagnes des Traras, soumises dans une expédition récente, payaient le tribut et reconnaissaient notre autorité ; mais les habitants de cette chaîne de l'Atlas conservaient toujours vivaces au fond de leur cœur les souvenirs de leur indépendance, et ils nourrissaient contre nous une haine qui se manifestait par des assassinats fréquents. Les bienfaits de notre administration intelligente et paternelle ne les avaient pas encore ralliés à notre cause. A cette époque, nous étions pour eux des guerriers vainqueurs dont le joug leur pesait, tandis qu'aujourd'hui ils nous considèrent comme leurs frères aînés en civilisation, venus pour les arracher aux misères de leur vie errante et aux ténèbres de leur barbarie ; ils savent maintenant que ce n'est pas une conquête que la France a faite en Algérie, mais une adoption ; ils l'aiment comme une mère et lui sont tout dévoués.

Mais au temps où se passaient les scènes que nous décrivons, les Kabyles des bords de la Tafna n'en étaient pas encore venus à bénir notre nom ; ils avaient eu à souffrir de nos vertus guerrières, et ne connaissaient pas encore nos qualités.

Mérieul pouvait donc redouter une attaque de la part des tribus voisines ; et comme le douar d'Aïn-Kébira était le plus rapproché et le plus considérable des centres de population épars dans les montagnes voisines, il avait résolu d'aller le surveiller, afin de s'assurer si les habitants ne méditaient pas quelque trahison nocturne.

Il s'était donc dirigé vers le village du vieux Ben-Achmet, et à quelque distance il avait attaché son cheval au milieu d'un massif d'oliviers sauvages qui le cachaient entièrement ; après avoir pris cette précaution, il s'approcha le plus possible des cases occupées par les Kabyles.

Autour des habitations des indigènes, il existe des haies protectrices de figuier de Barbarie et d'aloès, dont les pousses vigoureuses forment un rempart assuré contre la voracité des chacals et des hyènes, qui viendraient enlever les bestiaux dans la nuit, et contre les larcins des voleurs, toujours fort communs là où domine le droit du plus fort.

L'aloès oppose à toutes les attaques ses dards durs et acérés comme la pointe d'une épée, et le figuier de Barbarie arrête voleurs et bêtes féroces par la piqûre douloureuse de ses épines, qui renferment un suc venimeux.

Mérieul s'abrita derrière un de ces cactus gigantesques, et il attendit, avec la patience et l'immobilité de ceux qui ont l'habitude de vivre au milieu des dangers dont les solitudes algériennes sont parsemées.

La nuit tomba avec la rapidité particulière aux climats tropicaux, et le jeune capitaine vit passer peu à peu les Kabyles qui revenaient des champs, ramenant leurs troupeaux.

Ils rentrèrent paisiblement dans leurs cases, et ne tardèrent pas à s'endormir, tandis que les bandits d'Eleï-Lascri leur préparaient un réveil terrible.

Convaincu que son peloton n'avait rien à redouter de ce côté, Mérieul regagna le lieu où il avait laissé son cheval, et il sauta en selle, se disposant à regagner le bivouac. Mais un bruit imperceptible pour toute autre qu'un voyageur aussi expérimenté que lui vint le faire tressaillir. Il descendit de cheval, colla son oreille sur le sol et écouta.

Il entendit un bruit sourd que, grâce au merveilleux développement de son ouïe, il reconnut pour être le son des sabots de plusieurs chevaux frappant les pointes de rochers dont les sentiers de la montagne étaient couverts.

— Ah ! — se dit-il, — est-ce que je me serais trompé ? attendons encore.

Le cri de l'hyène retentit alors, admirablement imité, mais une particularité apprit à Mérieul que c'était un signal humain. Les hyènes voyagent toujours à la suite des chacals, dont le flair subtil les guide vers les cadavres. Chaque fois que sa voix se fait entendre, les chacals y répondent par des aboiements furieux contre un ennemi qui vient leur disputer la proie qu'ils ont éventée.

Or, non-seulement des cris du chacal ne suivirent pas le hurlement de l'hyène, mais au bout de quelques instants un autre cri, pareil au premier, partit d'une direction opposée.

C'étaient les brigands d'Eleï-Lascri qui s'approchaient. Mérieul, fort inquiet, se demandait en vain quel était le but de cette marche vers le douar, exécutée par deux troupes différentes avec de pareilles précautions.

Il était placé admirablement pour observer cette manœuvre singulière ; mais l'une des deux bandes se dirigeait directement vers lui. Il fallait se résoudre à quitter ce poste ou s'exposer au danger d'être surpris.

Il employa un stratagème auquel il avait dressé son cheval en prévision de circonstances pareilles à celle-ci, la nécessité de recourir à ces sortes de ruse se renouvelant souvent en Afrique.

Il enleva à son coursier sa selle et ses harnais, qu'il

dissimula habilement au milieu des buissons, puis il lui laissa la liberté de s'éloigner, certain qu'il accourrait aussitôt qu'il le sifflerait.

Cela fait, il monta dans un olivier dont les branches le mirent à l'abri des regards de ceux qui pourraient passer auprès de lui.

A peine avait-il pris toutes ses précautions que les pas des chevaux devinrent très-distincts, et bientôt il aperçut une cinquantaine de cavaliers passant silencieux à portée de l'arbre où il était.

A quelque distance du douar il les vit s'arrêter, échanger un dernier signal avec l'autre troupe, et s'élancer soudain contre le village.

Mérieul en savait assez ; il avait deviné que c'était la bande d'Elaï-Lascri ; il appela son cheval, et l'animal, admirablement dressé, rejoignit son maître, qui s'éloigna rapidement du côté de la Tafna.

Quand il arriva, le peloton, éveillé par son cri d'alarme, était prêt à le suivre.

— En avant, — commanda Mérieul, — nous allons surprendre Elaï-Lascri ! — Les spahis, sans rien dire, mirent leurs montures au galop et suivirent leur chef, faisant en chemin leurs préparatifs de combat. Ils renouvelaient les amorces de leurs pistolets et de leurs mousquetons, s'assuraient que leurs sabres jouaient bien dans le fourreau, et disposaient leurs gibernes à portée de leur main. L'incendie du douar illuminait la montagne, et à mesure qu'ils se rapprochaient ils entendaient le bruit de la fusillade. Puis les coups de feu cessèrent subitement, et, à la clarté des flammes, ils virent un homme, poursuivi par les bandits, s'engager dans le chemin qu'ils suivaient.

— C'est quelque chef qui se sauve ! — dit alors le capitaine, — nous allons arrêter ceux qui lui donnent la chasse.

Le peloton était encore trop éloigné du douar pour que l'incendie pût éclairer le point où il se trouvait.

Mérieul plaça vingt hommes à droite et vingt hommes à gauche de la route, et il recommanda de ne faire feu qu'à son commandement. Puis il enjoignit aux deux trompettes de sonner la charge aussitôt après que les armes seraient déchargées, afin d'apprendre à l'ennemi qu'il avait affaire à des Français.

Les spahis, le sabre suspendu au bras droit, le corps penché en avant, se disposaient de façon à recevoir par un feu meurtrier les brigands qui s'approchaient rapidement, serrant de près Ali et sa compagne évanouie entre ses bras.

Lorsque les ennemis furent à deux cents pas environ, ils armèrent les batteries de leurs mousquetons ; les cris sauvages des Arabes, qui galopaient en désordre, les empêchèrent d'entendre le craquement des ressorts.

Ali passa, tenant sa femme sur sa selle, et ne se doutant pas du secours qui lui arrivait.

Les Français couchèrent en joue les bandits et attendirent, dans une immobilité complète, le moment de semer la mort parmi leurs féroces adversaires, tandis que Mérieul impassible les laissait arriver à dix pas.

Alors sa voix puissante cria : Feu ! une détonation formidable retentit, et un rideau de flammes montra aux Arabes les uniformes redoutés des spahis. Une quinzaine d'entre eux avaient été frappés par les balles, et les autres, effrayés et surpris, s'étaient arrêtés soudain.

Mais aussitôt les trompettes résonnèrent, et les spahis tombèrent avec fureur sur ces cavaliers farouches, dont on leur avait vanté la bravoure.

Du premier choc, ils s'ouvrirent un large passage au milieu de la bande d'Elaï-Lascri, renversant, dans leur élan irrésistible, tout ce qui se trouvait devant eux. Puis, quand ils eurent pénétré au cœur de la troupe, ils se mirent à sabrer les bandits avec une rage contre laquelle ceux-ci ne purent tenir.

Les Français avaient une grande supériorité sur leurs adversaires ; ils maniaient leurs armes avec une adresse qu'ils devaient à la science de l'escrime ; ils paraient les coups avec une agilité merveilleuse et atteignaient toujours le membre qu'ils voulaient toucher. En quelques minutes, les Arabes furent taillés en pièces, et malgré les cris de leur chef ils se débandèrent et s'enfuirent, suivis par les spahis, qui s'acharnaient contre eux.

Elaï-Lascri, cependant, n'avait pas perdu son sang-froid, et il avait reconnu bientôt la faiblesse numérique des assaillants.

Il parvint à rallier autour de lui une vingtaine d'hommes, et il fondit sur Mérieul, qui n'avait plus sous la main que cinq ou six de ses soldats, les autres s'étant dispersés à la poursuite de l'ennemi.

Pendant la lutte, les Arabes avaient déchargé leurs armes, tandis que les spahis, qui par expérience avaient reconnu l'utilité de conserver un pistolet pour les cas critiques, se trouvaient en mesure de tirer chacun un coup de feu au moins.

Il y avait un trompette qui ne quittait jamais le capitaine. Celui-ci, voyant l'ennemi revenir à la charge, fit sonner le ralliement et dit à ses soldats :

— Voilà le moment de faire parler la poudre ; il faut que chacun de vous brûle la cervelle à un Arabe. Visez bien.

Cependant Elaï-Lascri et les siens accouraient à bride abattue, pensant avoir bon marché de cette poignée d'hommes et rétablir avantageusement le combat par la mort du capitaine français.

Mais ils avaient à lutter contre de rudes champions, qui les reçurent intrépidement ; à bout portant, les spahis lâchèrent leur dernier coup de feu, et cinq bandits roulèrent à bas de leurs chevaux ; puis Mérieul s'élança à corps perdu au milieu des ennemis.

Les spahis imitèrent leur chef, et, malgré la disproportion de leurs forces, ils déployèrent une telle valeur que le cercle des bandits dont ils étaient entourés recula peu à peu.

Voyant ses compagnons hésiter, Elaï-Lascri, pour ranimer leur courage, bondit à la rencontre de Mérieul, et il les entraîna encore une fois à sa suite. La mêlée fut affreuse, et pendant quelques instants les Français, enveloppés de tous côtés, eurent à repousser une attaque désespérée. Mérieul, s'étant trouvé face à face avec le fameux nègre, poussa un cri de joie, et il engagea avec lui un combat furieux ; mais au moment où il levait son sabre pour en asséner un coup sur la tête de son adversaire, celui-ci fit faire un bond à son cheval, et la lame vint se briser sur le dos de la selle.

Aussi prompt que la pensée, le vaillant jeune homme saisit un mousqueton, qu'il portait comme ses hommes en travers de ses épaules, et, par un moulinet rapide, il tint à distance les bandits, qui s'étaient précipités sur lui en le voyant désarmé. Aux rayons de la lune, il avait reconnu le nègre dont on lui avait fait la peinture, et il maudissait le sort qui l'avait privé de son sabre et le forçait à rester sur la défensive.

Rappelés par la sonnerie de la trompette, les autres spahis revinrent enfin au secours de leurs camarades ; mais, vaincus par leur courage héroïque, les Arabes se sauvaient en déroute, et les Français triomphants galopaient sur leurs traces et cherchaient à les atteindre dans leur fuite.

Mérieul, à la tête des nouveaux arrivants, donna la chasse au nègre ; il était près de l'atteindre, mais celui-ci, en se sauvant, avait pu recharger son pistolet ; il blessa à l'épaule le capitaine.

Mérieul chancela, et pendant que ses soldats le secouraient, le bandit disparut, échappant cette fois aux mains des Français, qui entouraient leur capitaine avec inquiétude.

Soutenu par eux, le blessé descendit de cheval, et les spahis, étendant leurs burnous sur la terre, voulurent l'y faire asseoir; mais lui, surmontant la douleur, leur affirma en souriant que la balle n'avait fait qu'effleurer la peau, et il défit sa tunique, afin de faire bander la plaie avec un mouchoir.

Sur ces entrefaites, on entendit encore le bruit d'une troupe de cavaliers.

— Mille tonnerres! — s'écria Lassalle furieux, — les voilà encore qui reviennent, nous allons les exterminer!

Alors toute l'escorte environna Mérieul, et les spahis, rechargeant leurs mousquetons, grondaient sourdement contre l'audace de leurs ennemis.

— Ils ont donc l'âme chevillée au corps, ces scélérats-là! — murmurait La Maghrinia; — j'ai cependant bien senti mon sabre trouer leurs poitrines.

Et tous, pleins de colère, étaient déterminés à en finir avec les brigands. Leurs figures, noires de poudre, avaient pris une expression menaçante; l'œil étincelant, les sourcils froncés, ils écoutaient le galop des chevaux. Ils étaient au comble de l'exaltation, et leur capitaine, qui au retour du péril avait oublié sa souffrance, était remonté à cheval, et disait :

— Il faut que pas un n'échappe! Mettez deux balles dans les mousquetons, et ils vont payer cher leur entêtement.

Déjà les canons s'abattaient dans la direction de ceux qui s'avançaient, quand une voix s'écria :

— Ne tirez pas, nous sommes des amis !

C'étaient les guerriers d'Aïn-Kébira.

En effet, Ali s'était retourné au bruit de la lutte; voyant que les Français n'étaient pas nombreux, il avait regagné le douar aussi vite que possible, et, déposant Mériem dans sa case, il s'était empressé de réunir les guerriers de la tribu.

A sa voix, ceux-ci avaient surmonté la frayeur qui, dans le premier moment de surprise, s'était emparée d'eux, et, prévenus qu'ils allaient au secours de soldats français aux prises avec les brigands, ils avaient fait toute la diligence possible.

Mais les spahis étaient maîtres du champ de bataille lorsqu'ils les rejoignirent; les Kabyles restèrent émerveillés en les voyant en si petit nombre.

Ali surtout admirait leur bravoure. Il s'avança vers Mérieul, et il lui dit :

— Tu commandes à des lions et tu as vaincu des tigres; si tu veux venir reposer sous le toit de ceux que tu as secourus, je serai fier d'offrir l'hospitalité au plus grand chef que j'aie jamais rencontré.

— J'accepte, — dit Mérieul, qui parlait parfaitement l'arabe ; — mais, auparavant, il faut que je fasse rechercher quatre des miens qui sont morts ou blessés. — Les Français et les Kabyles se mirent à parcourir le lieu du combat, et ils trouvèrent parmi les cadavres un des leurs qui avait perdu la vie; les trois autres n'étaient que blessés. Les Kabyles remarquèrent que les spahis n'avaient été atteints que par des balles; ils conçurent une haute estime pour l'adresse de ces hommes que pas un coup de sabre n'avait pu toucher. Quant aux brigands, une quarantaine d'entre eux jonchaient le sol. Mérieul voulut que leurs corps fussent conduits au douar, car il avait un projet à leur sujet. Les Kabyles les emportèrent, tandis que les Français se chargeaient de leurs compagnons blessés et du cadavre de celui qui avait été tué. Une demi-heure après, ils entraient dans le douar d'Aïn-Kébira. Les femmes, en l'absence de leurs maris, étaient parvenues à éteindre l'incendie; elles avaient allumé des torches pour recevoir les Français, dont un cavalier leur avait annoncé l'arrivée ; et, quand elles les virent passer fièrement, les vêtements en désordre et couverts du sang des bandits, elles les saluèrent par leurs acclamations. La nuit étant fort avancée, Ali engagea le capitaine à prendre quelque repos; mais celui-ci lui dit : — Non, car j'ai quelques ordres à donner, et, si tu y consens, j'ai besoin de ton aide pour arriver au but que je me propose.

— Que veux-tu donc faire?

— Viens, tu vas le voir. — On était au milieu de la place du douar; le capitaine ordonna à ses spahis de mettre pied à terre ; puis il dit aux Kabyles : — Mes hommes ont besoin de boire et de manger; pendant qu'ils vont préparer leur repas, il faut abattre des arbres et les amener sur cette place ; ensuite, on les plantera en terre pour y pendre tous les bandits. Maintenant, — continua-t-il en se tournant vers Ali, — si tu veux envoyer des courriers dans les tribus voisines et à Nédromah, demain nous pourrons montrer à tous qu'Elaï-Lascri n'est pas invincible.

— Tu as raison, — répondit Ali. Et il fit ce que demandait Mérieul. Quant aux spahis, ils n'eurent pas la peine de fouiller dans leurs sachets de vivres; les Kabyles leur servirent une diffa splendide. Le lendemain matin, Mérieul eut avec Ali un long entretien. Le jeune homme raconta l'histoire de sa vie au capitaine français, lui déclara qu'il était déterminé à faire une guerre acharnée au Roi des Chemins, et lui proposa de se mettre à la tête des Kabyles, pour marcher contre Nédromah.

— Tout à l'heure, — dit-il, — les amins des douars et un grand nombre de Traras viendront ici ; ils voudront châtier Elaï-Lascri de son audace, et venger mon beau-père, qu'ils vénéraient presque à l'égal du Prophète. Si tu le veux, je convoquerai les chefs en conseil de guerre et nous arrêterons un plan.

Mérieul accepta.

Une heure après, Aïn-Kébira était rempli de Kabyles accourus de toutes parts. Pendant qu'ils contemplaient les cadavres des brigands suspendus aux potences, les amins tenaient une *djemmaâ* devant la case d'Ali.

Il y avait un projet d'attaque combiné séance tenante, et un chouaf fut dépêché aussitôt en secret aux mécontents de Nédromah, afin de s'aboucher avec eux.

Après avoir pris toutes les dispositions, Mérieul songea à sa blessure, qu'il fit panser par Lassalle.

Le jeune sous-officier avait été étudiant en médecine, et, quoiqu'il eût négligé les cours pour dissiper sa fortune, il n'en avait pas moins des connaissances chirurgicales qui, plus d'une fois, furent très-utiles à ses compagnons.

Il déclara que la balle avait troué les chairs sans rien fracturer, et il la retira ; seulement il engagea Mérieul à se faire soigner à Tlemcen.

Celui-ci y envoya ses trois blessés, mais il refusa d'y aller, voulant exécuter lui-même le plan arrêté.

XXII

COMMENT ELAÏ-LASCRI PUNIT FATMA DE SA GÉNÉROSITÉ ENVERS ALI.

Elaï-Lascri rentra dans Nédromah furieux et désespéré de sa défaite.

Il ne savait rien de l'évasion d'Ali ; il avait bien vu un cavalier fuyant en tenant une femme évanouie dans ses bras, mais il ignorait que ce fût son ancien lieutenant.

Tout en galopant à travers les rues obscures et silencieuses de la ville endormie, il répétait un nom en grondant. C'était celui d'Ali. Il espérait se venger sur lui de l'humiliation de son revers.

A mesure qu'il approchait de sa demeure, il éperonnait plus fiévreusement son coursier qui dévorait l'espace.

A chaque instant la course de celui-ci devenait plus folle et plus rapide; il arriva en face du palais, lancé d'une si vigoureuse façon qu'il était impossible à son cavalier de l'arrêter court.

Elaï-Lascri aperçut soudain en face de lui la porte de chêne contre laquelle il allait se briser ; l'imminence du danger l'arracha à ses réflexions ; il enleva énergiquement sa monture, qui se cabra avec violence et vint retomber les deux pieds de devant sur les battants de la porte.

Au bruit du choc, les gardiens ouvrirent, et le Roi des Chemins, lançant de nouveau son cheval, traversa la cour comme un trait, sauta de sa selle sur les marches qui conduisaient aux appartements, et arriva dans la chambre où devait être détenu Ali.

Il la trouva vide...

Il poussa un terrible juron, et il se livra à toutes les fureurs de la rage.

Les deux gardiens se présentèrent tout tremblants.

— Où est le chien que je vous ai confié ? — demanda-t-il. — Pourquoi l'avoir emmené d'ici ? Conduisez-moi vers lui ; hâtez-vous, ou je vous fais sauter le crâne !

En disant cela, le nègre avait de l'écume aux lèvres.

Les deux serviteurs effrayés se jetèrent à genoux en criant :

— Grâce, maître ! grâce ! c'est ta femme qui l'a fait évader !

— Evadé ! — s'écria Elaï-Lascri en saisissant à la gorge un des deux gardiens, — évadé ! tu l'as laissé partir ? Ah ! misérable, il faut que je te broye dans mes mains !

Et il se serrait à l'étrangler.

— Grâce ! — répéta d'une voix rauque le pauvre diable ; — grâce, sidi ! c'est ton épouse qui a tout fait.

— Tu mens, chien !

— Il dit vrai, — fit une voix.

Elaï-Lascri se retourna. Il aperçut Fatma.

Dans l'état d'exaspération où il se trouvait, rien ne pouvait le calmer.

Il lâcha l'homme qu'il étranglait, et jeta sur Fatma un regard terrible.

Les muscles de son cou se tendirent, des rides profondes sillonnèrent son visage, ses yeux s'empourprèrent d'un reflet sanglant.

Il était arrivé au paroxysme de la fureur.

— Toi aussi, — hurla-t-il, tu me trahis ! Ah ! tu l'aimes, ce bel Ali ! ah ! tu me trompes ! eh bien ! malheur à toi !

Cette supposition insensée dictée par une aveugle colère, cette accusation ridicule indigna Fatma.

— Tu es un sot, — dit-elle, — et...

Elle n'acheva pas.

Cette injure malheureuse mit le comble à l'exaspération du nègre, qui d'un coup de yatagan fendit la tête de la jeune femme.

Elle tomba baignée dans son sang.

Alors une réaction violente s'opéra dans l'âme de son meurtrier.

A la vue de ce cadavre étendu devant lui, le Roi des Chemins se prit à trembler.

L'ivresse qui égarait son cerveau s'était dissipée ; il contemplait d'un œil hagard le corps de Fatma ; cette enfant qu'il adorait était morte... morte de sa main !

Rien au monde ne pouvait plus lui rendre ni son doux sourire de femme, ni ses naïves caresses de jeune fille.

Alors un sombre désespoir s'empara de ce bandit au cœur de roc ; ses jambes fléchirent, et il s'agenouilla près de sa victime ; ses yeux s'humectèrent, et ses larmes se mêlèrent au sang...

Trois heures après, il était encore là, inerte, insensible aux appels des siens, murmurant des phrases incohérentes, appelant des plus doux noms Fatma qui ne répondait plus.

XXIII

LE BURNOUS NE FAIT PAS L'ARABE.

Une caravane de quarante Mozabites ou habitants du désert entrait dans Nédromah le soir même.

Le chef prit possession du caravansérail, y fit déposer ses marchandises, installer ses chameaux ; puis il demanda à être conduit devant l'agha.

Il était environ sept heures du soir ; la nuit commençait à venir. Selon le désir qu'avait manifesté le chef mozabite, il fut mené devant Elaï-Lascri ; deux de ses compagnons le suivaient, portant des coffres.

Les trois étrangers trouvèrent Elaï-Lascri couché sur un sopha, triste, abattu, ennuyé. Rien n'avait pu encore le distraire du souvenir de son crime.

Le chef mozabite s'inclina profondément et fit les salutations d'usage ; mais Elaï-Lascri lui dit d'un ton bref :

— Que veux-tu ?

— T'apporter mes hommages et t'offrir des présents, — répondit le Mozabite.

— Les hommages, j'en fais peu de cas ; les présents sont de trop mince valeur pour moi.

Et, sur cette sèche réponse, Elaï-Lascri se retourna dédaigneusement. Les étrangers furent forcés de se retirer.

Quand ils furent revenus au caravansérail, le chef s'assit au milieu des siens.

La nuit était venue, étendant son ombre sur la ville ; les chacals commençaient à hurler dans la campagne, et leurs voix se répercutaient, sinistres et glapissantes, à travers les échos des rues silencieuses.

En ce moment un homme se glissait avec des précautions infinies dans la cour du caravansérail, observant ce qui se passait. Cet homme était El-Chadi.

Le chef mozabite écarta un peu le haïque qui couvrait son visage, afin de parler à ses compagnons.

El-Chadi ne put retenir un mouvement de surprise.

— Voilà une étrange ressemblance ! — pensa-t-il ; — on dirait que ce Saharien est un des spahis français par lesquels nous avons été battus. Il faut que je me rapproche davantage. Des mots français frappèrent son oreille : — Bon ! — se dit le chouaf, — ce sont eux ; je vais aller les dénoncer. Evidemment un grand danger menace Elaï-Lascri.

Et El-Chadi se dirigea vers l'unique porte du caravansérail. Mais un spahi se levait en ce moment et venait se placer en sentinelle à cette porte. La retraite était coupée. El-Chadi se résigna à rester dans sa cachette.

Bientôt deux Arabes de Nédromah pénétrèrent à leur tour dans le caravansérail. Ils échangèrent avec les faux Mozabites des signes de reconnaissance.

— Eh bien ! — demanda Mérieul, car c'était bien lui, — tout est-il prêt ?

— Oui, — répondit un des nouveaux venus. — Comme tu le sais, nous sommes allés demander au gouverneur d'Oran du secours contre Elaï-Lascri, et nous lui avons annoncé que la plupart des habitants de la ville avaient hâte de secouer son joug. A cette heure, nous n'attendons que le signal du combat.

— Asseyez-vous, l'heure va bientôt venir.

Au moment où Mérieul achevait ces mots, un troisième personnage arriva. C'était Ali.

— Le salut soit sur toi ! — dit-il en pressant la main du capitaine français.

— Que la nuit soit bonne ! — répondit ce dernier. — Les Traras sont-ils dans la plaine ?

— Ils attendent dans les fossés de la ville le moment de monter à l'assaut ; ils sont munis d'échelles pour escalader les murailles. Moi-même j'ai passé par-dessus les remparts pour t'annoncer cette nouvelle.

— Tout est bien, — fit Mérieul. — Il y a au plus une trentaine d'hommes dans l'intérieur du palais d'Elaï-Lascri ; je me charge de les faire massacrer par mes spahis. Que les habitants de Nédromah montent à cheval et tuent les partisans du Roi des Chemins à mesure qu'ils voudront se rallier ; que les Kabyles se joignent à eux pour les aider dans cette extermination. Allez ! qu'un de vous monte sur le sommet de la mosquée et y tire un coup de feu ; à ce moment l'attaque commencera sur tous les points à la fois. — Les Arabes et Ali s'inclinèrent. Ce dernier, avant de se retirer, demanda à Mérieul des nouvelles de sa blessure. — Je souffre un peu ; je ne puis combattre ; mais j'ai la tête assez libre, le cœur assez ferme pour guider mes spahis.

Ali se retira.

El-Chadi avait tout entendu. Il vit bientôt les spahis monter à cheval et quitta le caravansérail derrière eux ; il s'élança et courut au palais... Trois minutes après, un coup de fusil partait du sommet de la mosquée. Aussitôt des cris de guerre retentirent dans toutes les rues ; désignés d'avance à la haine des habitants, les partisans d'Elaï-Lascri furent attaqués dans leurs maisons avec une rage inouïe.

Toute la population de la ville avait à se venger de leurs insolences et de leurs déprédations. Elle fut impitoyable. Les Kabyles de Mérieul vinrent se joindre aux Nédromiens, et le massacre prit alors des proportions gigantesques.

Cette vaste conspiration avait été organisée avec un soin admirable ; chaque troupe avait un chef, et celui-ci guidait la foule vers les demeures des brigands d'Elaï-Lascri.

Rien de plus sinistre que les luttes nocturnes, rien de plus terrible que le soulèvement d'un peuple. La multitude échevelée, furieuse, sillonnait la ville, l'illuminant du reflet des torches, l'emplissant de clameurs féroces, se ruant sur ses ennemis, frappant, brûlant, tuant avec un acharnement inouï...

Pendant ce temps, les spahis se hâtaient d'arriver au palais du Roi des Chemins.

Mérieul en fit enfoncer la porte à coups de hache ; pas une balle ne fut tirée pendant cette opération.

Quand le passage fut libre, les spahis se ruèrent dans la cour ; personne ne les arrêta. Les appartements furent fouillés ; on n'y trouva pas un bandit. El-Chadi était arrivé à temps pour prévenir Elaï-Lascri du complot. Celui-ci voulait combattre, mais le chouat le fit pencher à une fenêtre et lui montra l'étrange aspect que déjà présentait la cité.

Le Roi des Chemins comprit que toute résistance eût été de la folie, et que, s'il demeurait une minute de plus dans Nédromah, il serait fait prisonnier. Il fit monter en selle les trente cavaliers qui le gardaient cette nuit-là, et il chercha à s'échapper avec eux par la porte de Nédromah ; il trouva là une vingtaine de ses guerriers qui y formaient un poste.

Il leur ordonna d'ouvrir les deux battants.

En ce moment un détachement de Traras s'avançait pour fermer cette sortie.

— En avant ! — cria le Roi des Chemins.

Et lui et sa troupe passèrent comme un ouragan sur les Kabyles déconcertés.

Ceux-ci, voyant l'impossibilité de rattraper les brigands, accoururent se joindre aux massacreurs, et les aidèrent à achever leur œuvre sanglante. Comme les Nédromiens, ils furent sans pitié ; ils avaient à venger leur chef vénéré, le marabout Ben-Achmet.

Mérieul et ses spahis, convaincus que le Roi des Chemins avait dû se sauver, sortirent de Nédromah pour lui donner la chasse.

Aux rayons de la lune, ils entrevirent le Roi des Chemins et son escorte qui se dessinaient sur le sommet du mamelon des Caroubiers ; ils se mirent à sa poursuite ; pendant deux heures au moins ils le talonnèrent vigoureusement ; déjà même ils gagnaient sur lui quand tout à coup ils virent sa troupe s'engager dans un ravin et disparaître.

Mérieul connaissait le pays ; il comprit que le Roi des Chemins était sauvé.

En effet, ce ravin se partageait en plusieurs branches à un certain endroit ; là, il fut impossible de deviner quel chemin les brigands avaient pris.

Les spahis retournèrent à la ville. Quand ils y entrèrent, tout était fini. Ali vint l'annoncer à Mérieul.

— Nédromah est délivrée, — dit ce dernier, — mais le Roi des Chemins n'est pas mort, notre tâche n'est pas finie. Retourne dans tes montagnes, j'espère d'ici à peu de jours avoir la tête d'Elaï-Lascri.

— Alors seulement, — répondit Ali, — Ben-Achmet sera vengé.

XXIV

OU LA MAGHRINIA REÇOIT UN MESSAGE.

Cette nuit même, Mérieul nomma agha, au nom du gouverneur d'Oran, un des membres de la députation, et il alla prendre quelque repos dans sa maison, où il fit demander Lassalle et La Maghrinia.

Quand ils furent arrivés tous deux, il leur dit :

— Je souffre un peu de ma blessure, vous allez en renouveler le pansement, puis La Maghrinia partira pour Oran.

— Capitaine, — dit Lassalle après avoir examiné la plaie, — je vous conseille de passer quelques jours à l'hôpital de Tlemcen, ou le mal s'envenimera.

— Non, — répondit Mérieul, — il faut me guérir ici.

— Mais c'est une vraie folie que vous faites là ! — s'écria La Maghrinia.

— Allons, tais-toi ! — dit Mérieul sévèrement. — Souviens-toi que nous sommes en présence d'indigènes qui, quand ils ont un bras cassé, le coupent avec leur yatagan et cicatrisent l'amputation avec de la terre. Un capitaine de spahis doit être au moins aussi dur à la douleur que ces gens-là.

— Hum ? — fit La Maghrinia entre ses dents, — il est à croire que, s'ils avaient des docteurs et des drogues, ils en useraient comme les autres.

Pendant ce temps, Lassalle arrangeait les bandages.

Quand l'opération fut terminée, Mérieul remercia le maréchal des logis et dit à La Maghrinia :

— Tu vas, pour te punir de tes observations inutiles, aller trouver le gouverneur, et tu lui raconteras tout ce qui s'est passé ; tu ajouteras que je compte rencontrer encore une fois Elaï-Lascri, et que ce sera la dernière, attendu que je prendrai mes mesures afin qu'il ne s'échappe plus.

— Mais, capitaine, — demanda le spahi consterné, — je pense bien que vous n'avez pas l'intention de vous battre sans moi.

— Et quand cela serait, maudit raisonneur ?...

— Dame ! écoutez, je suis bien forcé de vous obéir, mais si, au retour, on a livré bataille en mon absence, je me brûle la cervelle.

— Allons, va ! — dit Mérieul, ému par l'accent désespéré du vieux spahi, — nous t'attendrons, sois tranquille.

— A la bonne heure ! merci, capitaine. Mais, dites-moi, si vous vouliez écrire quelques mots pour le général, ça ferait mieux mon affaire, attendu que, si j'ai le bras dégagé, j'ai la langue assez lourde.

Mérieul dicta une lettre à Lassalle, la signa et la remit

à La Maghrinia, qui partit à franc étrier sur un cheval reposé.

Arrivé à Oran, le messager porta au gouverneur la lettre de son capitaine, et le général lut avec un vif contentement l'heureuse nouvelle que Mérieul lui envoyait. Dans un *post-scriptum*, le jeune homme lui annonçait sa blessure, en le suppliant d'en garder le secret ; le général sourit, car il devina le motif de cette recommandation. Il donna vingt francs à La Maghrinia, en l'engageant à bien dîner et aller se reposer ensuite, afin de pouvoir repartir le lendemain matin pour porter la réponse.

Le vieux spahi, qui avait hâte de retourner auprès de son chef, trouva la recommandation superflue ; il avait trop peur que l'on se battît en son absence pour perdre une heure ; il fit un salut militaire au gouverneur, serra la pièce d'or dans sa longue bourse en aloès, et conduisit son cheval aux écuries du bureau arabe. Il commençait à faire nuit et le pauvre animal était harassé ; après lui avoir donné tous les soins nécessaires avant de songer à lui-même, La Maghrinia pensa qu'il ferait bien d'aller demander à dîner à la vieille cantinière à qui Marie, la petite chanteuse, avait été confiée.

En entrant chez elle, après avoir salué affectueusement la bonne femme, il regarda s'il ne voyait pas la jeune fille ; mais elle n'était pas là.

— Ah çà ! mais, mère Madeleine, où est donc passée la petite Marie, que nous avons amenée la veille du départ ?

— Elle n'est plus chez moi, — répondit la cantinière.

— Comment ! — fit La Maghrinia en fronçant les sourcils ; — vous l'avez renvoyée ?

La mère Madeleine, qui avait l'habitude de tutoyer tout le monde, répliqua :

— Ne roule pas ainsi tes gros yeux, et ne fais pas l'injure à une femme comme moi de supposer qu'elle se soit mal conduite vis-à-vis d'une pauvre orpheline. Assieds-toi sur cette table, je vais t'apporter à boire et à manger, car tu me fais l'effet d'avoir faim et soif, et pendant ton repas je te conterai ce qui est arrivé.

Le spahi radouci se mit à table, et, pendant que la vieille cantinière le servait, il ne put s'empêcher, quoique rassuré un peu sur le compte de sa protégée, de dire :

— C'est égal, mère Madeleine, les autres ne seront pas contents quand je leur dirai que la petite n'est plus chez vous.

— Tais-toi, grognard ! et écoute, — répondit la cantinière. La Maghrinia se résigna avec peine à ne pas murmurer davantage contre la mère Madeleine, qu'il respectait, comme tous les spahis du régiment, auxquels elle inspirait une sorte de vénération à cause de ses longs services et de sa belle conduite en maintes circonstances ; il attaqua un morceau de veau froid, déboucha une bouteille et prêta l'oreille au récit de la vieille femme, qui commença ainsi :

— Il y a deux jours qui sont venues de la part de ton capitaine réclamer la petite fille ; je l'aimais déjà autant que si elle eût été mon enfant, car elle est bonne et gentille ; mais, comme c'était l'ordre de votre chef, j'ai cru devoir obéir. Du reste, je suis allée la voir chez la marquise de Saint-Val, c'est le nom de sa protectrice, et j'ai été reçue admirablement. Deux fois aussi Marie, qui est reconnaissante, est venue me visiter ; elle se trouve très heureuse. Maintenant, si tu veux adresser des reproches à quelqu'un, tu peux voir que ce n'est pas moi qui les mérite.

— Ah ! mère Madeleine, si le capitaine est là-dedans pour quelque chose, il n'y a plus rien à dire. Voilà un brave jeune homme, n'est-ce pas ? et qui aime ses soldats. Nous nous intéressons à une orpheline, il le sait, vite un bon coup d'épaule pour nous aider à la placer. Ce n'est pas sans cause qu'il a dit à Lassalle, quand celui-ci lui a raconté l'aventure : « Ne vous inquiétez pas, je me charge de réaliser vos espérances sur elle ; » car nous voulions en faire une chanteuse.

— C'est cela ; la dame a dit que plus tard on l'enverrait à Paris dans une école où les femmes apprennent à chanter comme des fauvettes, et les hommes comme des rossignols.

En ce moment la porte s'ouvrit et livra passage à une jeune fille vêtue d'une robe de soie et coiffée d'un charmant chapeau algérien qui donnait à sa physionomie une expression de mutine coquetterie.

C'était Marie ; elle venait dans la voiture de la marquise rendre visite à la vieille Madeleine, qui la serra dans ses bras.

La Maghrinia, d'abord, ne la reconnut pas ; mais quand elle vint lui tendre son front pour recevoir un baiser, ce ne fut pas sans un certain embarras qu'il l'embrassa ; il ne revenait pas de sa surprise, et il contemplait avec admiration les changements survenus dans la toilette de la petite orpheline.

XXV

OU LE BROUILLARD SANGLANT EST RECONSTITUÉ.

Après sa défaite, Elaï-Lascri était parvenu à reconstituer en partie le *brouillard sanglant*.

Presque tous ses partisans, il est vrai, avaient péri dans la terrible nuit où Nédromah s'était révoltée, mais une centaine de brigands s'étaient échappés et il les avait ralliés.

Le courage du chef nègre n'était pas abattu ; ce n'était plus l'agha de Nédromah, mais c'était encore le Roi des Chemins.

Il ne se laissa pas aller au découragement, il n'abandonna aucun de ses rêves ambitieux, il se jura de punir les Nédromiens, les Traras, et surtout les Français.

A ces derniers surtout il avait voué une haine violente ; se venger d'eux (et l'on sait comment il se vengeait) tel était son vœu le plus ardent.

Il songeait parfois à ceux de ses compagnons qui avaient péri ; il se disait peut-être il irait les rejoindre dans la tombe avant que son yatagan eût tranché la tête de ses ennemis ; cette pensée le rendait fou de rage.

Ali et ses Kabyles, le nouvel agha de ses sujets, Mérieul et ses spahis, devaient mourir, mourir dans les tortures les plus atroces ; il fallait des hécatombes d'hommes à sa soif de représailles.

Il est vrai que parfois un fantôme passait devant le nègre, drapé dans un suaire blanc taché de rouge... Ce fantôme c'était l'ombre de Fatma ! Mais, au lieu de calmer cette farouche nature en l'écrasant par le souvenir d'un crime, le remords aiguillonnait encore ses désirs de meurtre, Elaï-Lascri aurait voulu punir le monde entier d'un crime commis par lui seul.

Dans ce noir bandit, presque roi pendant plusieurs jours, il y avait toutes les aspirations cruelles de Néron et la sauvage énergie de Domitien...

Trente ans plutôt, il eût dominé le Tell et renouvelé sur les côtes barbaresques les scènes qui se passèrent jadis sur les bords du Tibre, sous le règne de certains vampires couronnés.

Au moment où la fortune lui souriait, au moment où il allait réussir, il s'était heurté à une poignée de Français, et tout l'échafaudage de ses espérances s'était écroulé.

Le futur sultan redevenait un simple brigand. Il est vrai que le brigand était encore redoutable.

Le ciel offrait un contraste étrange : à l'orient, il était déjà voilé par la nuit, tandis qu'à l'occident les reflets incertains du soleil à peine disparu l'éclairaient encore. La première étoile avait brillé précisément au-dessus du vallon Sans-Eau.

On eût dit un œil ouvert dans l'immensité du ciel pour contempler ce petit coin du globe.

Une scène étrange se passait dans cette retraite mystérieuse. Des groupes d'hommes, débouchant du ravin Maudit, arrivaient silencieux, sombres, enveloppés dans des burnous. Ils tenaient passée à leur bras la bride de leurs chevaux, qui suivaient leurs cavaliers la tête basse, quelques-uns boitant. Hommes et coursiers semblaient brisés. Ils allaient tous lentement se ranger en cercle au milieu du vallon, et à mesure qu'ils arrivaient ils échangeaient sans mot dire quelque signe de reconnaissance empreint d'un découragement profond.

Pendant une heure environ cette procession dura; puis personne ne vint plus.

Alors une voix se fit entendre, lamentable et rauque, sur le sommet des montagnes.

C'était un cri d'hyène modulé par un gosier humain; aussitôt un être fantastique sembla voler de rocher en rocher.

A cette marche aérienne, à ce vol hardi, un nom sortit de toutes les poitrines :

— El-Chadi ! El-Chadi !

Et la rumeur n'était pas apaisée que le célèbre chouaf, c'était bien lui, vint tomber au milieu de ceux qui attendaient.

A peine fut-il au centre du cercle qu'il se mit à compter un par un les hommes présents.

— Cent trois! — s'écria-t-il quand il eut fini, — cent trois, c'est assez !

— Mais le maître, où est le maître ? — demandèrent plusieurs voix.

— Ecoutez ! — dit El-Chadi en levant son bras maigre, long et velu comme celui d'un singe. Un silence profond se fit. — Vous demandez le maître, vous le verrez bientôt. Il a su que, à la suite de la trahison dont nous avons été victimes, plusieurs de ses compagnons s'étaient enfuis et rôdaient dans la plaine. Il les a fait prévenir qu'il les attendait ce soir ici afin de reformer le *brouillard sanglant*. Vous êtes accourus, vous avez bien fait. Nous allons bientôt prendre une revanche éclatante. Dès demain le sang des Français aura coulé. Un courrier est parti pour Oran, c'est un des spahis du capitaine français. Elaï-Lascri veut la tête de cet ennemi, et pour cela il va lui dresser une embuscade à son retour. Il demande quatre d'entre vous pour exécuter ce coup de main. Qui en sera ? — Cent mains se tendirent en signe d'acceptation. El-Chadi choisit quatre bandits. — Allez vers la Tafna, où passe le chemin d'Oran, — dit-il, — vous y trouverez le chef. — Ils partirent. Maintenant, — reprit le chouaf en s'adressant aux autres cavaliers, — suivez-moi !

— Où allons-nous ? — demandèrent plusieurs voix.

— Dans une grotte, — répondit El-Chadi, — une grotte que nul ne connaît, pas même Ali, notre ancien camarade. Nous y serons en sûreté. Bientôt nous rentrerons à Nédromah.

Les brigands poussèrent une joyeuse clameur, sautèrent en selle avec un entrain qui prouvait leur confiance, et disparurent au galop. Les chevaux semblaient avoir repris des forces. Le *brouillard sanglant* allait recommencer ses exploits.

XXVI

OU LA MAGHRINIA GARDE MAL SON SECRET.

La Maghrinia était resté un peu ébahi à la vue de la petite Marie entrant chez la vieille cantinière.

Mérieul avait recommandé à son messager de ne pas parler de sa blessure, mais le spahi ne songeait plus aux ordres de son capitaine. Marie s'informa avec un empressement touchant de ce qu'étaient devenus ses bienfaiteurs, et La Maghrinia, oubliant dans un premier moment de distraction qu'il avait un secret à garder, répondit que Mérieul et trois spahis étaient blessés, mais qu'heureusement un seul était mort.

Marie pâlit en entendant cette révélation, et deux grosses larmes vinrent rouler sur la main rude du soldat. Furieux contre lui-même d'avoir à la fois causé un chagrin à l'orpheline et trahi la confiance de son chef, le spahi se troubla de plus en plus et crut réparer un peu sa faute en disant que la mort de quarante Arabes avait bien vengé les pertes subies par l'escadron.

Loin d'apaiser la jeune fille, cette déclaration l'effraya davantage ; l'idée d'un combat sanglant l'épouvantait.

La vieille Madeleine parvint à adoucir sa peine en prenant sur elle d'annoncer le prochain retour des spahis; La Maghrinia était sur le point d'ajouter qu'auparavant on passerait tous les bandits d'Elaï-Lascri par les armes ; mais un regard de la cantinière l'arrêta court et lui fit comprendre qu'il n'entendait rien au rôle de consolateur.

Enfin Marie essuya ses yeux et annonça qu'il lui fallait retourner auprès de madame de Saint-Val, qui l'attendait auprès du gouverneur. Elle embrassa le spahi, le chargea d'assurer à ses camarades qu'elle prierait chaque soir pour que les balles ne pussent les atteindre, puis elle sauta légèrement dans la voiture, qui s'éloigna avec rapidité.

Quand elle fut partie, La Maghrinia, désespéré, brisa un verre de colère et se prodigua toutes les épithètes injurieuses qu'il put trouver. Comme son vocabulaire se composait de trois langues très-riches sous le rapport des jurons, il put donner un libre cours à son exaspération en se traitant d'imbécile, avec de nombreuses variantes françaises, arabes et espagnoles.

Pendant que La Maghrinia se lamentait, Marie retournait au Château-Neuf, où madame de Saint-Val était allée rendre visite à son amie, la femme du gouverneur.

Madame de Saint-Val, depuis la lettre que lui avait envoyée Mérieul, était en proie à une sombre tristesse; elle se reprochait avec amertume la résolution qu'avait prise le vaillant jeune homme. Elle l'aimait plus ardemment encore depuis qu'il lui avait prouvé la violence de sa passion pour elle par la grandeur des périls auxquels il s'exposait.

Elle avait mis un soin religieux à exécuter fidèlement les vœux qu'exprimait le capitaine au sujet de Marie; elle conservait précieusement une lettre qui, écrite en prévision d'un danger de mort, avait le caractère sacré d'un testament; quoique Mérieul n'eût jamais connu l'orpheline, elle lui avait voué une affection maternelle; sa vue lui rappelait son fiancé.

Le général avait observé une discrétion rigoureuse au sujet des événements dont La Maghrinia lui avait apporté la nouvelle. Madame de Saint-Val, assise auprès de son amie, cachait ses angoisses au fond de son cœur, mais par mille détours elle essayait de savoir ce qu'était devenu Mérieul. Malheureusement la femme du gouverneur n'avait sur son compte aucun renseignement. Du reste, ne connaissant pas les inquiétudes qui rongeaient le cœur de la marquise, elle ne comprenait pas pourquoi sans cesse elle cherchait à amener la conversation sur la guerre et les expéditions. Car madame de Saint-Val n'avait confié son secret à personne; son âme délicate avait une exquise pudeur; pour elle, l'amour était un sentiment sacré que l'on devait cacher au fond de son cœur le dévoiler à qui que ce fût lui eût semblé une profanation.

Elle faillit cependant se trahir quand la petite Marie entra; les yeux de la jeune fille étaient encore rouges des pleurs qu'elle avait versés, et quand sa protectrice, la prenant dans ses bras, voulut savoir la cause de son chagrin, elle lui raconta tout ce qu'elle avait appris.

Emue et tremblante, la marquise se sentit défaillir

lorsqu'elle sut que Mérieul était blessé. Heureusement la femme du gouverneur n'entendit et ne vit rien de cette scène ; elle s'était levée pour recevoir une autre dame de ses amies qui entrait dans le salon. Jusqu'alors elle avait attribué à la pitié seulement la conduite de madame de Saint-Val au sujet de Marie ; si elle avait vu sa pâleur et son effroi, elle aurait deviné la vérité. Profitant de l'arrivée d'une visite, la marquise se retira, et, quand elle fut dans sa voiture, elle donna un libre cours à ses larmes.

Les jeunes cœurs, toujours plus vifs et plus ouverts aux généreux sentiments que ceux dont l'âge a usé les fibres sympathiques, s'attachent vite aux personnes qui leur inspirent de la reconnaissance et de l'affection ; Marie, partageant le chagrin de madame de Saint-Val, passa ses deux bras au cou de sa protectrice et lui demanda pardon de la peine qu'elle lui avait causée ; mais ni les baisers de la charmante enfant, ni l'assurance d'un retour prochain annoncé par la cantinière ne pouvaient adoucir la douleur de la marquise. S'exagérant les souffrances de son fiancé, elle le voyait sanglant et meurtri, privé de soins et de secours au milieu d'une tribu sauvage, et à chaque instant elle se faisait répéter les paroles du spahi, commentant chaque mot et lui prêtant une signification sinistre.

Madame de Saint-Val avait une imagination ardente. Exaltée par sa tendresse, elle prit soudain une résolution qui fit étinceler ses yeux noirs à travers ses larmes, et d'une voix fébrile elle ordonna au cocher de la conduire devant la maison qu'habitait la vieille Madeleine.

Les femmes, arrêtées par leur timidité et leur faiblesse, manquent souvent d'énergie contre les obstacles matériels ; ce qui les distingue surtout, c'est le courage moral. Mais parfois, sous l'empire d'une passion, elles font preuve d'une audace surprenante. Madame de Saint-Val descendit chez la cantinière, et, sans saluer la bonne vieille, sans remarquer l'étonnement de La Maghrinia, elle lui dit d'une voix qui faisait trembler la fièvre de l'inquiétude :

— Vous êtes un des spahis d'escorte du capitaine Mérieul, n'est-ce pas ?

— Mais oui, madame, — répondit le soldat surpris et ne sachant que penser.

— Il est blessé, m'a-t-on dit?

Plus embarrassé que jamais, n'osant mentir et cherchant cependant à ne pas répondre catégoriquement, le spahi hésitait.

— O mon Dieu ! il est peut-être mort ! — s'écria la marquise en voyant La Maghrinia balbutier.

Mais l'accent d'effroi avec lequel la jeune femme avait prononcé ces paroles le fit sortir de son indécision :

— Non, — dit-il, — je vous jure que le capitaine n'est pas tué ; il n'est que blessé.—Et puis, s'enhardissant tout à coup, et voulant au moins que son indiscrétion eût un résultat favorable, La Maghrinia continua : — Vous êtes sans doute parente du capitaine ; eh bien ! madame, écrivez-lui une lettre afin qu'il se fasse soigner dans un hôpital, car il s'entête à rester dans la tribu où il est, et cela peut être nuisible à sa guérison.

— Je ferai mieux : quand vous retournerez près de lui je vous accompagnerai.

— Mais vous n'y songez pas, madame ; la course est longue d'ici là-bas, et il y a des dangers à courir.

— Ecoutez, mon ami, vous aimez votre chef, n'est-ce pas ? vous voulez qu'il guérisse? Eh bien ! consentez à me protéger jusqu'à ce que nous soyons arrivés au douar où il souffre, et ne cherchez pas à me faire changer de résolution, car ce serait inutile. Vous me le promettez, n'est-ce pas?

La Maghrinia trouvait la marquise si étrange et son action si surprenante qu'il était tout étourdi. Mais la vieille Madeleine, que son ancien métier de cantinière avait familiarisée aux dangers, intervint et dit :

— Madame, ce que vous voulez faire est admirable, et je vous approuve ; à votre place j'agirais de même ; demain La Maghrinia partira, et je vais lui faire comprendre qu'il doit vous protéger et vous accepter pour compagne d'un voyage dont je ferai partie.

— Comment ! vous partirez aussi ?

— Mon Dieu ! oui, car le capitaine n'est pas le seul blessé, et les soins que vous lui donnerez, je les dois, moi, aux autres soldats, qui souffriront encore longtemps peut-être. Je suis bien vieille, mais je n'ai pas oublié mes devoirs de cantinière. Du reste je considère l'escorte du capitaine Mérieul comme la gloire de mon ancien régiment, et j'ai pour les spahis qui en font partie une sollicitude particulière. Comptez donc sur moi et sur La Maghrinia pour demain.

La marquise remercia avec effusion la vieille Madeleine, salua le spahi et se retira avec Marie, laissant La Maghrinia stupéfait.

Quand elle fut partie, celui-ci s'écria :

— Voilà une femme qui a du courage à rendre des points à plus d'un homme ; c'est sans doute une parente du capitaine.

— Parente ou non, elle a un cœur d'or, — répondit Madeleine, — et il faut lui adoucir les fatigues de la route autant que possible.

— Je lui procurerai une mule qui aura le pas bien doux et dont le cacolet sera moelleux ; mais elle aurait mieux fait de demander une escorte au général.

— Tâche plutôt de demander un dromadaire, — dit la cantinière.

Et, sur cette recommandation, le spahi s'éloigna.

XXVII

OÙ MADAME DE SAINT-VAL SE REPENT DE SA TÉMÉRITÉ

Le lendemain, après avoir été chercher la réponse du gouverneur, La Maghrinia conduisait devant la demeure de la cantinière une mule et un dromadaire chargé d'un palanquin ; il était accompagné par un Arabe dont il avait loué les services. La marquise, voilée de façon à ne pouvoir être reconnue, monta dans le pavillon portatif que les Orientaux ont inventé pour transporter leurs femmes à l'abri du soleil au milieu des sables de leurs déserts ; quant à la vieille Madeleine, elle se plaça sur la mule avec l'aisance d'une ancienne cantinière de cavalerie. Le spahi prit la tête de la petite caravane, et il la guida à travers les chemins, à peine tracés alors, qui conduisaient sur les bords de la Tafna.

Ils voyagèrent ainsi pendant deux jours ; la première nuit, ils s'arrêtèrent à la redoute d'Aïn-Temouchen ; la seconde, dans un caravansérail sur les rives de l'Isser. La marquise supportait avec courage les fatigues de la route ; elle songeait à Mérieul, et l'espérance de le revoir bientôt soutenait son énergie.

Du reste Madeleine avait pour elle des soins délicats dont les femmes ont seules le secret ; la vieille cantinière avait compris que sa présence serait une garantie aux yeux des étrangers qui, dans les villages et les redoutes où l'on passait, auraient pu s'étonner de voir une femme voyager seule avec un soldat. Grâce à elle, madame de Saint-Val put éviter bien des questions indiscrètes que la cantinière sut détourner avec adresse, et ses attentions lui épargnèrent bien des souffrances physiques, toujours pénibles pour une personne élevée au milieu de l'aisance que donne la fortune.

Si La Maghrinia eût été seul, il aurait fourbu son cheval pour arriver en une journée ; mais il fallut que le vieux soldat se résignât à faire le chemin à petites étapes.

Le matin du troisième jour on n'était plus qu'à quelques heures de marches d'Aïn-Kébira ; il se félicitait intérieurement d'avoir pu faire gagner sans accident aux deux femmes le but de leur voyage. Madame de Saint-Val, sachant que l'on approchait, avait soulevé les rideaux du palanquin pour tâcher de découvrir le douer ; quant à Madeleine, elle pressait sa mule, qui à chaque instant s'amusait à arracher des touffes d'alfa le long du sentier, au lieu d'imiter la marche grave et cadencée du dromadaire.

Peu à peu, aux palmiers nains qui bordent les chemins en Algérie succédèrent des bouquets de lauriers-roses en fleurs; l'air se rafraîchit sensiblement, et La Maghrinia annonça que bientôt on aurait à traverser la rivière de la Tafna.

La Maghrinia était un trop vaillant soldat pour s'inquiéter des dangers qu'il pouvait courir personnellement. Mais il avait deux compagnes à défendre, et, mieux que personne, il savait que les assassinats étaient fréquents parmi ces tribus à peine soumises. Plus d'une fois, en voyant passer le long des chemins des indigènes à mine farouche, il avait pressé la poignée de son sabre, suivant d'un œil inquiet les mouvements des Arabes suspects. Aussi était-il heureux d'être au terme de son voyage.

Dans les occasions où un péril semblait menacer la caravane, Madeleine caressait la crosse de deux pistolets d'arçon avec l'intrépidité d'un troupier rompu au métier des armes. Alors la marquise, malgré tous ses efforts, pâlissait et devenait aussi tremblante qu'une feuille agitée par la brise ; elle aussi pressait un joli petit pistolet, un véritable bijou, dont elle s'était munie pensant qu'elle saurait s'en servir avec audace en cas de besoin. Mais elle était forcée de s'avouer qu'elle n'oserait jamais en presser la détente; et si quelque regard menaçant s'arrêtait sur elle, sa main lâchait son arme, elle se sentait prête à s'évanouir.

Elle rougissait de sa faiblesse, mais elle ne pouvait surmonter son trouble.

Le courage moral ne suffit pas toujours à la bataille, il faut cette effervescence du sang qui grise le cerveau et que l'on appelle si bien l'ivresse du combat. Sauf quelques exceptions (comme Madeleine, par exemple), la nature refuse aux femmes cette ardeur belliqueuse, parce que, mères, elles sont vouées aux saintes et douces joies de la famille et non aux horreurs de la lutte. Il y a dans la guerre des cruautés dont certaines natures ne peuvent supporter l'idée, et tel qui saurait courageusement supporter la mort ne pourrait se décider à la donner.

Madame de Saint-Val aurait sacrifié sa vie pour son fiancé ; elle avait pris sans hésiter l'héroïque résolution d'affronter les plus grands dangers pour lui prodiguer les soins les plus doux; elle n'avait jamais eu un seul instant de regret depuis son départ, mais elle tremblait d'effroi à la moindre apparence de péril.

Quand elle apprit que la Tafna n'était plus qu'à une courte distance, la marquise respira plus à l'aise et se sentit rassurée, car elle savait que la rivière coulait au pied des montagnes où était situé le territoire des Traras.

En effet, au bout d'un quart d'heure on entendit le murmure du courant, et l'on fut sur la rive. La Maghrinia s'engagea le premier dans le gué, derrière lui vint l'Arabe et le palanquin, puis enfin la cantinière.

A peine était-on au milieu du gué que le spahi, se dressant sur ses étriers, cria aux deux femmes :

— Sauvez-vous !

Après avoir poussé son cri d'alarme, La Maghrinia leva son mousqueton à la hauteur d'un buisson qui se trouvait sur l'autre rive, puis il fit feu. Un cri retentit, et un corps humain roula dans la rivière, rougissant l'eau de son sang. La marquise épouvantée s'était penchée hors du palanquin, en ce moment, quatre coups de fusil partirent du buisson où La Maghrinia avait visé; une balle vint casser la jambe de la monture de Madeleine, une autre frappa le spahi en pleine poitrine. L'Arabe qui conduisait le dromadaire se sauva ; Madeleine sauta à bas de la mule, et, sans perdre son sang-froid, fit rebrousser chemin à l'animal. Mais le spahi, blessé à mort, sentait la vie l'abandonner ; il rassembla toutes ses forces, et par un suprême effort lança son cheval en avant. Il tomba épuisé en lâchant un coup de pistolets, qui, mal dirigé, manqua son but. Alors cinq hommes se précipitèrent hors d'un bosquet de lauriers-roses où ils se tenaient cachés. C'étaient Elaï-Lascri et ses compagnons, qui, embusqués au bord de la rivière, attendaient leur proie.

Le nègre, indiquant les deux femmes à ses bandits, leur fit signe de s'en emparer ; aussitôt ceux-ci passèrent la Tafna et coururent après le dromadaire.

Pendant ce temps, Elaï-Lascri avait tiré son yatagan, et il se mettait en devoir de couper la tête du spahi. Deux détonations le surprirent au milieu de son action barbare, et il vit deux des siens tomber sur le sol ; la vieille Madeleine tenait à la main ses pistolets, et chargeait avec les crosses à se défendre contre les brigands qui avaient survécu ; la marquise, malheureusement, avait perdu connaissance et n'a pu seconder la courageuse cantinière, qui bientôt fut garrottée et réduite à l'impuissance. Alors les brigands la placèrent sur le dromadaire, à côté de madame de Saint-Val, et ils traversèrent le gué, maugréant contre Madeleine et l'accablant de coups.

— Par la barbe du Prophète ! — s'écria Elaï-Lascri, — ces Français sont enragés. Ce soldat nous a découverts à travers des branches de lauriers-roses où l'œil d'un lynx ne nous aurait pas devinés, et cette vieille femme s'est défendue comme une panthère blessée. Allez, vous autres, jeter les cadavres de nos camarades à l'eau, et que cette humide sépulture leur soit douce ! Ensuite nous partirons au plus vite, car ces maudits spahis pourraient bien nous surprendre. Pendant que les deux brigands accomplissaient ses ordres, Elaï-Lascri levait les rideaux du palanquin pour examiner ses captives. — Oh ! oh ! — s'écria-t-il à la vue de la marquise, — voilà une Française qui vaut certes bien Fatma. Le Prophète me l'envoie sans doute à la place de la femme que j'ai perdue. — Madeleine se tourmentait inutilement pour briser ses liens, et des larmes de désespoir coulaient le long de ses joues ridées.

— Tu peux remuer comme un chacal pris au piège,—dit le nègre,—tu ne t'échapperas pas, ni toi ni ta jolie compagne.

En disant ces mots, il souriait de la plus hideuse façon.

Bientôt les deux brigands le rejoignirent, et tous trois regagnèrent leur grotte, emmenant leurs captives et la tête de leur défenseur.

Quelques heures plus tard, des habitants d'Aïn-Kébira, qui passaient par là, ramenèrent la dépouille du spahi à Nédromah.

Mérieul, à la vue de ce cadavre mutilé, poussa un cri sourd, et ses traits prirent une expression de colère terrible. Il montra le cadavre de La Maghrinia à tous ses soldats rassemblés, et il dit :

— Vous voyez comment ces bandits sans cœur font la guerre, il faut que ce lâche assassinat soit vengé !

Près du tronc mutilé et horrible à voir de leur camarade, les spahis jurèrent de le venger, et leurs martiales figures, péniblement contractées, annonçaient l'inébranlable résolution de punir sans pitié le meurtre du vieux soldat.

Sur l'ordre de Mérieul, on fouilla le mort, et, comme le capitaine s'y attendait, on trouva sur lui la réponse du gouverneur. Elle ne contenait que des éloges pour la conduite du jeune homme; mais celui-ci, se tournant vers les Kabyles et le peloton, leur dit, d'un air contrarié :

— Je suis désespéré de ne pouvoir tenir de suite mes serments; le général me rappelle pour faire partie d'une expédition dans le Sud ; il nous faut partir dans une heure. Que l'on enterre La Maghrinia, je reviendrai le plus tôt possible châtier ses meurtriers.

Les Traras et les spahis étaient désolés de ce contretemps, mais il n'en fallut pas moins monter à cheval et quitter le douar.

Seulement, personne ne remarqua qu'Ali, revêtu d'un burnous rouge, suivait le peloton.

La nouvelle du départ des spahis se répandit dans toutes les tribus, et les Kabyles déploraient comme une calamité l'ordre qui forçait les Français à s'éloigner avant d'en avoir fini avec le nègre maudit.

Mais le prestige du terrible chef était bien diminué; les guerriers des douars faisaient des préparatifs de défense contre lui, et se disposaient à imiter le glorieux exemple que les soldats leur avait donné.

XXVIII

LA GROTTE.

Entre Oran et Nemours se dresse, au bord de la mer, une longue suite de rochers qui forme un rempart infranchissable contre l'envahissement des eaux. Ces blocs de pierre rendent tout débordement impossible, et quand gronde l'orage, ils deviennent de dangereux récifs, où se brisent les vaisseaux que pousse l'ouragan. Ces parages sont funestes à la navigation, et tous les ans ils sont attristés par de nombreux naufrages.

Au jour de la tempête, les vagues furieuses viennent s'abattre sur la falaise, au flanc de laquelle la violence du choc a creusé des gouffres profonds; les flots s'engloutissent avec des mugissements si redoutables que le lion lui-même évite de fréquenter ces bords, où rugit un monstre plus puissant que lui.

C'est une de ces grottes qu'Elaï-Lascri avait choisie pour en faire son nouveau repaire.

Quand il fut arrivé avec ses compagnons sur le sommet des falaises, l'un d'eux, se penchant au-dessus des eaux, poussa le cri de l'hyène, auquel répondit une voix qui semblait monter du sein des flots. Alors, mettant pied à terre, ils descendirent un à un, tenant leurs chevaux par la bride, le long d'un sentier escarpé, en apparence impraticable.

Elaï-Lascri porta madame de Saint-Val; la cantinière marcha seule.

Au bas du sentier se trouvait une voûte profonde, qui s'étendait sous la falaise; au milieu, se dressait un rocher élevé de vingt pieds au-dessus des vagues qui l'entouraient presque entièrement, car il n'était relié au fond de la grotte que par une saillie large de quelques mètres.

Pour arriver à ce rocher, les bandits traversèrent un espace assez considérable où les avaient de l'eau jusqu'aux genoux; ils escaladèrent le rocher, tenant toujours leurs chevaux par la bride, et ils arrivèrent au fond de la grotte.

Une fois là, une porte, habilement cachée dans les parois de l'excavation, s'entr'ouvrit et leur livra passage pour entrer dans une seconde grotte, plus spacieuse et plus vaste que la première et à l'abri des vagues.

Aussi loin que la vue pouvait s'étendre, on apercevait sous les voûtes des bandits accroupis et des chevaux errant à leur gré dans les profondeurs du souterrain.

Depuis longtemps le Roi des Chemins connaissait cette retraite, mais, craignant une trahison, il n'avait confié son secret à personne.

Quand il se vit abandonné par Ali et chassé de Nédromah, il songea à cette grotte, et, comme nous l'avons vu, il y convoqua ses hommes.

Ceux-ci, en le voyant arriver avec deux femmes, lui firent une brillante ovation. Mais il leur fit signe de se calmer, conduisit les prisonnières dans une salle formée par un retrait du roc et un mur grossier élevé nouvellement sur l'ordre d'El-Chadi.

Quand il fut seul avec les deux femmes, il poussa la porte de cette chambre derrière lui, et il délia la vieille Madeleine. La marquise de Saint-Val avait ouvert les yeux pendant le trajet; mais à la vue des bandits, elle s'était évanouie de nouveau. Madeleine était exaspérée.

— Comprends-tu l'arabe, vieille hyène? — demanda brutalement le nègre.

— Oui, chien, — répondit la cantinière.

Elaï-Lascri tira un pistolet de sa ceinture, le tourna contre elle et continua:

— Encore une insolence et je te brûle la cervelle, ce qui serait déjà fait si je n'avais besoin de toi. Tu prendras soin de cette femme et tu tâcheras de la faire revenir à elle. Je vais t'envoyer à boire et à manger; après son repas, tu l'habilleras à la mode arabe avec les vêtements que je te ferai remettre; ensuite, tu annonceras à ta maîtresse qu'à partir de ce soir elle est devenue mon esclave.

Le nègre se retira, et deux bandits apportèrent des galettes arabes, du lait, et une caisse d'effets d'une richesse éblouissante.

La vieille Madeleine, à genoux aux pieds de madame de Saint-Val, lui prodiguait les soins les plus empressés, tout en pleurant sur le malheur qui l'attendait.

Enfin celle-ci ouvrit les yeux et demanda où elle se trouvait.

Madeleine n'osait lui annoncer l'affreuse vérité, mais la marquise se rappela tout à coup les circonstances qui avaient précédé son évanouissement; elle comprit l'horreur de sa situation et fondit en larmes.

— Ainsi, — dit-elle, — je suis au pouvoir de ce chef de bandits que mon fiancé a combattu, et dans quelques instants peut-être cet homme va venir... Puis, voyant les cachemires et les ceintures de soie déposées près d'elle, elle s'écria: — Il croit sans doute que je vais complaisamment revêtir ces ornements qui ont appartenu aux esclaves d'un sérail; il pense que je me parer pour le recevoir, ce nègre insolent! Eh bien! non, entre une vie déshonorée et la mort, il n'y a pas à hésiter un seul instant pour celle qui devait être la femme d'un héros comme Mériéul. J'ai un pistolet dont je n'ai pas su me servir tout à l'heure; il va m'épargner une honte dont l'idée seule m'effraye plus que le trépas.

La jeune femme avait tiré de son sein son pistolet, chargé et amorcé; sans la moindre hésitation elle l'avait armé, et, les yeux fermés, elle allait s'ôter la vie, quand Madeleine l'arrêta.

— Nous sommes presque sauvées, — dit-elle.

— Comment cela? — demanda la marquise qui n'avait pas lâché son arme.

— Parce que nous sommes ici dans une poudrière. Je sais que les Arabes ne boivent pas de vin, et voilà pourtant des jarres; elles doivent être remplies de poudre.

La cantinière, en effet, alla vers l'une des jarres, en souleva le couvercle, et elle poussa une exclamation joyeuse, car en y plongeant la main elle sentit qu'elle ne s'était pas trompée. Madame de Saint-Val se jeta à genoux et remercia le ciel de ce secours inespéré. Madeleine ne se possédait pas de joie. — Nous les tenons, maintenant, les Bédouins, — disait-elle, — qu'ils viennent, et nous sautons tous en l'air! Moi, je suis assez vieille pour mourir contente en voyant une cinquantaine d'Arabes me suivre dans la tombe, et vous étiez trop bien décidée tout à l'heure pour regretter la vie.

Elaï-Lascri entrait en ce moment, tenant une lanterne à la main, précaution qu'il jugeait nécessaire à cause de la poudre.

— Allons! — dit-il, — sors d'ici, vieille sorcière, et laisse-moi avec ta maîtresse! Puisque tu n'as pas fait sa toilette, je vais la parer moi-même.

Mais la marquise avait bondi derrière la jarre, et devan-

elle, Madeleine, le pistolet dirigé sur la poudre, répondit au nègre :
— Viens donc, si tu l'oses, et tu vas aller chercher des houris dans le paradis de ton Prophète. Quant à des esclaves françaises, tu n'en auras pas encore aujourd'hui, parce que nous sommes décidées à mettre le feu à la mine si tu veux avancer.
— Vieille guenon !— vociféra le nègre,— tôt ou tard je te ferai écarteler.
La cantinière avait sur le cœur les insultes du bandit, elle voulut les lui faire expier.
— Écoute,—lui dit-elle,—je vais te montrer la différence qu'il y a entre des femmes comme nous et un misérable comme toi ! Tu m'as insultée et tu as de plus osé porter la main sur la personne qui m'accompagne, je veux que tu nous demandes pardon à toutes deux de ton audace.
Elaï-Lascri, furieux, s'écria :
— Non, jamais !
Et il fit un pas en avant.
— Encore un mouvement et je lâche la détente ! s'écria Madeleine. Le nègre s'arrêta, rongeant de colère la laine de ses moustaches.—Maintenant, à genoux ! ordonna la terrible cantinière. La rage d'Elaï-Lascri était à son comble ; mais la gueule du pistolet touchait la poudre, le péril était imminent. Cependant il ne pouvait se résoudre à courber à ce point son orgueil devant deux femmes.—A genoux, misérable !—répéta Madeleine,—ou je fais feu !—L'œil de la cantinière étincelait dans l'ombre d'une si mâle résolution qu'Elaï-Lascri obéit : mais tout son corps était agité par un tremblement convulsif et sa main crispée labourait sa poitrine. En répétant les paroles que lui dictait la vieille femme, sa voix était étranglée par les sanglots de son orgueil froissé. Il était entré en maître, il sortit en esclave, honteux et confus.— Souviens-toi,—lui avait dit Madeleine,—qu'à la moindre tentative de ta part, nous sautons en l'air.—Quand il fut parti, la cantinière se mit à rire de son exploit ; elle avait puisé dans la vie des camps cette gaieté insouciante du soldat français, que ne déconcertent jamais les plus grands périls. Cependant, après le premier moment d'exaltation, la marquise songea que tout péril n'était pas passé, et que, malgré tout, elle était prisonnière. Mais Madeleine la rassura, en lui faisant observer que Mérieul viendrait sans doute les délivrer bientôt.—Dormez,—dit-elle ;—moi, je vais veiller jusqu'au moment où le sommeil deviendra plus fort que ma volonté ; alors, vous me remplacerez.
En quittant la salle où se trouvaient les Françaises, le nègre murmura entre ses dents :
— Je trouverai bien un moyen de les dompter et d'en venir à bout.

Le lendemain, un espion qu'Elaï-Lascri avait envoyé à la découverte vint lui rapporter que les Français s'éloignaient pour faire partie d'une colonne dirigée contre une oasis du Sahara.
— Es-tu sûr de ce que tu avances ? — demanda le nègre.
— J'ai vu les spahis partir avec leur chef du côté de Tlemcen,—répondit l'espion.
— Eh bien ! dès ce soir, nous irons châtier les Traras pour l'hospitalité qu'ils ont donnée à nos ennemis. Nous détruirons leurs douars, et nous rétablirons notre réputation par un coup d'éclat. Les guerriers s'attendront sans doute à une attaque ; mais maintenant que ces chiens de Français ne les soutiennent plus, nous en aurons bon marché.—Elaï-Lascri ordonna à ses hommes de se tenir prêts au combat pour la tombée de la nuit, et il médita en attendant sur les moyens de venir à bout des deux prisonnières.—Par Allah !—s'écria-t-il après quelques instants de réflexion,—je suis un sot.—Et il appela un des bandits. Celui-ci accourut.—Tu fumes de l'opium, n'est-ce pas ?—lui dit-il.

— Oui, maître ; mais seulement quand j'ai quelques heures de repos devant moi.
— C'est bien ! je ne te blâme pas ; ici, chacun est libre de se donner les plaisirs qu'il préfère. Mais, combien prends-tu de pilules pour t'endormir ?
— Trente.
— Tu vas en glisser soixante dans le couscoussou qu'on doit présenter aux Françaises.
— Tu me permettras de ne pas t'obéir à la lettre. L'opium est très-cher, il est inutile de le prodiguer. Avec cinq pilules les prisonnières mourront !
Elaï-Lascri bondit.
— Mais je ne veux pas les tuer !—s'écria-t-il,—je tiens seulement à les endormir.
— Oh ! alors, il faut une dose bien moins forte,—reprit le bandit.
— Comment peux-tu avaler huit fois plus d'opium qu'il n'en faut pour causer la mort ? — demanda le nègre.
— L'habitude !—fit avec insouciance le brigand.
— Allons ! va, et tâche qu'elles dorment bien.
Et le Roi des Chemins se fit servir le repas du soir.
Un peu plus tard le *brouillard sanglant* quittait la grotte, sauf vingt hommes laissés à la garde du repaire.
— N'oublie pas l'opium ! — cria le nègre au bandit qui devait endormir les prisonnières.
— Non, maître,—dit cet homme.

XXIX

L'OPIUM.

A peine le *brouillard sanglant* avait-il quitté la grotte que le bandit qui avait reçu les recommandations du Roi des Chemins vint frapper à la porte de la salle où les prisonnières se trouvaient.
— Qui va là ? —demanda la cantinière.
— Je te dirais mon nom que tu n'en serais pas plus avancé, — répondit le brigand.
— Enfin, que veux-tu ?
Selon la coutume algérienne, la cantinière tutoyait son interlocuteur.
— Je vous apporte à manger, — riposta le brigand.
— C'est bien ; entre.
Le bandit poussa la porte d'un air défiant.
La terrible cantinière, le pistolet à la main, se tenait prête à enflammer la poudre.
— Par Allah ! — s'écria le fumeur d'opium, — pas de folie ! Tu nous ferais sauter, la vieille.
— Je le sais, — dit la cantinière. — Tiens-toi pour prévenu, comme ton chef, qu'à la moindre démarche suspecte c'en est fait de nous tous.
— Ce serait dommage. — La cantinière haussa les épaules. — Je ne parle pas pour toi, — reprit le bandit, — tu n'es pas belle ; mais il serait déplorable que ta jolie compagne pérît.
— Tais-toi, et va-t'en !
Ceci fut dit d'un ton si menaçant que le fumeur d'opium se retira, après avoir déposé son plat de couscoussou fumant au milieu de la salle.
— Mange, vieille folle ! — mange, — pensait-il, — et tu verras ! — Puis il alla s'accroupir au coin du mur. Une fois là, il tira sa pipe, la bourra de tabac imprégné d'opium, et il allait l'allumer quand une réflexion traversa son cerveau : — Par le Prophète ! — songea-t-il, — je suis un sot. Depuis de longues années je m'abrutis en me procurant, grâce à ce poison, — il désignait sa pipe, — des jouissances factices. Il y a là près de moi une femme ravissante, belle comme les houris de mes rêves. A quoi bon chercher le songe quand je puis jouir de la

réalité! Mâaboul, trois fois mâaboul je suis! Elles vont dormir, ces Françaises! elles seront en mon pouvoir. Je ne parle pas de la vieille, bien entendu. — Le fumeur d'opium fit un geste de mépris. — Mais la jeune, oh! la jeune! Mahomet ne la dédaignerait pas! — Il déposa sa pipe. Et il continua son monologue : — Comme elles seront plongées dans un sommeil de plomb, elles ne s'apercevront de rien. A leur réveil, le maître m'aura succédé. Personne ne songera à m'accuser.

Après avoir combiné ce plan qui menaçait d'une si terrible manière l'honneur de madame de Saint-Val, le bandit se coucha le long du mur, attendant patiemment l'effet narcotique.

A travers les interstices des pierres mal jointes, il apercevait les deux femmes et il suivait leurs mouvements.

Le Roi des Chemins leur avait prêté sa lanterne, qui jetait des clartés lugubres sur cette prison humide.

Madame de Saint-Val, affreusement pâle, souffrante, affaiblie, se soutenait à peine. Ces émotions l'avaient brisée. La vieille Madeleine était ferme, vigoureuse, inébranlable. Elle n'avait pas perdu confiance. Elle prit le plat de couscoussou où le bandit avait jeté ses pilules d'opium et elle l'apporta auprès de la marquise.

— Il faut réparer vos forces, — dit-elle. — Voici un plat peu délicat, mais substantiel; ça ne flatte pas le palais, cependant ça nourrit. Tâchez d'en manger un peu.

La marquise fit un geste de dégoût.

— Pourvu qu'elle n'aille pas refuser d'avaler quelques morceaux, — pensait le bandit en observation.

— Ma bonne dame, — reprit Madeleine, — il faut surmonter votre répugnance. A la guerre comme à la guerre plutôt. Voyez plutôt.

Et, joignant l'exemple au conseil, elle se mit à manger.

— Et d'une, — se dit le bandit. — Mais l'autre? Bon! la voilà qui se décide.

En effet la marquise, encouragée par la cantinière, se décidait à toucher au plat.

— C'est bête comme tout, les Bédouins! — faisait observer Madeleine; — ça ne connaît qu'une manière d'accommoder les viandes. Faut leur pardonner, c'est des brutes. Pourtant, v'là un couscoussou qui n'est pas trop mal assaisonné. Sauf un petit goût.

— Oui, un goût étrange, — fit madame de Saint-Val.

— Bah! ça sent toujours un peu le sauvage. — Tout en essayant de mâcher quelques bribes de viande, la marquise pleurait. — V'là les larmes, maintenant! — s'écria la cantinière.

— Oui, Madeleine, — répondit la marquise. — Mais il faut me pardonner cette faiblesse; notre position est si triste!

— Triste? Pas du tout. Nous faisons trembler une centaine de scélérats qui inspirent une peur effroyable à tout le pays, et nous n'êtes pas heureuse et fière! Vous êtes difficile. Tenez, moi, je suis contente. Jamais femme n'a exécuté un coup d'audace aussi superbe. Tenir tête au *brouillard sanglant*, subir un siège dans son repaire et repousser l'assaut, voilà de quoi illustrer une cantinière!

— Ah! Madeleine, si nous n'étions pas menacées d'un sort atroce, je comprendrais votre enthousiasme; mais notre victoire est bien éphémère.

— Allons donc! Dans quelque temps nous serons délivrées.

— Je n'ose l'espérer.

— Est-il possible que vous ayez aussi peu de foi dans votre fiancé! Le capitaine Mérieul a juré de prendre Elaï-Lascri, il le prendra. Nous pourrons toujours bien prolonger notre résistance jusque-là. Plus de larmes! allons... Tiens! mais qu'avez-vous?

— Je me sens la tête bien lourde!

— Dormez un peu, c'est la fatigue. Je veillerai. — Tout en disant cela, Madeleine prit un burnous dans les effets envoyés par le Roi des Chemins, l'étendit à terre et y fit coucher la marquise. Celle-ci avait fermé les yeux. Elle était tout à fait endormie. — Ça lui a pris bien vite, — pensa la cantinière. Puis elle sentit comme un brouillard qui passait sur ses yeux. — Mais j'ai sommeil aussi, moi! — fit-elle avec inquiétude. — C'est drôle! — Elle passa sa main sur son front ridé, se leva et marcha un peu pour lutter contre la torpeur qui s'emparait d'elle. Mais ses efforts restaient impuissants. Elle frappa du pied avec colère : — C'est trop fort! — gronda-t-elle. — Moi, un vieux troupier, — elle oubliera son sexe, — je me laisse gagner par la fatigue! Tonnerre! — Et elle se raidissait. Ce fut en vain. Ses genoux ployèrent, son corps fléchit, elle tomba... S... — jura-t-elle, — nous sommes empoisonnées!

Elle essaya de se traîner vers la jarre pleine de poudre. Mais ses membres refusèrent d'obéir à sa volonté, qui s'engourdit bientôt. Elle poussa un dernier juron dans un soupir étouffé, son pistolet roula par terre, et son corps inerte joncha le sol...

Le fumeur d'opium poussa un cri de triomphe et de désir; il poussa la porte, fit un bond dans la salle et courut à madame de Saint-Val.

XXX

PRISE ET SURPRISE.

Lorsque Mérieul et ses spahis eurent quitté Nédromah, Ali qui suivait le peloton vint rejoindre le capitaine français. Ce départ on s'en souvient n'était qu'une feinte.

— Nous allons gagner les bords de la mer, — dit Ali; — en suivant un sentier qui se trouve à une centaine de pas d'ici, nous arriverons vers le soir auprès de la Méditerranée. Mais, une fois là, que ferons-nous?

— Tu verras, — répondit laconiquement Mérieul. Guide-nous; cette nuit peut-être le Roi des Chemins sera notre prisonnier.

Ali se tut. Il prit la tête de la petite colonne, et la conduisit par des chemins détournés vers les falaises.

A la nuit tombante, les spahis entendirent le bruit des vagues. On arrivait.

Mérieul arrêta ses hommes. Il leur fit mettre pied à terre, leur ordonna de planter les piquets et d'attacher les chevaux. Il fut obéi avec rapidité.

L'endroit où l'on se trouvait était un ravin perdu, hors de toute voie battue; Mérieul laissa trois spahis à la garde des coursiers, plus le trompette. En cas d'alerte, celui-ci devait sonner le ralliement. Il fit prendre les armes au reste du peloton, et commanda aux spahis de l'accompagner. Ali regardait Mérieul.

Après avoir marché cinq cents pas avec des précautions inouïes, Mérieul montra à un de ses soldats un buisson de jujubiers qui couronnait une falaise.

— Cachez-vous là, — dit-il. — Observez à droite et à gauche. Si une troupe sort du fond des rochers, laissez-la passer; puis vous viendrez me prévenir.

Le soldat fit un signe d'assentiment.

Cinq ou six cents pas plus loin, Mérieul avisa un olivier. Il le montra à un autre spahi; celui-ci comprit et grimpa sur l'arbre.

Et Mérieul continua ainsi à placer des sentinelles. Ali lui serra le bras.

— Je saisis ton idée, — dit-il.

Mérieul sourit.

Deux heures après la plage, sur une grande étendue, était en quelque sorte sous le regard du capitaine français. Celui-ci se doutait bien que le Roi des Chemins s'était réfugié dans une grotte des falaises; il fallait savoir laquelle, le moyen qu'il employait était bon.

En effet, vers les dix heures du soir, Mérieul qui, avec Ali se trouvait embusqué par un effet du hasard au-dessus du repaire, entendit un bruit significatif. Il toucha du coude son compagnon. Tous deux se tenaient accroupis au milieu d'une touffe assez épaisse de palmiers nains.

Les brigands tenant leurs chevaux en main, montaient peu à peu le sentier, et une fois sur la hauteur ils sautaient en selle, et à la file ils s'éloignaient du rivage.

La touffe de palmiers n'était pas à dix pas d'eux. Le danger d'être découverts était imminent pour Mérieul et Ali.

Cependant presque tous les brigands avaient défilé. Il en restait un... le dernier... Celui-là, au moment d'enfourcher sa monture, fut désarçonné. Le cheval s'était cabré ; débarrassé du cavalier, il s'enfuit dans la direction de Mérieul. Le brigand se mit à courir de ce côté.

La situation était terrible. Tout à coup il aperçut deux hommes !... Il allait crier... Mais Mérieul s'élança, l'étreignit à la gorge et le terrassa. Ali d'un coup de poignard lui traversa le cœur.

Ce n'était pas tout... Les camarades du brigand avaient rattrapé le cheval, et ils criaient à leur camarade de venir. Il était mort.

Les bandits, voyant qu'il ne venait pas et ne répondait rien, parurent inquiets. Ils avaient fait cent pas au plus, et ils revenaient là où leur ami s'était trouvé désarçonné.

Heureusement la nuit était sombre.

Mérieul comprit qu'il fallait prendre une décision rapide. Il saisit le burnous du mort, se le glissa sur le dos, se leva et répondit en arabe :

— Me voilà ! me voilà !

— T'es-tu blessé ? cria l'un des bandits, croyant que c'était réellement celui qu'ils appelaient.

— Un peu, répondit Mérieul en boitant.

Et, comme il approchait du groupe qui l'attendait, il se hissa péniblement sur le cheval qu'on lui présentait.

— Vite, vite, maintenant ! firent les brigands, nous sommes en retard.

Et ils se mirent à galoper.

Mérieul peu à peu les laissa gagner du terrain. Quand ils eurent disparu dans l'ombre, il retourna sur ses pas. Il retrouva Ali auprès du cadavre.

— Bien joué ! lui dit le jeune homme avec admiration.

Mérieul le pria d'aller aussi vite que possible rallier les spahis placés en vedettes, et de les ramener tous, sauf ceux qui gardaient les chevaux.

Cette opération demanda un temps assez long pendant lequel Mérieul observa les lieux et réfléchit à sa position.

Il fallait pénétrer dans la grotte, tuer tous les partisans d'Elaï-Lascri qui s'y trouvaient, et ensuite tendre un piège au reste du *brouillard sanglant*.

Quand les spahis arrivèrent, Mérieul avait arrêté ses dispositions d'attaque.

Un des hommes que le Roi des Chemins avait laissés dans la grotte faisait sentinelle sur le rocher qui en conduisait à la porte. Un vent violent soulevait les flots et les poussait jusqu'au pied du bloc de granit, de telle sorte que tout autour la mer, d'habitude peu profonde, avait monté de près d'un mètre. Une ceinture de brisants qui s'étendaient devant la première excavation, dont nous avons déjà décrit la forme, empêchait les vagues de venir déferler sur le roc où l'Arabe se tenait accroupi ; et dans les plus mauvais temps on pouvait toujours traverser sans danger la nappe d'eau, qui augmentait ou diminuait selon que le vent était fort ou faible, mais qui n'était jamais violemment agitée.

La sentinelle veillait dans une immobilité complète ; nulle race ne possède à un plus haut degré que la nation arabe la vertu de la patience. Enveloppé dans son burnous de couleur sombre, qui se confondait avec le sol, le bandit ne faisait pas un mouvement, écoutant si au milieu des sifflements de l'orage et des hurlements de la mer il n'entendrait pas quelque bruit inattendu.

Ce n'était pas chose facile que de s'emparer de ce repaire défendu par dix hommes qui pouvaient braver les efforts d'une troupe nombreuse derrière les murailles épaisses où ils s'abritaient. Au premier aspect d'un danger, l'Arabe en faction aurait déchargé son arme sur l'ennemi et se serait retiré dans la grotte avant qu'on ne fût parvenu jusqu'à lui.

Au bout d'une demi-heure, le factionnaire entendit un bruit de chevaux et des voix d'hommes ; il arma lentement son arme tout en se disant :

— Serait-ce déjà le maître qui revient ?

Le hurlement de l'hyène retentit alors au-dessus des falaises : c'était le signal que d'habitude Elaï-Lascri échangeait avec la sentinelle pour le prévenir du retour de la bande.

Le bandit répondit à ce signe de reconnaissance, et le long du sentier qui descendait à la mer il vit arriver des cavaliers qu'il prit pour ses camarades ; il frappa à la porte pour qu'on l'ouvrît aux arrivants.

C'était Ali et les Français, qui se précipitèrent dans la caverne, entraînant la sentinelle avec eux, et repoussant aussitôt la porte derrière eux. Un seul gardien était debout ; c'était celui qui à l'appel du factionnaire était venu ouvrir ; les autres dormaient auprès d'un feu qui flambait au milieu du souterrain. Rien ne fut plus facile que le massacre ; comme c'était des pirates de terre ferme, on leur pendait prompte et bonne justice.

Les cadavres furent placés dans un coin de la grotte ; puis comme Elaï-Lascri pouvait revenir d'une minute à l'autre, Mérieul se hâta de prendre ses précautions.

Il fit d'abord préparer une mèche, qu'il plaça sur le sol après l'avoir entourée de poudre mouillée ; cette pièce d'artifice devait servir à éclairer la scène à un moment donné ; un spahi reçut l'ordre de se tenir auprès pour y mettre le feu quand il en recevrait le commandement. Les Français se placèrent ensuite de chaque côté de l'entrée, et l'on attendit dans l'obscurité la plus complète le retour des brigands. Ali s'était mis sur le rocher pour remplacer la sentinelle.

Pendant ce temps, Madeleine et madame de Saint-Val dormaient...

Le fumeur d'opium avait entendu du bruit dans le repaire, au moment où il allait commettre un acte odieux. Déconcerté, il s'arrêta. Il entre-bâilla la porte de la salle pour se glisser en dehors, et il aperçut la scène qui se passait.

Les spahis étaient en train de tuer ses camarades.

Il eut assez de présence d'esprit pour comprendre, assez de sang-froid pour rentrer sans bruit auprès des prisonnières. Mais que faire ? Certainement la grotte était au pouvoir de l'ennemi ; Elaï-Lascri revenant sans défiance serait tué avec la plus grande partie du *brouillard*. Le mieux était d'attendre et d'agir selon les événements. Seulement, comme le moindre bruit eût pu trahir sa présence, le fumeur d'opium se tint coi, renonçant à ses projets sur la comtesse.

XXXI

LA SOURICIÈRE.

Elaï-Lascri, loin de se douter que son repaire fût au pouvoir des Français, guida sa bande vers Aïn-Kébira.

En route, il causait avec El-Chadi.

— Voilà donc ces Français maudits qui ont quitté la contrée, disait-il.

— Oui, répondit le chouaf, c'est heureux !

— En effet.

— S'ils étaient restés, nous aurions été obligés de gagner le Maroc ou le désert.

— Par Allah ! je n'aurais pas cédé si vite. Parce qu'ils ont vaincu une fois...

— Deux, — interrompit El-Chadi.

— Deux, soit ! Je disais donc : Parce qu'ils ont vaincu deux fois, il n'est pas certain que nous n'en serions pas venus à bout. Seulement, dans les circonstances présentes, il vaut mieux que je n'aie pas ces enragés sur les bras. Je vais rétablir cette nuit mon prestige par le sac d'Aïn-Kébira ; dans trois jours je rentrerai à Nédromah. Je saurai m'y maintenir désormais. Notre prisonnière est fort jolie, elle remplacera Fatma.

— Jamais ! s'écria El-Chadi.

— Pourquoi ?

— Fatma t'aimait.

— La Française m'aimera.

— Non. On ne force pas les femmes à l'amour.

Elaï-Lascri poussa un soupir.

A travers les ténèbres il vit planer devant lui l'ombre de Fatma.

Tout à coup El-Chadi lui fit lever la tête par une exclamation.

— Qu'y a-t-il donc ? — demanda le nègre.

— Regarde ! — Le Roi des Chemins promena autour de lui son regard ; on apercevait les crêtes des Traras, et sur tous les points élevés brillaient des feux. — Comprends-tu ? — fit El-Chadi.

— Par Allah ! les Kabyles se défient, et ils veillent. N'importe ! marchons.

— Impossible ! Autant de feux, autant de postes. Nous ne pourrons passer inaperçus. Au moindre signal, les contingents de toute la montagne se réuniront contre nous et nous envelopperont. Il faut renoncer à l'attaque. Je reconnais là les Français ! Partout où ils passent, ils laissent des traces. C'est d'après leurs conseils que les Traras ont adopté cette tactique.

Elaï-Lascri, furieux, contemplait le tableau que présentait la montagne ; il fut forcé de s'avouer qu'une tentative à main armée eût été de la folie.

Il poussa une exclamation pleine de rage, maudit les Français, jura de s'en venger, et fit faire un demi-tour à sa bande.

Vers deux heures du matin, le *brouillard sanglant* était de retour à la mer.

Ali faisait sentinelle. Elaï-Lascri, sans défiance, échangea le signal ordinaire ; le jeune homme y répondit. Le défilé commença. Les bandits pénétraient déjà dans la grotte. Malheureusement, le fumeur d'opium s'élança hors de la salle où il se tenait immobile, et il s'écria en fuyant :

— Sauve qui peut ! les Français sont là.

Un coup de sabre lui trancha la tête, mais l'éveil était donné.

Tous les bandits s'enfuirent, regagnant la cime des falaises.

Mérieul, voyant le piège éventé, jeta un coup d'œil rapide pour voir ce qu'était devenu Ali. Le jeune homme avait disparu.

Il ordonna aussitôt à ses spahis de barricader la porte et d'allumer la mèche, qui flamba aussitôt. Les spahis cherchèrent des yeux les matériaux qui pourraient leur servir à boucher l'entrée du souterrain. Ils virent le mur qui formait la séparation de la salle où étaient les captives. En un clin d'œil il fut abattu. Malheureusement la lanterne s'éteignit ; on ne vit pas les prisonnières.

Les circonstances étaient pressantes ; Mérieul donna tous ses soins à la barricade, qui s'éleva rapidement.

— Maintenant, — dit-il à ses spahis, — nous voilà assiégés, mes enfants ; ménageons notre poudre. Il y a des vivres sans doute. Nous tiendrons assez longtemps pour lasser ces brigands-là.

Au même instant deux ou trois coups de fusil retentirent.

Elaï-Lascri était parvenu à arrêter ses hommes au sommet des rochers, et là il avait calmé la panique qui s'était emparée d'eux.

— Les Français sont dans notre repaire, — dit-il ; — tant mieux ! Nous allons les y anéantir. Ils comptaient nous surprendre, et ce sont eux qui sont surpris. Nous les tenons dans un piège où ils périront tous. Il y a dans le roc des fentes par lesquelles nous pouvons les fusiller à l'aise, sans qu'il leur soit possible de nous atteindre. Nous allons les descendre à coup sûr.

Et Elaï-Lascri, redescendant quelques pas le long du sentier, montra à ses brigands une crevasse donnant à l'intérieur du souterrain.

Trois ou quatre hommes engagèrent par cette ouverture les canons de leurs fusils et les déchargèrent sur les spahis.

Deux d'entre ces derniers furent atteints.

Mérieul se demanda d'où partaient ces projectiles. On n'apercevait rien.

Cependant la fusillade recommença ; un spahi fut encore blessé. Cette fois, Lassalle vit d'où venaient les balles. Il indiqua la crevasse à Mérieul.

Aussitôt celui-ci fit éteindre la mèche qui éclairait la grotte, et la nuit devint si profonde que les bandits cessèrent le feu, faute de pouvoir viser.

On prévint Elaï-Lascri.

— Le jour ne va pas tarder à venir, — dit-il, — attendez.

Bientôt, en effet, le soleil émergea du sein des flots, et quelques rayons de lumière, s'infiltrant à travers la crevasse, permirent aux bandits de recommencer la fusillade.

Les spahis tombaient un à un, décimés par les projectiles et ne pouvant riposter. Ils reculaient dans les profondeurs du souterrain. Alors le Roi des Chemins se mit à la tête d'une cinquantaine de brigands, et il essaya de forcer l'entrée.

Les spahis se ruèrent avec fureur sur les assaillants et les repoussèrent. Mais par la fente du roc les bandits dirigeaient un feu plongeant sur la barricade, et il fallait se résoudre à l'abandonner ou à périr un à un.

Mérieul jeta un coup d'œil au dehors. Il lui vint une inspiration.

— Tenez-vous prêts ! — ordonna-t-il. — Nous allons charger. — Les spahis mirent le sabre à la main. — En avant ! — cria Mérieul.

Et le premier il bondit hors du souterrain, renversa ce qu'il trouva sur son chemin, et, suivi des siens, gagna le haut du sentier.

Les brigands, refoulés par cette vigoureuse sortie, ne se rallièrent qu'à quelques cents mètres des falaises.

Les spahis profitèrent du moment de répit qu'ils leur laissèrent pour s'abriter du mieux qu'il leur fut possible au sommet du rocher. Se dissimulant derrière des quartiers de roc, au milieu des broussailles, dans les palmiers nains, ils se trouvèrent dans une position plus avantageuse pour lutter. Là au moins ils pouvaient aux balles répondre par des balles.

Elaï-Lascri résolut néanmoins de les débusquer à tout prix.

Il engagea contre eux une fusillade bien nourrie, qui, malgré le soin avec lequel ils étaient cachés, leur blessa quelques hommes, et puis, voyant leur feu se ralentir, il entraîna sa troupe en marchant résolûment contre les Français. Forcés de battre découvert, ceux-ci montrèrent leur faiblesse numérique. Leur petit nombre donna du courage aux brigands ; ils engagèrent l'action avec un élan qui rejeta les spahis au bas de la grotte. Malgré toute leur bravoure, ceux-ci lâchèrent le terrain pied à pied et finirent par être refoulés tout à fait dans le souterrain, où le *brouillard sanglant* s'engagea à leur suite.

Se voyant perdu, Mérieul ne pensa qu'à vendre chèrement sa vie ; ses soldats prirent la même résolution. Ne s'inquiétant plus de parer les coups, ils se précipitaient à corps perdu sur les brigands et les sabraient avec rage. Néanmoins ils reculaient toujours.

Tout à coup Mérieul trébucha et tomba. Les combattants foulant le sol allaient piétiner sur lui.

Par un mouvement instinctif, il se jeta en avant, et, un genou en terre, il essaya d'écarter à coups de sabre ceux qui approchaient ; il fauchait les jambes à hauteur des genoux. Tous ceux qu'il atteignait tombaient comme le blé sous la faucille.

A travers la demi-obscurité Elaï-Lascri l'aperçut. Il lui tira un coup de pistolet. Le jeune capitaine tomba.

Les bandits presque entièrement maîtres du terrain jetèrent un cri de triomphe. Les quelques spahis qui restaient debout, épuisés, haletants, allaient succomber.

Tout à coup les notes de la trompette vibrèrent. Un flot humain envahit la grotte, écrasant les brigands sous une marée de combattants nouveaux. On entendit pendant quelques minutes des cris terribles, des râles, des soupirs, puis plus rien...

Plus de cinq cents Nédromiens s'étaient précipités sur les brigands et les avaient écrasés de leur masse. Tout était fini, bien fini !... Le *brouillard sanglant* n'existait plus. Le dernier homme avait exhalé son dernier souffle, excepté Elaï-Lascri blessé gravement et El-Chadi sain et sauf. L'adroit chouaf trouva le moyen de s'enfuir.

Des torches furent allumées, elles éclairèrent une scène sinistre.

Le spectacle que présentait la grotte était affreux. Une centaine de cadavres étaient étendus dans le sang ; les Nédromiens piétinaient dans une boue rougeâtre.

On chercha Elaï-Lascri. On le trouva incapable de se défendre. Il fut aussitôt garrotté.

Ali appela Mérieul, mais celui-ci ne répondait pas.

Enfin, en soulevant les morts on le reconnut ; il avait perdu connaissance. On le transporta hors du souterrain, et on lui jeta de l'eau de mer au visage. Il revint à lui. Mais il était si faible qu'Ali ordonna de le transporter au plus vite à Nédromah.

Ali demanda aux spahis si tous leurs camarades étaient retrouvés. Lassalle répondit que oui. Il y en avait huit de tués et dix-sept de blessés.

Les Nédromiens s'assurèrent qu'aucun bandit ne respirait plus.

Bien certain de n'oublier aucun Français dans le repaire, sûr d'avoir anéanti définitivement le *brouillard sanglant*, Ali donna le signal de la retraite.

Il ne savait pas ce qu'il laissait derrière lui !...

Madame de Saint-Val et sa compagne dormaient toujours ; le bruit du combat n'avait pu les tirer de leur léthargie. Personne n'avait songé à pénétrer dans la salle où elles se trouvaient ; la muraille qui la séparait du reste de la grotte étant abattue, ses débris n'attirèrent l'attention de personne.

Les deux femmes furent abandonnées. Elaï-Lascri se garda bien de révéler leur présence. Il fut conduit à Nédromah sur un cheval, et déposé dans le palais où il avait commandé en maître. Mérieul et ses spahis furent installés dans la petite maison de Fatma.

Un spahi monta à cheval, et courut à Tlemcen chercher un docteur qui vint soigner les blessés.

Mérieul, dès qu'il put parler, dicta à Lassalle une lettre pour le gouverneur, et une seconde pour madame de Saint-Val, qu'il croyait toujours à Oran.

Lassalle partit.

XXXII

OÙ EL-CHADI REPARAIT.

Le lendemain vers le soir, madame de Saint-Val et la cantinière secouaient enfin leur torpeur.

Elles se crurent le jouet d'un rêve en entendant la grotte retentir de clameurs effrayantes ; les hyènes et les chacals étaient accourus à la curée des cadavres et en faisaient leur pâture ; leurs yeux brillaient dans l'ombre, et ils se disputaient avec rage les lambeaux de chair humaine.

Madame de Saint-Val se leva épouvantée.

La cantinière plus calme essaya de se rendre compte de ce qui arrivait. Après avoir examiné quelque temps la scène qui se passait en dehors de la salle, elle rassura la comtesse :

— Nous sommes sauvées ! — s'écria-t-elle, — le capitaine Mérieul est venu et il a massacré le *brouillard sanglant*. Seulement il ne nous savait pas là et il s'est retiré.

— Mais ces affreuses bêtes ? — demanda madame de Saint-Val.

— Elles dévorent les brigands qui sont morts.

— C'est atroce ! — La cantinière fit un geste d'indifférence. — Mais, — reprit la comtesse, — pourquoi avons nous dormi ?

— Parce que ce gueux d'Elaï-Lascri nous a fait avaler de l'opium. Heureusement, les spahis sont venus fort à propos.

La comtesse frémit du danger qu'elle avait couru.

— Comment allons-nous sortir ? — demanda-t-elle. — Je n'oserai jamais m'aventurer parmi ces hyènes.

— Elles vont fuir. Attendez ! — Et la cantinière entr'ouvrit la porte, prit son pistolet et tira. Aussitôt les hyènes et les chacals, avec leur poltronnerie accoutumée, se sauvèrent au plus vite. — Vous voyez, — fit Madeleine, — que ce n'est pas long à mettre en déroute. Il n'y a pas au monde d'animaux plus lâches que ceux-là. En France, on les croit très-dangereux, et les conscrits qui viennent ici ont peur d'être dévorés. Ça est pourtant plus craintif qu'un renard. Maintenant, partons !

Madame de Saint-Val essaya de sortir ; mais son pied glissait dans le sang ; Madeleine lui prêta le secours de son bras.

Elles allaient gagner la porte du souterrain, quand une ombre subite se dressa devant elles.

C'était El-Chadi.

Le rusé chouaf, on s'en souvient, s'était esquivé ; il venait rôder dans le repaire pour voir si quelques-uns de ses camarades ne pouvaient pas être sauvés. Il fut extrêmement surpris en reconnaissant les deux Françaises. Une idée subite traversa son esprit.

— Bon ! — pensa-t-il, — les spahis n'ont point découvert ces femmes ; tout n'est pas désespéré.

La vieille Madeleine ayant déchargé son arme était sans défense ; mais, en femme intrépide, elle demanda sans s'intimider à El-Chadi :

— Qui es-tu ?

— Un habitant de Nédromah, — répondit le chouaf.

— Tant mieux ! — reprit la cantinière. — Tu vas nous conduire dans cette ville.

— Volontiers. Mais qui êtes-vous, vous-mêmes ?

— Des parentes du chef français qui a détruit le *brouillard sanglant*.

— Oh ! — s'écria hypocritement El-Chadi, — qu'il soit béni quoiqu'il soit infidèle ! Je lui souhaite le paradis de sa religion. Mais pourquoi ne vous a-t-il pas emmenées ?

La cantinière expliqua son histoire.

El-Chadi n'eut pas assez d'imprécations pour maudire le Roi des Chemins.
— Moi, — dit-il, — j'ai assisté au combat et je revenais pour chercher un poignard que j'ai perdu et auquel je tiens beaucoup ; il me vient de mon père. Permets-moi de visiter la grotte.
— Va vite et dépêche-toi, — dit Madeleine.
El-Chadi parut se hâter.
— Nous sommes bien heureuses d'avoir rencontré cet homme ! — dit la cantinière à la comtesse ; — il va nous mener à Nédromah.
— J'ai eu de la chance, — pensait El-Chadi ; — ces deux femmes vont sauver la vie à Elaï-Lascri. Mais comment les faire prisonnières ? la vieille paraît robuste. Bah ! j'y songerai en route.
Et sur ce, El-Chadi ramassa un poignard pour rendre son prétexte plausible, et il retourna vers les deux femmes :
— Mettons-nous en chemin, — leur dit-il, — car la nuit s'avance.
— Tu as l'arme que tu cherchais ? — demanda Madeleine.
— La voilà !...
Et ils partirent tous les trois.

Ils marchèrent dans la direction de Nédromah. En route, El-Chadi réfléchissait à la ruse qu'il emploierait pour s'emparer des Françaises ; la cantinière lui inspirait une certaine crainte.
La vigoureuse Madeleine portait presque madame de Saint-Val. Celle-ci, brisée par la fatigue et les émotions, ne pouvait se soutenir. Elle n'était pas bien certaine d'être éveillée.
Cependant comme le nom de Mérieul avait été prononcé, comme elle espérait revoir son beau fiancé, elle essayait par un effort de volonté de ranimer ses forces chancelantes.
El-Chadi de temps en temps jetait sur la comtesse un regard de pitié.
— Par Allah ! — se disait-il, — c'est une femme plus charmante encore que Fatma : il est malheureux que je sois obligé de lui causer le désagrément d'une captivité pour obtenir la mise en liberté d'Elaï-Lascri. — Puis le chouaf ajoutait : — Mais comment les prendre ? Cette vieille est une gaillarde à se défendre avec énergie. Ah ! je tiens mon plan ; c'est audacieux, mais il faut de l'audace dans les circonstances difficiles. — Et El-Chadi se mit à gambader. On connaît les gambades d'El-Chadi, elles étonnèrent à bon droit les deux Françaises. Madame de Saint-Val poussa un cri d'effroi. — Rassurez-vous, — dit El-Chadi, — je suis un des plus habiles danseurs de la ville ; mon état est d'amuser par des cabrioles.
— Quelque chose comme un saltimbanque, — fit observer Madeleine non sans dédain. — Mais pourquoi ne te tiens-tu pas tranquille ?
— Parce que je suis joyeux. En vous ramenant au chef français, je vais gagner une récompense ; quelques pièces d'or me feront beaucoup de bien. Mon métier n'est pas lucratif.
— Paillasse, va ! Ça ne pense qu'à l'argent ! — se dit Madeleine.
Néanmoins les réflexions d'El-Chadi lui ôtaient tout soupçon ; elle croyait réellement avoir affaire à un Nédromien.
Madame de Saint-Val, à qui elle traduisait sa conversation, se rassurait peu à peu. Enfin on aperçut Nédromah à travers la nuit.
— Nous arrivons, — dit El-Chadi ; — mais la porte de la ville est fermée. Il est tard.
— C'est ennuyeux ! — s'écria la cantinière. — Ça va nous causer des embarras.
— En effet, les sentinelles ont ordre de tirer sur tous ceux qui se présentent ; on n'ouvre à personne, on n'écoute même pas les demandes des voyageurs. C'est une mesure prudente par le temps qui court.
El-Chadi mentait ; mais ce mensonge était nécessaire à son plan.
— Que faire ? — fit Madeleine.
— Il y a un moyen...
— Lequel ?
— Je ne sais si je dois vous en parler.
— Va donc !
— Ce sera sous le sceau du secret, alors ?
— Soit !
— Jure de ne rien révéler.
— Je le jure !
— Et ta compagne ?
— Elle sera muette.
— Eh bien ! ma maison donne sur les murailles de la ville ; ma cave a un passage sur les fossés des fortifications. Si vous voulez, nous rentrerons par là. — Madeleine eut un geste de défiance, El-Chadi s'en aperçut. — Je m'expose beaucoup en vous révélant ceci, — reprit-il, — car vous pouvez me faire arriver bien des désagréments. Grâce à ce passage dont je vous parle, j'évite de payer les droits que les aghas imposent aux marchandises venant du dehors. Mais j'espère que ma bonté pour vous ne sera pas reconnue par de l'ingratitude.
— C'est un contrebandier, — pensa Madeleine.
Elle crut à la fable d'El-Chadi et l'expliqua à la comtesse.
L'adroit filou les conduisit dans les fossés des fortifications ; il gagna le souterrain de l'ancienne maison de Fatma, en ouvrit la porte dont il avait conservé la clef et engagea ses compagnes à le suivre.
Après quelques difficultés, la comtesse toujours aidée de Madeleine s'aventura dans le passage.
Aussitôt, avec sa souplesse extraordinaire, El-Chadi sauta par-dessus la tête des deux femmes, se précipita hors du silo, et en ferma la sortie.
Il était arrivé à son but.

XXXIII

L'AMOUR ET LE DEVOIR.

En enfermant les deux Françaises dans le silo, El-Chadi avait eu une de ces inspirations audacieuses où l'on joue le tout pour le tout.
En effet, les deux femmes se trouvaient à quelques mètres à peine de leurs amis ; Ali connaissait très-bien le silo et pouvait le visiter. Mais, d'un autre côté, le *brouillard sanglant* étant détruit, il semblait peu probable que le jeune homme conçût des inquiétudes sur le passage souterrain dont les murs épais devaient étouffer les cris d'appel des captives. En outre, les ténèbres complètes qui régnaient dans cette cave empêchaient qui que ce fût d'y marcher sans lumière.
El-Chadi, après avoir pesé toutes ces circonstances en s'éloignant, regarda autour de lui ; il n'était pas bien loin de la porte de Nédromah. Il s'en approcha et héla la sentinelle. Celle-ci, après les reconnaissances d'usage, se décida à ouvrir, tout en maugréant contre le voyageur qui arrivait si tard.
El-Chadi s'était donné comme un pèlerin. Il se rendit à la mosquée. Les mosquées sont des asiles inviolables. Le chouaf commença par faire sa prière avec une dévotion qui édifia beaucoup l'uléma. Celui-ci s'était levé pour recevoir l'étranger.
— Mon père, — dit El-Chadi après mille simagrées, — je viens de la Mecque. Le marabout s'inclina. — C'est la troisième fois que je visite la ville sainte, — reprit le chouaf. Le marabout baisa avec vénération le pan du

burnous d'El-Chadi. — J'ai besoin d'un service, — continua ce dernier.

— Parle, — répondit le marabout, — tes prières seront des ordres.

— Je voudrais voir un Kabyle nommé Ali. Je sais qu'il est dans cette ville.

— Je vais l'aller chercher. Mais peut-être refusera-t-il de venir si je ne lui dis pas ton nom?

— Il lui suffira de lui montrer ceci.

Et El-Chadi tira de son doigt une bague d'argent qu'il donna au marabout. C'était l'anneau dont Fatma lui avait fait présent.

Le marabout partit. Arrivé à la petite maison qui avait appartenu à la femme d'Elaï-Lascri, le marabout fit prévenir qu'il désirait lui parler. Celui-ci s'empressa d'accourir.

Le marabout lui rendit compte de sa mission et montra l'anneau d'argent.

— C'est El-Chadi — pensa Ali aussitôt. — Quel est le but de sa visite? Demander l'aman probablement. Allons! c'est un bon compagnon, moins cruel que le Roi des Chemins, un cœur excellent. Je lui ferai obtenir sa grâce auprès du capitaine français. — Et il dit au marabout : — Je sais ce que désire celui qui t'envoie; retourne vers lui et annonce-lui qu'il peut sans crainte quitter la mosquée pour me parler. Après notre entrevue il sera libre, j'y engage ma parole.

Le marabout ne comprenait rien à ce qui se passait. Quel rapport existait entre le pèlerin et Ali? Il l'ignorait. Néanmoins, il rapporta fidèlement au chouaf sa conversation avec le jeune homme.

Aussitôt El-Chadi quitta la mosquée. En entrant dans la maison où Ali l'attendait, il fut surpris de la voir transformée en ambulance; dix-sept spahis blessés y étaient soignés par un docteur de l'hôpital de Tlemcen. Mérieul, dans un petit pavillon à droite du jardin, souffrait cruellement de ses blessures; une douleur morale bien plus terrible allait l'atteindre.

— Tu dois être fier, Ali! — fit El-Chadi quand il fut seul avec le jeune homme.

— Pourquoi? — demanda le jeune homme.

— Pour deux motifs. Comme ancien membre du brouillard sanglant d'abord, vu la bravoure qu'il a déployée et dont les preuves sont marquées sur la poitrine des spahis; comme Kabyle ensuite, vu que ces derniers ont fini par anéantir le brouillard sanglant.

Il y avait dans ce compliment une ironie à laquelle Ali répondit :

— Le Roi des Chemins n'a pas eu un compagnon plus fidèle que moi tant que ma destinée fut enchaînée à la sienne. Une fois libre j'ai dû me venger de ses trahisons, et surtout du meurtre de mon beau-père. Tu as tort de me faire un reproche. Du reste, je veux te montrer de l'indulgence; je te pardonne!

Et Ali attendait l'effet de ses paroles.

— Tu me pardonnes, quoi? — fit avec une nuance d'impertinence El-Chadi.

— D'avoir combattu avec le Roi des Chemins, mon ennemi.

— Je n'ai fait que mon devoir. Tu as eu à te plaindre de lui, tu as lutté contre notre chef, tu l'as vaincu; je n'ai rien à dire. Mais moi, n'ayant qu'à me louer d'Elaï-Lascri, je suis resté près de lui; tu n'as donc pas à m'en vouloir.

Ali réfléchit, puis il dit en souriant :

— Tu as raison. La fidélité est une vertu, mais maintenant que tu n'as plus de maître à servir, veux-tu vivre près de moi?

— Plus de maître à servir! — s'écria El-Chadi en riant, — tu es fou! Elaï-Lascri n'est pas mort!

— Non. Mais il mourra.

— Ses blessures sont donc bien graves?

— Assez graves, en effet. Cependant il guérira.

— Alors pourquoi parler de son trépas?

— Parce que les Français le jugeront et le condamneront.

— En es-tu sûr?

— Certes, oui.

— Eh bien! tu te trompes!

— Mon pauvre El-Chadi! c'est toi qui déraisonnes!

— Ecoute! — fit El-Chadi avec un fin sourire.

— J'écoute.

— Le Roi des Chemins est prisonnier du capitaine français, n'est-ce pas?

— Sans doute.

— Suppose que ce capitaine ait une sœur, une femme ou une mère.

— Après?

— Que cette mère, cette femme ou cette sœur tombe entre les mains d'un ami d'Elaï-Lascri.

— C'est une simple supposition. Va toujours.

— Que cet ami d'Elaï-Lascri vienne dire au capitaine : Si vous ne rendez pas la liberté à votre captif, cette parente ou cette épouse que vous aimez, et qui est en mon pouvoir, aura la tête coupée. Que ferait le Français?

Et El-Chadi triomphant attendit la réponse du jeune homme.

Celui-ci répondit :

— Dans un cas semblable il est probable que le Roi des Chemins serait sauvé; mais...

— Chut! — interrompit le chouaf, — inutile d'achever; ce que tu crois une supposition est une réalité. — Ali eut un sourire incrédule. — Ah! tu nies! — s'écria El-Chadi, — je vais te donner la preuve de ce que j'avance. Tu te rappelles sans doute qu'un messager des Français a été tué auprès de la Tafna.

— Oui.

— Ce messager avait deux compagnes : une espèce d'esclave et une jeune femme. Elles furent toutes deux conduites à la grotte du brouillard sanglant. Elaï-Lascri, voulant vaincre la résistance de la plus jeune qu'il aimait, l'endormit avec de l'opium. Sur ces entrefaites l'attaque a eu lieu. Plongées dans un sommeil de plomb, les Françaises n'ont rien entendu; et comme elles étaient dans un coin du repaire isolé par un mur, on ne les a pas vues. Vous êtes partis en les laissant là. Moi je suis revenu et les ai transportées dans un asile sûr. Maintenant, Ali, avais-je tort de dire : Elaï-Lascri n'est pas mort? — Ali était stupéfait, il doutait encore. — Mène-moi au capitaine français, — dit El-Chadi; — je lui donnerai des détails qui le convaincront.

Ali vint trouver Mérieul. Celui-ci le reçut avec un sourire malgré ses souffrances.

— As-tu une mère à Oran? — demanda brusquement Ali.

— Non, — répondit Mérieul étonné.

— As-tu une sœur?

— Non.

— Une femme?

— Non.

— Une maîtresse?

— Non.

Ali poussa un cri de joie.

— Alors El-Chadi a menti — s'écria-t-il joyeux.

— El-Chadi, l'ancien chouaf du brouillard sanglant? — demanda Mérieul.

— Oui; tu le connais?

— Sans doute. C'est un drôle bien habile. Mais qu'avait-il prétendu?

— Que ton messager, mort à la Tafna, se trouvait suivi par une de tes parentes.

Mérieul pâlit.

— Ensuite? — demanda-t-il d'une voix sourde.

— Que le Roi des Chemins l'avait surprise.

— Et...

— Et qu'il l'avait enivrée d'opium. Mais qu'importe le reste, l'histoire est fausse.

— Parle... dit Mérieul d'une voix rauque.

— Alors, toujours selon El-Chadi, le Roi-des-Chemins espérait trouver sa captive hors d'état de résister à son retour... Tu sais ce qui s'est passé. Et maintenant El-Chadi affirme que la Française est entre ses mains ; il offre de l'échanger contre Elaï-Lascri.

Mérieul était livide. Il eut encore la force de dire :

— Envoie-moi El-Chadi, et laisse-nous. — Ali sortit. Le chouaf, en entrant, aperçut Mérieul, éclairé sur son lit de douleur par une lampe. La sueur perlait sur le front du jeune homme, sa main crispée déchirait sa poitrine, son œil étincelait ; il foudroya El-Chadi d'un regard. — As-tu des preuves de ce que tu avances ? — demanda-t-il au chouaf. — Hâte-toi de répondre.

— En voici une.

Et le chouaf montra une épingle d'or ayant appartenu à madame de Saint-Val.

Un frisson passa par tout le corps du jeune homme ; ses paupières s'abaissèrent un instant ; les veines de ses tempes se gonflaient d'une façon effrayante. Il semblait que son cerveau allait éclater. Il se maîtrisa pourtant.

— J'offre, pour la rançon de la Française, cinquante mille francs, — dit-il.

— Non, — répondit El-Chadi.

— Cent mille.

— Non.

— Deux cent mille.

— Non.

— Trois cent mille.

— Non.

Mérieul savait que la fortune de la marquise ne dépassait pas ce chiffre. Il disposait de ses biens pour la sauver. Étant sans fortune, il ne pouvait ajouter que quelques milliers de francs à sa rançon.

— Je l'épouserai, — pensait-il ; — nous vivrons de ma solde. — Mais El-Chadi pour trois cent mille francs refusait de la livrer ! Il tenta un dernier effort. — Trois cent mille francs font soixante mille douros. Songes-y, — dit-il.

— Peu m'importe ! Je ne veux et ne demande que la liberté du Roi des Chemins.

— Pour cela, jamais !

Mérieul prit sa tête à deux mains ; une lutte violente, terrible, s'engagea dans son âme.

— A ta place, je n'éprouverais aucune indécision, — fit observer El-Chadi ; — je consentirais à l'échange.

— Elaï-Lascri n'est pas mon prisonnier, — répondit Mérieul ; — je ne puis en disposer sans trahir mon pays. Je ne suis pas un simple particulier, je suis le capitaine Mérieul, chargé d'une mission et devant la remplir. Les spahis qui m'ont secondé sont à la France et non à moi. Te donner l'homme qui a coûté tant de sang à mes soldats serait une infamie. Appelle Ali !

El-Chadi, fasciné par ces paroles et le regard qui les accompagnait, obéit.

Ali parut.

— Il faut, — lui dit Mérieul, — assembler le *medjelès* dans une heure, le Roi des Chemins doit être jugé.

— El-Chadi a-t-il dit la vérité ? — demanda Ali.

— Oui.

— Alors, tu veux faire acquitter Elaï-Lascri par un tribunal arabe, afin de mettre ta responsabilité à couvert ?

— Non. Le nègre sera condamné et exécuté aussitôt.

— Pourquoi ?

— Parce que la volonté s'use vite quand le cœur est en proie à une passion. Je suis fort ce soir, demain je serais faible.

— N'oublie pas qu'El-Chadi a ma parole ; qu'il est venu de lui-même et doit partir sans obstacles.

— Je le sais.

— Il exécutera ses menaces.

Mérieul ne répondit rien. Son cœur se brisait. Ali attendait encore. Alors le jeune homme se releva, et dit avec une énergie pleine d'angoisse :

— Dans une demi-heure, j'attends la tête du bandit ; on la montrera à son chouaf, puis on la plantera au-dessus de la porte de Nédromah. Va ! mais va donc !

Ali se retira, au comble de l'admiration. Mérieul était à bout de force, il s'évanouit...

Une demi-heure après, Elaï-Lascri était décapité. El-Chadi sortit par la porte où sa tête était exposée.

ÉPILOGUE.

Pendant le reste de la nuit qui succéda à cette scène, Mérieul, en proie à un sombre désespoir, discutait avec Ali sur les moyens à prendre pour empêcher El-Chadi d'exécuter ses projets sanglants. Il se trouvait précisément dans la chambre sur laquelle donnait la porte secrète du souterrain.

Tout à coup le mur s'entr'ouvrit, un homme parut... c'était El-Chadi. Derrière lui deux femmes poussèrent un cri de joie, et l'une s'élança vers Mérieul, qu'elle enlaça de ses deux bras et couvrit de baisers. C'était madame de Saint-Val. Touché par l'héroïque abnégation du jeune homme, le chouaf lui rendait sa fiancée.

Quand Mérieul, après mille caresses données et reçues, chercha le chouaf, il avait disparu.

Un mois après, Mérieul, chef d'escadron et officier de la Légion d'honneur, épousait madame de Saint-Val. La vieille Madeleine assistait à ce mariage, et il était convenu qu'elle ne quitterait plus les deux époux. La petite Marie s'unit à Lassalle, devenu sous-lieutenant. Cinq spahis furent décorés ; les autres, en quittant Mérieul, ne tardèrent à placer l'*étoile polaire* sur leurs poitrines, comme doivent les zouaves.

Ali devint le chef le plus important des Traras, et Mériem lui donna un fils et une fille. Il fut fidèle au serment qu'il lui avait fait de n'avoir pas d'autres femmes ; fidélité bien plus admirable en Afrique qu'en France, vu la liberté que donne le Coran.

Enfin El-Chadi, retiré à Ousda, fut très étonné de recevoir une somme de trois mille francs, avec assurance que ce serait une rente annuelle. Il devina de quelle main venait ce bienfait, qui le mit à même de vivre en grand seigneur. C'est maintenant un des bourgeois arabes les plus importants de sa cité.

De temps en temps il s'amuse à voler quelques pastèques au marché ; il s'en acquitte avec une adresse ordinaire ; puis il paye grassement le marchand, après avoir fait son coup. C'est une monomanie d'ancien voleur.

Nous avons déjà dit que, en **1859**, il sauva un zouave prisonnier qu'on devait massacrer. C'est une preuve qu'il a conservé bon souvenir des Français.

FIN DU BROUILLARD SANGLANT.

TABLE

DES CHAPITRES CONTENUS DANS CET OUVRAGE.

I. — Comment les propriétaires d'esclaves en Afrique usaient et abusaient du droit de possession............................ 201
II. — Où il est parlé d'amour par un Arabe fort joli garçon, et de haine par un nègre fort laid....................................... 203
III. — Où le douar de Sidi-Embareck s'attire la haine d'Ali, après avoir mérité celle du Roi des Chemins...................... 207
IV. — Comment Ali cueillait les grenades....... 211
V. — Comment on fait une connaissance dans les ravins d'Afrique...................... 215
VI. — Où Fatma est vendue à un juif aussi laid que son ancien maître, mais plus crasseux.................................... 218
VII. — Où il est parlé des chaouchs en général, et d'un certain Ben-Addou en particulier.. 221
VIII. — Où il est prouvé que le chapeau du gendarme est l'emblème de la civilisation.. 224
IX. — Où la peur grossit les objets............. 227
X. — Où le sang coule......................... 230
XI. — Où Ben-Addou ne se laisse pas attendrir par les prières de Fatma................ 235
XII. — Où Jacob trahit le Roi des Chemins, comme Judas son ancêtre trahit Jésus..... 237
XIII. — Où il est prouvé que le proverbe : A bon chat, bon rat, est connu en Afrique.... 240
XIV. — Où l'on assiste à une fantasia............ 245
XV. — Où le Roi des Chemins est assiégé dans Nédromah............................... 249
XVI. — Où le Roi des Chemins veut devenir roi de Tlemcen................................ 252
XVII. — Où Elaï-Lascri devient agha... 256
XVIII. — Où la France commence à intervenir sous la forme d'une jolie femme et d'un capitaine de spahis......................... 260
XIX. — Où l'on fait connaissance avec les spahis du capitaine Mérieul.................... 263
XX. — Où Fatma vient au secours d'Ali......... 267
XXI. — Où les spahis et le *brouillard sanglant* en viennent aux mains..................... 269
XXII. — Comment Elaï-Lascri punit Fatma de sa générosité envers Ali................... 272
XXIII. — Le burnous ne fait pas l'arabe........... 273
XXIV. — Où La Maghrinia reçoit un message..... 274
XXV. — Où le *brouillard sanglant* est reconstitué. 275
XXVI. — Où La Maghrinia garde mal son secret... 276
XXVII. — Où madame de Saint-Val se repent de sa témérité............................... 277
XXVIII. — La grotte................................ 279
XXIX. — L'opium................................. 280
XXX. — Prise et surprise........................ 281
XXXI. — La souricière........................... 282
XXXII. — Où El-Chadi reparaît.................... 284
XXXIII. — L'amour et le devoir..................... 285
ÉPILOGUE... 287

FIN DE LA TABLE DES CHAPITRES DU BROUILLARD SANGLANT.

Paris. — Imprimerie J. Voisvenel, rue Chauchat, 14.